Oetinger AUSLESE

Herausgegeben von Sybil Gräfin Schönfeldt

© Verlag Friedrich Oetinger, Hamburg 1993
Alle Rechte für die deutschsprachige Ausgabe vorbehalten
© *Meindert de Jong 1954*
Die amerikanische Originalausgabe erschien bei
HarperCollins Publishers, New York,
unter dem Titel »The Wheel on the School«
Deutsch von Katrin und Richard Kaufmann
Das Buch erschien in deutscher Übersetzung erstmals 1956
Einband von Jørn Burmeister
Gesamtherstellung: Clausen & Bosse, Leck
Printed in Germany 1993

ISBN 3-7891-1223-2

Meindert de Jong

Das Rad
auf der Schule

Deutsch von Katrin und Richard Kaufmann

Verlag Friedrich Oetinger · Hamburg

Meindert de Jong, geboren 1906 in Wierum in den Niederlanden, kam im Alter von acht Jahren mit seinen Eltern in die Vereinigten Staaten. Eine Zeitlang arbeitete er als College-Professor, später wurde er Geflügelzüchter. Schon früh begann er Kinderbücher zu schreiben. Für *Das Rad auf der Schule* erhielt er 1955 die »John Newbery Medal« und 1957 den Deutschen Jugendliteraturpreis. Für sein Gesamtwerk wurde er im Jahr 1962 mit dem Internationalen Jugendbuchpreis, der »Hans-Christian-Andersen-Medaille« ausgezeichnet. Meindert de Jong ist 1991 gestorben.

Aus der Begründung der Jury des Deutschen Jugendliteraturpreises: »Kinder verwandeln ihre Welt«..., das trifft den Kern dieser schlichten und überzeugend dargestellten Erzählung mit ihren lebendig und warmherzig charakterisierten Gestalten. Sechs Kinder bringen durch Unternehmungslust und Begeisterung ihr abgelegenes Dorf am Meer dazu, daß alle zusammenstehen, damit wieder Störche bei ihnen nisten. Auf der letzten Seite ist nicht nur das Storchenpaar, sondern auch der Leser in dem kleinen Fischerdorf heimisch.

Inhalt

Weißt du etwas von Störchen?

Diese Geschichte beginnt mit Shora. Shora war ein Fischerdorf in Holland. Es lag an der Küste der Nordsee in Friesland, angeschmiegt an einen Deich. Shora bestand aus einigen Häusern und einer Kirche mit Turm. In fünf verschiedenen Häusern lebten sechs Schulkinder, und das ist wichtig. Es gab nämlich noch mehr Häuser in Shora, doch dort wohnten keine Kinder, nur alte Leute. Es waren, na ja – es waren einfach alte Leute und darum völlig unwichtig. Übrigens gab es auch noch mehr Kinder, jawohl, aber kleine Kinder, die herumstolperten und noch nicht in die Schule gingen. Deshalb sind sie auch nicht wichtig.

Diese sechs Schulkinder von Shora also gingen alle zu dem gleichen kleinen Schulhaus. Da war Jella; er war der größte der sechs. Er war groß und kräftig für sein Alter. Da war Eelka, auch groß, aber ein bißchen tolpatschig – doch wenn es aufs Denken ankam, war Eelka sogar richtig fix. Dann kam Auka – und nun muß ich offen sagen, über Auka ist nicht viel zu berichten. Er war einfach ein netter Junge. Man konnte viel Spaß mit ihm haben. Und dann kamen Pier und Dirk – zwei Brüder. Sie sahen sich gar nicht so besonders ähnlich. Sie sahen aus, als ob sie entfernt verwandt wären miteinander. Aber was Pier gefiel, das gefiel auch Dirk. Und was Dirk machte, das machte auch Pier. Sie waren immer zusammen; denn sie waren Zwillinge.

Und schließlich gab es noch Lina. Sie war das einzige Mädchen in der kleinen Schule von Shora. Ein Mädchen unter fünf Jungen. Und natürlich war da noch der Lehrer.

Eigentlich hätte ich meine Geschichte doch mit Lina anfangen müssen. Nicht, weil sie das einzige Schulmädchen von Shora war, sondern weil sie die Geschichte über die Störche schrieb. Es gab nämlich keine Störche in Shora. Lina hatte die Geschichte aus eigenem Antrieb geschrieben – der Lehrer hatte nicht ein Wort zu ihr darüber gesagt. Im Gegenteil – bis zu dem Augenblick, als Lina den fünf Jungen und dem Lehrer ihre Geschichte von den Störchen vorlas, hatte noch keine Seele in der Schule jemals an Störche gedacht.

Aber da hob eines Tages, mitten in der Rechenstunde, Lina die Hand und fragte: »Herr Lehrer, darf ich mal eine kleine Geschichte über die Störche vorlesen? Ich habe sie ganz allein geschrieben, und sie handelt von Störchen.«

Lina nannte das eine Geschichte. Aber es war in Wirklichkeit viel mehr als eine Geschichte. Es war ein kleines Kunstwerk, beinahe so schön wie ein Gedicht. Und der Lehrer freute sich so sehr darüber, daß Lina ganz für sich eine Geschichte geschrieben hatte, daß er die Rechenstunde abbrach und Lina vorlesen ließ. So begann sie mit der Überschrift und las dann immer weiter:

»Was weißt du von Störchen?

Weißt du was von Störchen? Störche auf dem Dach bringen Glück ins Haus. Ich weiß das von den Störchen: Sie sind groß und weiß und haben lange rote Schnäbel und lange rote Beine. Sie bauen große, gewaltige, schmutzige Nester, manchmal mitten auf ein Dach. Aber wenn sie so ein Nest aufs Dach bauen, bringen sie dem Haus Glück und dem ganzen Dorf, in dem das Haus steht. Störche singen nicht. Sie machen ein Geräusch, das klingt, als wenn du in die Hände klatschst, weil du glücklich und guter Laune bist. Ich glaube, bei den Störchen ist es genauso. Sie klappern mit dem Schnabel, wenn sie glücklich und guter Laune sind. Und sie klappern fast immer mit den Schnäbeln – außer wenn sie draußen im Sumpf und in den Gräben Frösche fangen oder kleine Fische oder so was. Dann sind sie ruhig. Doch auf dem Dach machen sie viel Lärm mit ihren Schnäbeln. Aber es ist ein fröhlicher Lärm, und ich liebe ihn.

Das ist alles, was ich von den Störchen weiß. Aber ich habe eine Tante in dem Dorf Nes, und die weiß eine Menge darüber, denn jedes Jahr kommen zwei große Störche und bauen ihr Nest genau auf das Dach meiner Tante. Aber ich weiß nicht viel über Störche, weil sie niemals nach Shora kommen. Das ist alles, was ich über Störche weiß; aber wenn sie nach Shora kämen, dann wüßte ich mehr über sie.«

Nachdem Lina ihre Geschichte zu Ende vorgelesen hatte, war es ganz still im Schulzimmer. Der Lehrer stand einfach da und sah stolz und zufrieden aus. Dann sagte er: »Das war eine gute Geschichte, Lina. Eine sehr gute Geschichte war das, die du dir da ausgedacht hast, und du weißt auch eine Menge über Störche.« Seine Augen leuchteten zufrieden. Er wandte sich an den großen Jella. »Jella«, sagte er, »was weißt du über Störche?«

»Über Störche, Herr Lehrer?« fragte Jella langsam. »Ich weiß überhaupt nichts über Störche.«

Er sah ein bißchen sauer und böse aus, weil er sich dumm vorkam. Schließlich glaubte er, er müßte es erklären.

»Ich kann sie nicht mit der Schleuder schießen«, sagte er. »Ich habe es immer wieder versucht, aber es sieht so aus, als ob ich einfach keinen Storch mit der Schleuder treffen könnte.«

Der Lehrer blickte ihn erstaunt an. »Ja, aber warum willst du die Störche denn abschießen?«

»Och, ich weiß nicht«, sagte Jella. Er rutschte ein wenig auf seinem Sitz hin und her. Er sah dabei unglücklich aus. »Vielleicht – vielleicht, weil sie eben fliegen.«

»Oh«, sagte der Lehrer darauf. »Pier«, sagte er dann, »und Dirk, was wißt ihr Zwillinge über Störche?«

»Über Störche?« fragte Pier. »Nichts.«

»Dirk?« fragte der Lehrer.

»Genauso viel wie Pier«, erwiderte Dirk. »Nichts.«

»Pier«, sagte der Lehrer, »wenn ich Dirk zuerst gefragt hätte, was hättest du dann gesagt?«

»Genauso viel wie Pier«, sagte Dirk. »Sehen Sie, Herr Lehrer, das ist nun mal so bei Zwillingen – wenn einer etwas nicht weiß, dann wissen es beide nicht.«

Alle lachten. »Na schön«, sagte der Lehrer dann, »Auka, wie steht es mit dir?«

Auka lachte noch über das, was Pier gesagt hatte, aber dann machte er ein ernstes Gesicht und sagte: »Alles, was ich weiß, Herr Lehrer, ist, wenn die Störche wirklich so fröhlich mit dem Schnabel klappern, wie Lina es in ihrer Geschichte gesagt hat, hab ich sie bestimmt auch gern.« Der Lehrer blickte sich um und sagte: »Na, Eelka in der Ecke, jetzt bist du noch übrig.«

Eelka dachte eine Weile nach. »Mir geht es wie Auka, Herr Lehrer. Ich weiß wenig über Störche. Aber wenn sie nach Shora kämen, Herr Lehrer, dann würde ich mit der Zeit eine Menge über Störche lernen, Herr Lehrer.«

»Ja, da hast du recht«, sagte der Lehrer. »Aber nun paßt mal alle auf! Was würde wohl dabei herauskommen, wenn wir alle mal scharf über die Störche nachdenken würden? Für heute ist die Schule ja fast vorbei. Aber wenn ihr wieder zur Schule kommt und bis dahin über die Störche nachdenkt – meint ihr nicht, dann würde doch einiges dabei zusammenkommen?«

Sie saßen alle ganz still und dachten darüber nach. Eelka hob die Hand. »Die Sache ist nur, Herr Lehrer, wie soll ich über die Störche nachdenken, wenn ich doch rein gar nichts von ihnen weiß. Ich wäre in einer Minute mit dem Denken fertig, Herr Lehrer. Und was dann?«

Alle lachten, und der Lehrer sagte: »Stimmt, du hast vollkommen recht, Eelka. Wenn wir nichts wissen, können wir auch nicht denken. Aber wir können uns selbst Fragen stellen. Stelle dir von jetzt an bis morgen früh, wenn du in die Schule kommst, selber Fragen, ja? Frag dich, warum dies mit den Störchen so ist! Zum Beispiel, warum die Störche nicht nach Shora kommen und dort ihre Nester bauen. Warum sie nicht auf unseren Dächern Nester bauen, wie sie es doch in allen anderen Dörfern tun. Manchmal, wenn wir uns nur lange genug fragen, dann fällt uns nämlich die Antwort darauf selber ein. – Und wenn ihr das tun wollt«, fügte der Lehrer hinzu, »dann ist für heute die Schule aus.«

Wir denken nach

Da standen sie nun auf dem Schulhof, und die Schule war aus. Jella spähte immer wieder über die Hausdächer hinweg nach dem Kirchturm, der nicht weit neben dem Deich emporragte. Er konnte es einfach nicht glauben. Aber das weiße, runde Gesicht der Turmuhr zeigte drei Uhr an – ein bißchen später als drei Uhr. »Jungs«, sagte Jella nachdenklich, »er hat uns fast eine Stunde früher herausgelassen, bloß wegen der Störche.« Jellas Hochachtung vor Störchen war deutlich gestiegen. »Was machen wir jetzt?« fragte er voll Eifer die anderen Jungen.
Aber jetzt griff Lina ein. Schließlich hatte sie ja die ganze Geschichte mit ihrem Storchenaufsatz angefangen; nun war sie auch dafür verantwortlich. Es war ein wunderschöner Tag, strahlender blauer Himmel, und die Sonne schien auf den Deich. »Wir wollen uns alle auf den Deich setzen und darüber nachdenken, warum das alles so ist, wie der Herr Lehrer gesagt hat.«
Keiner war dagegen. Sie kletterten alle gehorsam auf den Deich, immer noch glücklich über diese Freistunde, die ihnen so plötzlich und unerwartet geschenkt worden war. So viel Dankbarkeit

empfanden sie für die Störche und für Lina, daß sie ihr gehorchten und sich auf den Deich setzten und über die Störche nachdachten. Aber Jella trödelte hinter den anderen her, und das war etwas Ungewöhnliches. Sonst übernahm der große Jella meist die Führung. Während sie zu dieser ungewöhnlichen Zeit die Dorfstraße entlangschlenderten, betrachtete er jedes Haus, an dem sie vorbeikamen, so aufmerksam, als sähe er es zum ersten Mal. Schließlich kletterte aber auch er auf den Deich und setzte sich zu den Jungen. Lina saß am anderen Ende der Reihe.

Da saßen sie. Niemand wußte so recht, wie er mit dem Nachdenken beginnen sollte, ohne daß ihm der Lehrer dabei half.

Jella starrte in die Höhe. Es gab keine einzige Wolke am Himmel. Auch keine Störche, nicht einmal eine Möwe. Jella blickte auf die See, die sich weit und leer vor ihnen ausdehnte – kein Schiff war zu sehen.

Jella schaute an der stillen Kinderreihe entlang. Sie hockten da, jedes Kind hatte die Arme um die Knie geschlungen. Alle saßen still, verlegen und unbehaglich da. Plötzlich hatte Jella genug davon. Er blickte an den Jungen vorbei zu Lina hin. »Der Lehrer hat aber nichts davon gesagt, daß wir in einer Reihe auf dem Deich sitzen sollen zum Nachdenken, was?«

»Nein«, sagte Lina, »aber ich habe gedacht… na ja, er hat uns doch noch nie vorher eine ganze Stunde freigegeben, und da habe ich gedacht…«

»Also dann…« sagte Jella. Es war einfach nicht das Richtige, so dazusitzen, wenn man frei hatte. Und die ruhige See und der ruhige Himmel brachten ihn auch auf keinen Gedanken. Da aber tauchte zum Glück an einer entfernten Krümmung des Kanals ein Boot auf. Die zwei Männer an Deck ließen Segel und Mast herunter, so daß das Boot unter der niedrigen Brücke durchkam. Die Männer ergriffen Stangen, um es unter der Brücke durchzubugsieren. Jella sprang auf. Jetzt hatte er einen

Einfall.»He, holen wir unsere Stangen und machen Graben-springen!« Alle Jungen, mit Ausnahme von Eelka, sprangen eif-rig auf. Hier gab es etwas zu tun; endlich kam Spaß in die Frei-stunde.»Du auch, Eelka. Lauf und hol deine Stange«, sagte Jella.»Und sag Auka, er soll meine auch mitbringen. Ich warte hier.«

Lina sah Jella empört an. Sogar Eelka sollte mit. Wenn es ans Grabenspringen ging, durfte Eelka meist nicht mitmachen – er war zu dick und langsam und ungeschickt.»Aber ich dachte, wir wollten überlegen, warum es in Shora keine Störche gibt?« sagte Lina. Wenn sogar Eelka mitkam, dann blieb sie ganz allein zu-rück.

Lina schaute vom Deich herunter auf die Jungen.»Ist schon gut, Eelka«, rief sie ihnen unglücklich nach. Sie blickte finster auf Jella.»Junge, wenn der Lehrer merkt, daß du…« Sie ver-schluckte die letzten Worte. Es war ein bitteres, einsames Ge-fühl, wenn man in dieser unverhofften Freistunde so allein zu-rückgelassen wurde.

Plötzlich kam Lina ein hoffnungsvoller Gedanke. Sicher wollte Jella deshalb alle beim Grabenspringen dabeihaben, falls der Lehrer sie erwischte. Vielleicht ließ er sie auch mitmachen! Viel-leicht war er überhaupt deshalb mit auf den Deich gekommen.

»Jella«, fragte Lina,»kann ich mitkommen? Wenn ich nicht ge-wesen wäre, säßest du noch in der Schule. Ich könnte die Wä-schestange von meiner Mutter nehmen. Die ist lang und glatt und…«

»Nee«, sagte Jella.»Mädchen können nicht springen. Springen ist nur für Jungs.«

»Ich kann das genauso gut wie Eelka. Sogar besser«, sagte Lina ungehalten.

»Ja, das glaube ich schon. Nur Eelka macht sich nichts daraus, wenn er naß wird, aber Mädchen jammern immer über nasse

Füße und daß ihre Kleider hochfliegen. Und sie kreischen und schreien, und dann kriegen sie Angst und hören nicht mehr auf zu kichern.« Jella schien sich viel Gedanken darüber gemacht zu haben. Lina sah ein, daß es überhaupt keinen Zweck hatte, wenn sie noch bettelte oder herumstritt. Sie zog die Beine mit den Holzschuhen unter sich, umschlang die Knie mit den Armen und starrte unglücklich auf die See. »Der Lehrer hat gesagt, wir sollten darüber nachdenken, warum keine Störche kommen. Er hat sogar gesagt, wenn wir genug nachdenken, kann es sein, daß etwas passiert.«

»Wir denken eben beim Grabenspringen nach«, antwortete Jella kurz angebunden. Er war ein wenig verlegen. Aber da kamen schon die anderen zurück, Auka mit zwei Sprungstangen. Jella wandte sich zum Gehen. »Und außerdem ist es uns egal, wenn du's dem Lehrer erzählst! Er hat nichts davon gesagt, daß wir wie die lackierten Affen auf dem Deich sitzen sollen.«

Jella machte sich nicht nur Gedanken – er hatte sogar Angst, sie würde etwas verraten. Lina war aber keine Petze! Sie fand es unter ihrer Würde, Jella zu antworten. Aber sie sah doch vom Deich herab zu, wie Eelka seine lange Sprungstange heranschleppte. »Ist schon gut, Eelka«, sagte sie heftig.

Das war das Elend, wenn man das einzige Mädchen war: Man wurde einfach übergangen. Und wenn auch Eelka noch ging, blieb ihr nichts übrig, als allein zu bleiben oder mit ihrem Schwesterchen Linda und den anderen kleinen Kindern zu spielen. Was machte das schon für einen Spaß? Na, sie wollte es ihnen zeigen. Sie wollte hier sitzen bleiben und schrecklich nachdenken. Morgen, wenn der Lehrer fragte, würde sie die Hand heben, und die anderen würden dasitzen und dumm aus der Wäsche gucken. Aber es schien, als sollte nichts aus diesen Plänen werden. Sie hörte von ferne die aufgeregten Stimmen der Jungen.

Weit draußen auf der See entdeckten Linas scharfe Augen ein

Paar wirbelnde weiße Flügel, und sie wünschte, es wäre ein Storch, aber sie wußte die ganze Zeit, daß es nur eine Möwe war. Mindestens eine Woche lang wollte sie nicht mit Eelka spielen! Vielleicht sogar zehn Tage oder drei Wochen lang nicht. Auch wenn ihn Jella und die anderen die ganze Zeit über nicht mitspielen ließen. Sie jedenfalls würde sich *auch* nicht um Eelka kümmern.

Sie starrte zu der Möwe am Himmel hin. Es war immer noch eine Möwe und kein Storch. Angenommen, es käme auf einmal ein ganzer Zug Störche über die See geflogen! Die Jungen, die beim Grabenspringen waren, würden sie nicht bemerken. Aber Lina mußte zugeben, daß es gar nicht viel ausmachte, ob sie die Störche sahen oder nicht. Die Störche würden doch nicht in Shora bleiben, und die Jungen könnten auch nichts daran ändern. Lina seufzte. Es war schlimm, wenn man das einzige Mädchen war.

Sie zog einen Holzschuh aus und schaute mißmutig hinein. Sie tat das immer, wenn sie sich einsam fühlte. Irgendwie half es ihr; sie konnte dabei besser nachdenken, aber sie wußte nicht, warum. Sie wünschte oft, sie könnte ihre Holzschuhe auch in der Schule tragen anstatt nur die Socken. Die Holzschuhe mußten vor der Tür stehenbleiben. Lina war sicher, daß es ihr eine Menge helfen würde, wenn sie einen ausziehen und hineinschauen und träumen könnte – besonders bei einer Rechenaufgabe. Sie seufzte wieder. Bei den Rechenaufgaben durfte man nicht träumen, da mußte man denken. Sie waren schrecklich und außerdem langweilig.

Störche dagegen waren alles andere als langweilig. »Warum wohl? Warum wohl?« sprach Lina in ihren Holzschuh hinein. Aus dem harten hölzernen Gehäuse klangen ihre Worte zurück. Sie flüsterte sie in den Schuh, die Worte klangen geflüstert zurück. Sie träumte und starrte in den Schuh. Und weit draußen im Meer flatterte und segelte die Möwe.

Während sie so ganz versunken vor sich hinträumte, stand sie auf und ging den Deich hinunter. Dabei hielt sie immer noch ihren einen Holzschuh in der Hand. Sie ging langsam die Straße entlang, den Blick starr auf die Hausdächer gerichtet, als sähe sie die Dächer zum ersten Mal. Die Dorfstraße war still und leer. Bis zur Schule begegnete sie keinem Menschen. Lina schien es, als hätte die Schule das steilste Dach. Alle Dächer waren steil, aber das auf der Schule war am steilsten.

Aus weiter Ferne klangen ein dünner Ruf und ein schrilles Lachen zu ihr. Sie wandte sich um. Ganz hinten auf der Ebene konnte sie die Jungen erkennen. Jetzt sprang der große Jella in hohem Bogen über einen Graben. Die anderen Jungen folgten gleich hinterher. Zuerst nahmen sie einen Anlauf, dann segelten sie an ihren Stangen hoch durch die Luft. Da kam noch einer, das war wohl Eelka. Aber plötzlich war er nicht mehr zu sehen, er mußte in den Graben gefallen sein. Die Jungen schrien und rannten hinzu. Lina merkte, daß sie ängstlich darauf wartete, daß Eelka wieder aus dem Graben auftauchen würde. Dann fiel ihr ein, daß sie ja drei Wochen lang nicht mehr mit ihm hatte spielen wollen. Sie wandte den Jungen den Rücken zu. »Hoffentlich steckt er bis zum Halse drin!« hörte sie sich laut sagen. Das überraschte sie. Denn plötzlich war ihr alles einerlei, ob Eelka bis zum Hals im Wasser steckte oder nicht; es war ihr einerlei, ob die Jungen ihren Spaß hatten. Sie wußte auf einmal, weshalb die Störche in Shora keine Nester bauten. Die Dächer waren zu steil! Aber sie wußte auch, was man dagegen tun konnte. Man mußte ein Wagenrad auf einem Hausdach anbringen – genau so ein Wagenrad, wie auf dem Dach ihrer Tante in Nes war. Morgen wollte sie es ihnen in der Schule aber sagen! Die würden schauen!

Lina rannte ins Dorf zurück, als hätte sie es eilig, jemandem ihre Entdeckung mitzuteilen. Sie zog ihren Holzschuh wieder an, damit sie besser laufen konnte. Sie wußte, daß niemand zu Hause war. Die Jungen spielten in den Feldern, der Lehrer war weggegangen. Sie könnte nach Hause laufen und es ihrer Mutter erzählen, aber das würde sie später sowieso tun. Sie hatte das Gefühl, als müsse sie es unbedingt einem fremden Menschen sagen. Aber niemand war da. Die ganze Straße schien leer. Plötzlich kam es ihr sinnlos vor, daß sie so lief. Sie ging jetzt langsamer und schaute wieder die Häuser an.

Noch einmal schlenderte sie durch die Straße, noch einmal blieb sie träumerisch vor jedem Haus stehen. Wieder zog sie ihren Schuh aus. Sie guckte sich gerade das Hausdach von Großmutter Sibble III an, als die alte Frau herauskam. Lina fuhr zusammen.

»Ich weiß, ich bin ein neugieriges altes Weib«, sagte Großmutter Sibble III, »aber da stehst du wieder und guckst. Ich habe dir zugesehen, wie du vom Deich zur Schule wieder zurückgelaufen bist wie ein kleines Schaf, das sich verlaufen hat.«

Lina ließ ein kleines, höfliches Lachen hören. »Oh, eigentlich laufe ich gar nicht herum, ich denke nur nach.«

»Oh«, sagte die alte Frau, die nun überhaupt nicht mehr wußte, was sie davon halten sollte. »Na ja, nachdenken ist vielleicht besser als herumlaufen. Es kommt mehr dabei heraus.« Dabei lachte sie ein wenig, wie das die alten Leute gerne tun. Die beiden sahen einander an. Lina fiel ein, daß sie eigentlich noch nie viel mit Großmutter Sibble III gesprochen hatte, außer einem höflichen »Guten Tag«, wenn sie ihr begegnet war. Jetzt wußte sie nicht so recht, was sie sagen sollte.

Die alte Frau sah sie noch immer neugierig an. »Hast du deinen Schuh deswegen in der Hand, weil du so schwer nachdenken mußt?« fragte sie sanft.

Überrascht blickte Lina auf den Holzschuh in ihrer Hand. Sie wurde ein bißchen rot und schlüpfte schnell mit dem Fuß hinein.

Was mußte Großmutter Sibble von ihr denken – nicht, daß es ihre eigene Großmutter gewesen wäre, sie war die Großmutter des ganzen Dorfes, die älteste Einwohnerin. Gewiß hatte es komisch ausgesehen, wie sie, Lina, so mit einem Schuh die Dorfstraße entlanggehoppelt war.

»Ich…« sagte Lina und wollte es ihr erklären. Sie kicherte ein bißchen. »Oh, ist es nicht zu dumm?« Sie suchte nach einer vernünftigen Erklärung. Aber sie fand keine. Großmutter Sibble lächelte nicht überlegen, wie es sonst die Erwachsenen tun. Sie sah sie nur fragend und ein bißchen verwirrt an. Da entschloß sich Lina, ihr alles zu erzählen. »Ich glaube schon, daß es dumm und komisch aussieht, aber ich kann immer besser nachdenken, wenn ich dabei in meinen Schuh schaue. Und wenn ich dann so richtig in Gedanken bin, vergesse ich, ihn wieder anzuziehen«, sagte sie, als müßte sie sich verteidigen.

»Aber natürlich«, stimmte die alte Frau gleich zu. »Ist es nicht lustig, wie solch kleine Dinge manchmal helfen? Ich zum Beispiel kann viel besser denken, wenn ich dabei in meinem Schaukelstuhl schaukle und ein Bonbon lutsche. So habe ich es immer gemacht, schon als kleines Mädchen.« Sie setzte sich vorsichtig auf die oberste Stufe ihrer Ziegeltreppe. Sie sah aus, als richte sie sich auf einen gemütlichen, langen Schwatz ein. »Nun will ich natürlich auch wissen, worüber du so sehr nachdenken mußtest, daß du deinen Schuh vergessen hast.« Wieder ließ sie ein kleines Lachen hören. »Und wenn du es mir nicht sagst, werde ich die ganze Nacht kein Auge zumachen können.«

Sie lachten zusammen. Großmutter Sibble patschte mit der Hand auf die Steinstufe. »Warum setzt du dich nicht neben mich und erzählst mir alles?«

Lina setzte sich und rückte dicht heran. Das war eine schöne Überraschung. Denn die Großmutter redete nicht mit einem wie die anderen Erwachsenen, als wäre man ein kleines Kind, ein

Baby und hundert Jahre weit weg. Sie verstand die Dinge, die kleine Mädchen taten – sie verstand auch, warum sie in ihren Holzschuh schaute. Sie verstand einen wie eine Freundin, das heißt, wenn man eine gehabt hätte. Eine Freundin, die einem alles anvertraut. Laut sagte Lina: »Ich habe über Störche nachgedacht, Großmutter Sibble. Warum die Störche nicht nach Shora kommen und ihre Nester bauen.«

Großmutter Sibble blickte nachdenklich vor sich hin. »Nun, das ist schon etwas zum Nachdenken. Kein Wunder, daß du deinen Schuh ausziehen mußtest. Wir in Shora haben keine Störche.«

»Aber ich habe herausgekriegt, warum nicht«, erzählte Lina stolz. »Unsere Dächer sind zu steil.«

»Ja, natürlich… ja, ja, ich glaube auch«, sagte die alte Frau bedächtig und sah Linas Aufregung. »Aber dem könnte man abhelfen, wenn man ein Wagenrad aufs Dach legen würde, meinst du nicht? So wie man es in anderen Dörfern macht?«

»Ja, das habe ich auch schon gedacht«, antwortete Lina sofort. »Meine Tante in Nes hat ein Wagenrad auf ihrem Dach, und jedes Jahr nisten dort Störche.«

»So, so«, sagte die alte Frau, »aber stehen um das Haus deiner Tante nicht auch Bäume?«

»Ja, sicher«, sagte Lina und sah überrascht auf die kleine alte Frau. Großmutter Sibble hatte wohl auch schon über Störche nachgedacht. Es war erstaunlich, daß so eine alte Frau sich auch darüber Gedanken machte! »Ich glaube, an die Bäume habe ich gar nicht gedacht. Das kommt daher, daß es hier in Shora keine gibt – deshalb habe ich sie vergessen.« Linas Stimme war immer leiser geworden. Hier gab es etwas ganz Neues zum Nachdenken.

»Ob wohl ein Storch an Bäume denkt?« wollte die alte Frau wissen. »Mir scheint, er denkt daran. Mir scheint überhaupt, um herauszufinden, was ein Storch braucht, müssen wir versuchen, wie ein Storch zu denken.«

Lina saß kerzengerade. Was für ein großartiger Gedanke!

Lina suchte nach ihrem Schuh, während sie die alte Frau nicht aus den Augen ließ.

»Paß auf, wenn ich ein Storch wäre, so würde ich mich ab und zu gern in einem Baum verstecken und mich in den Schatten setzen und meine langen Beine ausruhen, auch wenn ich ein Nest auf dem Dach hätte. Und ich wäre froh, wenn ich nicht nur immerzu auf dem kahlen Dachgiebel stehen müßte, wo mich alle Leute sehen können.«

Lina zog die Beine unter sich und schaute verwirrt auf ihre Schuhe. Sie mußte sofort ihren Holzschuh haben. Ihre Gedanken arbeiteten blitzschnell.

»Sieh mal«, erzählte Großmutter Sibble, »vor Jahren, oh, vor vielen, vielen Jahren, als ich das einzige Mädchen in Shora war, so wie du heute – damals gab es Bäume in Shora und Störche! Alle Bäume von Shora wuchsen auf dem Hof meiner Großmutter. Meine Großmutter war damals die einzige Großmutter in Shora. Sie war Großmutter Sibble I, so wie ich heute Großmutter Sibble III bin, und du würdest eines Tages Großmutter Sibble IV sein, wenn deine Mutter dich Sibble genannt hätte anstatt Lina. Ich habe sie darum gebeten. Oh, ich hätte nicht fragen sollen – wir sind nicht einmal verwandt –, ich dachte, es müsse immer eine Großmutter Sibble geben. Aber das ist eine andere Geschichte.

Die Sache ist die: Das Haus meiner Großmutter stand an derselben Stelle, an der heute euer Schulhaus steht, aber es sah ganz anders aus als eure kleine, kahle Schule. Wirklich ganz anders! Das Haus meiner Großmutter war mit Schilfrohr gedeckt, und Störche lieben Schilfrohr. Es war ganz unter den Bäumen versteckt. Trauerweiden wuchsen am Rand eines tiefen Wassergrabens, der rings um das Haus meiner Großmutter lief. Und in dem schattigen Wasser unter den Trauerweiden schwammen Hechte. Und über den Graben führte ein kleiner Steg direkt zur Haustür meiner Großmutter. In einer der Trauerweiden war immer ein Storchennest und ein zweites Nest auf dem niederen Schilfdach des Hauses. Als kleines Mädchen habe ich oft auf dem Steg gestanden und überlegt, ob ich vielleicht das niedrige Dach mit der Hand erreichen und die Störche berühren könnte, so nahe erschien mir alles.«

»Oh, das habe ich nicht gewußt«, sagte Lina.

Großmutter Sibble schien sie nicht zu hören. Ihre Augen blickten weit, weit zurück. Sie schüttelte den Kopf. »Und dann kam ein Sturm«, sagte sie. »Einer, wie sie oft über Shora kommen. Es war ein richtiger Sturm. Der Wind und die Wellen brüllten länger als eine Woche am Deich. Eine ganze Woche lang stampften die Wogen, und die Luft war voll Salzgischt. Alles war voll Salz, man konnte es sogar auf dem Brot im Haus schmecken. Und als das Unwetter vorbei war, standen nur noch drei Trauerweiden am Sibble-Eck – so nannte man das Haus meiner Großmutter; denn an warmen Sommertagen fanden sich hier die Leute zusammen und schwatzten und ruhten sich von ihrem Tagewerk aus an dem einzigen schattigen Platz, den es in Shora gab. Nach der Sturmwoche wurden sogar diese drei übriggebliebenen Bäume krank und gingen ein. Ich glaube, ihre Blätter haben einfach zuviel Salz abgekriegt.

Später, als Großmutter Sibble I starb, wurde ihr Haus abgerissen, die alten vermorschten Weidenstümpfe ausgegraben und der Wassergraben mit Erde aufgefüllt. Dann stand lange Jahre nichts auf dem Platz, bis sie eure kleine, kahle Schule an der Stelle bauten. Aber die Störche kamen nie mehr zurück.«

Lina saß mit großen Augen da, die Arme um die Knie geschlungen, blickte gerade vor sich hin, trank jedes Wort in sich hinein

21

und träumte von dem, was die alte Frau erzählt hatte. Es klang wie ein langverschwundenes Märchen, und doch war alles einmal Wirklichkeit gewesen. Großmutter Sibble III hatte es gesehen! Als kleines Mädchen hatte sie gedacht, sie könne hinauflangen und die Störche berühren, und alles dies in Shora!

»Ich habe nichts davon gewußt. Ich habe nichts davon gewußt«, flüsterte Lina vor sich hin. »Sogar ein kleiner Steg«, murmelte sie und umschlang ihre Knie.

Großmutter Sibble richtete sich auf. »So, nun weißt du, daß es nicht nur an den steilen Dächern liegt, nicht wahr?« sagte sie sanft. »Wir müssen auch an andere Dinge denken. Zum Beispiel, daß wir keine Bäume haben und soviel Stürme und Salzgischt. Wir müssen alles bedenken. Und wenn wir es richtig machen wollen, dann müssen wir so denken wie die Störche.«

Großmutter Sibble sagte »wir«.

»Du hast also auch über die Störche nachgedacht?« fragte Lina erstaunt.

»Schon immer, seitdem ich ein kleines Mädchen war. Und seit damals habe ich sie zurückgewünscht. Sie bringen Glück und sind so freundlich und vertraulich. Das Dorf ohne Störche war nie mehr ganz das alte für mich. Aber niemand hat etwas dafür getan, daß die Störche zurückkehren.«

»Der Herr Lehrer hat gesagt, wenn wir nur viel nachdenken und überlegen, vielleicht geschieht dann etwas«, erzählte Lina leise der alten Frau.

»Das hat er zu euch gesagt? Oh, da hat er so recht«, sagte die alte Frau. »Aber jetzt lauf schnell ins Haus! In meinem Küchenbord steht eine kleine Büchse, und darin sind Weinbonbons. Du holst für jede von uns eines heraus. Dann setze ich mich auf meine Treppe und du dich auf deine, und wir denken über die Störche nach. Wir können besser nachdenken, wenn wir allein sind, denn durchs Reden zerrinnen die Gedanken. Und vielleicht hat euer

Lehrer recht – vielleicht kommt einer und unternimmt etwas, wenn wir nur gut genug nachdenken. Aber jetzt hole die Dose, ich kann viel besser überlegen, wenn ich ein Weinbonbon lutsche. Und du nimmst dir auch eins. Versuch mal, ob es nicht besser geht, als wenn du in einen alten Holzschuh schaust.«

Lina war noch nie vorher in Großmutter Sibbles Haus und in ihrer netten Küche gewesen. Da war das Bord und da die Bonbondose. Auf der Bonbondose waren Störche. Auf allen vier Seiten der Dose waren Bilder von Störchen in hohen Bäumen. Auf dem Deckel war ein Dorf gemalt und auf jedem Haus ein riesiges, baufälliges Storchennest. In jedem Nest stand ein großer Storch und schien mit seinem Schnabel fröhlich in den blauen Himmel hinauf zu klappern.

Immer wieder drehte Lina die Dose rundum und besah sich die Bilder. Plötzlich fiel ihr ein, daß sie schon viel zu lange in Großmutter Sibbles Haus war. Und das beim ersten Mal! Was würde sie denken? Hastig stellte sie die Bonbondose auf das Bord und eilte zu der Treppe.

»Großmutter Sibble, auf der Dose sind ja Störche! Und auf jedem Dach ein Nest! Oh…« Plötzlich merkte Lina, daß sie die Bonbons vergessen hatte. Sie rannte zurück. Es fiel ihr schwer, die Störche nicht anzuschauen, aber sie wandte das Gesicht ab und suchte zwei runde, rote Bonbons aus. Dann lief sie zurück.

»Ich hatte die Bonbons ganz vergessen«, entschuldigte sie sich.

»Ja, ich weiß schon«, sagte Großmutter Sibble sanft; denn sie bemerkte wohl, daß Lina, obgleich sie ihr gerade ins Gesicht blickte, sie gar nicht sah. Linas Augen waren ganz verträumt. Sie sah auf jedem Dach in Shora Störche. Die alte Frau ließ Lina die Treppe hinunter zu ihrem eigenen Haus gehen, ohne etwas zu ihr zu sagen. Linas Augen waren so verträumt, daß sie ohnehin nichts gehört hätte.

Erst als sie auf ihrer eigenen Treppe saß, blickte Lina zurück. Da saß Großmutter Sibble III, wiegte sich ein wenig hin und her und lutschte an ihrem Bonbon. Aber Lina träumte nicht von Störchen, wenigstens nicht sofort. Später wollte sie wieder an sie denken, wollte versuchen, wie die Störche zu denken, so wie Großmutter Sibble es gesagt hatte. Aber jetzt mußte sie über Großmutter Sibble nachdenken, die eine Bonbonbüchse besaß, auf der Störche gemalt waren, und welche die Störche kannte und als kleines Mädchen gemeint hatte, sie könne zu ihnen hinauflangen.

Aber auch das war nicht das Wunderbarste. Das wirklich Wunderbare an der Sache war, daß bereits etwas passierte, genau wie der Lehrer es vorausgesagt hatte. Fangt nur an zu überlegen, hatte der Lehrer gesagt, vielleicht geschieht etwas. Und so war es! Denn hier saß Großmutter Sibble auf ihrer Haustreppe, und mit einemmal war sie ganz wichtig geworden. Sie war nicht mehr irgendeine alte Frau, ein Jahrhundert weit von Lina entfernt, nein, sie war jetzt eine Freundin. Das war ein herrliches Gefühl, süß wie ein Bonbon, süß wie ein Traum. Lina zog ihren Holzschuh aus und blickte hinein. Es stimmte schon, Störche brachten Glück. Ihr hatten sie eine Freundin geschenkt. Wenn von jetzt an die Buben sie nicht mitspielen ließen, konnte sie zu Großmutter Sibble gehen, und sie würden zusammensitzen und schwatzen und erzählen. Lina blickte triumphierend von ihrem Schuh auf. Natürlich, so war es!

Das Wagenrad

Am nächsten Morgen war wieder Schule. Sie saßen wie immer in ihrem Schulzimmer, die fünf Jungen, Lina und der Lehrer. An diesem Samstagmorgen sangen sie nicht das alte Heimatlied »Du liebliches Stück Erde, mein Vaterland, wo einst meine Wiege stand.« Nein, sie saßen ganz still da, als der Lehrer einen nach dem anderen ansah. Und dann sagte er: »Wer hat nachgedacht? Und was habt ihr herausgekriegt?«

Linas Hand fuhr in die Höhe. Zu ihrem Erstaunen hoben sich alle Hände gleichzeitig mit ihrer, sogar die von Jella und Eelka. Der Lehrer machte so ein frohes und zufriedenes Gesicht, daß Lina ganz wütend wurde. »Aber Herr Lehrer, die haben ja gar nicht nachgedacht, sie waren beim Grabenspringen.«

Sie schlug sich mit der Hand auf den Mund. Aber es war schon zu spät. Sie war ja keine Petze. Es war nur so aus ihr herausgekocht, weil sie zornig war. Sie hielten den Lehrer zum Narren, und er freute sich noch darüber.

Der Lehrer schaute sie kurz an. Er schien überrascht zu sein. Er wandte sich zu Jella. Jella saß groß, verstockt und ärgerlich in der ersten Bank. Er war wirklich ärgerlich auf Lina. Aber der Lehrer sagte: »Nun, Jella, was glaubst du, warum die Störche nicht nach Shora kommen?«

»Oh, ich habe nicht nachgedacht«, berichtete Jella ehrlich. »Ich habe meine Mutter gefragt.«

Der Lehrer lächelte. »Nun, gleich nach dem Nachdenken ist Fragen der nächste Weg, um etwas zu lernen. Was hat deine Mutter gesagt?«

»Sie sagte, die Störche kämen nicht nach Shora, weil sie noch nie da waren. Sie sagt, die Störche kehren jedes Jahr an ihre alten

Plätze zurück. Wenn sie also niemals früher in Shora waren, kommen sie jetzt auch nicht. Da kann man gar nichts machen, sagt sie.«

Lina saß auf ihrem Platz und zitterte vor Eifer; sie wollte erzählen, daß die Störche wirklich früher nach Shora gekommen waren und was ihr Großmutter Sibble alles gesagt hatte. Sie wollte schon aufgeregt mit der Hand winken. Aber alle Jungen waren böse auf sie, und sogar der Lehrer war erstaunt und enttäuscht gewesen.

Es war ein jämmerliches Gefühl, aber sie mußte einfach etwas tun. Sie war schon ganz zittrig vor Aufregung. Und dann winkte sie mit der Hand und stand von ihrem Platz auf, aber der Lehrer beachtete sie nicht. Lina hörte sich selbst laut sagen: »Oh, aber die Störche sind ja früher einmal nach Shora gekommen!«

Alle drehten sich nach ihr um. Sogar der Lehrer. Im nächsten Augenblick erzählte Lina aufgeregt alles, was Großmutter Sibble ihr gesagt hatte vom Sibble-Eck und den Störchen und von den Trauerweiden um den Wassergraben und dem Steg. Von den Störchen, die an genau demselben Platz gewohnt hatten, wo heute ihr Schulhaus stand. Sie berichtete sogar von den Hechten im Wassergraben.

Jella in der ersten Bank drehte sich sofort nach ihr um, als er das von den Hechten hörte. Er vergaß, daß er ärgerlich auf sie war, er vergaß, daß er in der Schule saß. Ganz laut, ohne um Erlaubnis zu fragen, rief er: »Oh, Hechte! Waren sie groß, Lina?«

Alle Jungen hatten jetzt große, aufgeregte Augen. Sie schienen sich weit mehr für die Hechte als für die Störche zu interessieren. Alle außer Eelka. Eelka hob die Hand und sagte auf seine langsame Weise: »Was Lina von den Bäumen erzählt hat – wissen Sie, Herr Lehrer, das ist genau dasselbe, was mir eingefallen ist, als ich nachgedacht habe. Die Störche kommen nicht nach Shora, weil wir keine Bäume haben.«

Eelkas Platz befand sich neben dem Platz von Lina. Sie rutschte hin und her und starrte ihn an. Wie konnte er es wagen! Er hatte nachgedacht! Beim Grabenspringen war er gewesen!

Es war, als wüßte Eelka, was sie dachte, denn er fuhr fort, in ruhigem Ton dem Lehrer zu erklären: »Ich glaube gar nicht, daß mir die Bäume eingefallen wären. Erst als ich mitten in einem Graben lag und unterging, dachte ich an die Bäume. Ich war durch und durch naß und wünschte, da wäre ein Baum, an dem ich meine Kleider aufhängen könnte. Aber weil es keine Bäume gibt, mußte ich tropfnaß heimgehen. Junge, hab ich was von meiner Mutter abgekriegt!«

Der Lehrer mußte ebenso lang und herzhaft lachen wie die Klasse. Sogar Lina lachte mit.

»Nun, Eelka«, sagte der Lehrer, »auch wenn du unter Wasser nachdenken mußtest, so hast du doch gut nachgedacht.« Seine Augen funkelten, als er sich zur ganzen Klasse wandte. »Also schön. Ist jeder der Ansicht wie Eelka? Der erste Grund, warum die Störche nicht nach Shora kommen, ist, daß wir keine Bäume haben.« Er schrieb mit großen Buchstaben an die Wandtafel:
Die Gründe dafür, daß keine Störche nach Shora kommen.
Darunter setzte er eine große Eins und wartete.

»Ich denke, der erste Grund ist noch immer das, was meine Mutter gesagt hat«, meldete sich Jella.

»Aber Lina hat doch eben erzählt, daß früher Störche nach Shora gekommen sind. Und tatsächlich hat Großmutter Sibble III genau über der Stelle, an der du jetzt sitzt, Störche gesehen. Da, wo unsere Schule steht, stell dir das vor!« sagte der Lehrer.

»Ich glaube, meine Mutter hat sich getäuscht«, sagte Jella langsam. Er schien es nicht gern zuzugeben. Er blickte bedrückt zur Decke empor.

Dann hob Auka die Hand und sagte ruhig: »Dann heißt also der erste Grund: *Keine Bäume.*«

27

»Das meint Großmutter Sibble auch«, gab Lina ehrlich zu. »Sie sagt, Störche lieben die Bäume zum Verstecken und weil sie da einen schattigen Platz haben, an dem sie ihre langen Beine ausstrecken können. Sie sagte, das täte sie auch, wenn sie ein Storch wäre. Und Großmutter Sibble hat mir erzählt, die beste Art, herauszufinden, was ein Storch gern hat, ist, daß man selber denkt wie ein Storch.«

Der Lehrer blickte Lina an. »Das hat dir Großmutter Sibble III gesagt? Ich finde es großartig«, sagte er und wandte sich wieder an die Klasse. »Dann sind wir uns also einig: der erste Grund, warum es keine Störche in Shora gibt, ist, daß keine Bäume da sind.« Er drehte sich mit der Kreide zur Wandtafel, als ob er schreiben wollte.

Lina winkte aufgeregt mit der Hand, daß er noch nicht schreiben sollte. »Nicht die Bäume, die Dächer!« Beinahe hätte sie es geschrien, weil der Lehrer sich nicht umdrehte. »Herr Lehrer«, redete sie verzweifelt auf den Rücken des Lehrers ein, »Großmutter Sibble und jeder denkt, es sind die Bäume, aber es sind die Dächer. Die Störche bauen ihre Nester nicht einfach in Bäume, sie bauen sie meist auf die Dächer. Aber unsere Dächer in Shora sind zu steil. Oh, es müssen die Dächer sein!« rief sie in flehendem Ton. »Wir können nämlich Räder für die Störche auf die Dächer legen, aber wegen der Bäume können wir nichts machen.« Atemlos erzählte sie der Klasse von Großmutter Sibbles Bonbondose, auf deren Deckel ein ganzes Dorf mit Storchennestern auf jedem Haus zu sehen war, weil sich nämlich auf jedem Haus ein Wagenrad für das Nest befand. Pier und Dirk sagten beinahe im gleichen Atemzug: »Mensch, stellt euch vor, auf jedem Dach in Shora ein Storchennest!«

»Sogar auf unserem Schuldach!« rief Auka.

»Das ist's ja gerade. Das ist es.« Lina schrie es beinahe. »Nicht ein einziges Rad ist auf den Dächern von Shora, weil jeder, genau wie Großmutter Sibble, nur an die Bäume gedacht hat. Deshalb hat nie jemand ein Rad auf seinem Dach angebracht. Niemand hat es je versucht. Aber was wissen wir, wenn wir es nicht versucht haben?«

Lina setzte sich wieder und wartete atemlos und schaute voll Hoffnung auf den Lehrer. Oh, sie mußte einfach recht haben! Der Lehrer mußte das einsehen.

Der Lehrer freute sich darüber, daß alle so eifrig waren. Er stand an der Tafel, drehte die Kreide zwischen den Fingern und hatte keine Eile, etwas hinzuschreiben. Er sah die Jungen, die immer noch erstaunt auf Lina starrten. Er sah Lina an. »Aha«, sagte er stolz. »Kleine Lina.« Und dann schrieb er Linas Grund in großen weißen Buchstaben an die Tafel:

Keine Räder auf unseren steilen Dächern.

Er sprach wieder zu der Klasse. »Wäre es möglich«, fragte er, »daß auf jedem Dach in Shora Störche wären wie auf der Bonbonbüchse, wenn wir Räder auf unsere steilen Dächer setzten?«

»Oh, das war doch nur so ein Bild!« sagte Jella verächtlich. »Auf einem Bild kann alles sein. Das ist doch nur so zusammengeträumt.«

»Ja, das kann schon sein«, sagte der Lehrer. »Bis jetzt! Aber damit müssen eben alle Dinge anfangen – mit einem Traum. Natürlich, wenn ihr nur immer träumt, dann bleibt es ein Traum und wird alt und tot. Aber zuerst träumen und dann handeln – kann man so nicht Träume wahr machen? Nun bleibt einen Augenblick sitzen, stellt euch vor: unser Shora mit Bäumen und Störchen. Jetzt ist Shora öde und kahl, aber versucht, es einmal mit Bäumen und Störchen und voll Leben zu sehen! Über uns der blaue Himmel, hinter dem Deich die blaue See und in der Luft über Shora die Störche. Könnt ihr das sehen?«

»Aber in Shora können keine Bäume wachsen«, entgegnete Jella hartnäckig. »Das machen der Salzgischt und der Wind und die Stürme. Es gibt nur einen Baum in Shora, das ist ein kleiner Kirschbaum im Hintergarten von dem Janus, der keine Beine mehr hat. Aber der Garten hat eine Mauer, die ist so hoch, daß man fast nicht darüberklettern kann. Der Kirschbaum wächst an der Sonnenseite des Hauses, und Janus päppelt und hütet ihn. Er paßt auf, daß kein Vogel und kein Kind auch nur eine einzige Kirsche bekommen. Nicht eine!«

»Schön, aber was können wir daraus sehen?« fragte der Lehrer.

»Daß wir die Bäume besonders schützen müssen, wenn wir sie in Shora anpflanzen wollen. Und könnten wir nicht Bäume pflanzen, die den Stürmen und dem Salzgischt widerstehen und kräftiger sind als Weiden? Es muß Bäume geben, die an der Küste wachsen können. Oder vielleicht könnten wir die Weiden durch einen Windfang von Pappeln schützen. Es dreht sich einfach darum: Können wir es fertigbringen, wieder Bäume zu pflanzen, da doch früher schon einmal welche hier wuchsen?«

»Oh, das würde aber lange dauern«, sagte Dirk. »Dazu braucht man Jahre.«

»Um Träume wahr zu machen, braucht man oft sehr viel Zeit«, sagte der Lehrer. »Ich meine auch nicht, daß es sofort geschehen muß. Als erstes müssen wir fertigbringen, daß ein Storchenpaar in Shora nistet. Damit fangen wir hier schon an, indem wir uns überlegen, weshalb sie jetzt nicht hier nisten. Aber danach... Wenn schon einmal dort, wo unsere Schule steht, Bäume gestanden haben, warum sollen sie nicht wieder hier wachsen? Denkt mal! Bäume rings um unsere Schule!«

»Und ein Graben mit Hechten darin«, fügte Jella prompt hinzu.

»Wir können ihn ja selber ausheben.«

»Ja, Jella. Nun hast du es allmählich erfaßt. Übrigens könnten wir allein auch keine Bäume pflanzen. Aber bevor wir an all das denken, was müssen wir zuerst tun?«

»Ein Rad finden, das wir aufs Dach bringen können«, rief Lina.
»Aha«, sagte der Lehrer. »Jetzt kommen wir dahin, wo wir
etwas tun können. Versteht ihr? Wir haben nachgedacht und
alles gründlich überlegt. Jetzt müssen wir handeln. Wir müssen
ein Wagenrad finden, und wir müssen es auf dem Dach festmachen. Aber hinter all dem steht der Traum: Störche auf jedem
Dach von Shora! Bäume! Vielleicht sogar ein Wassergraben um
die Schule. Könnt ihr euch Shora so vorstellen?«
Seine Stimme war aufgeregt, auch die Kinder waren jetzt alle ganz
aufgeregt. Lina konnte nicht mehr stillsitzen. Sie drehte und wendete sich, schließlich fuhr ihre Hand wieder in die Höhe. »Und ein
Steg, der zur Haustür führt! Wir gehen über einen Steg in die
Schule! Herr Lehrer«, bettelte sie. »Herr Lehrer, ich könnte mir
Großmutter Sibbles Bonbondose geben lassen. Dann können alle
sehen, wie Shora mit Störchen und Bäumen aussieht.«
Der Lehrer nickte. »Lauf zu, Lina!«
Großmutter Sibble hatte nichts dagegen, daß Lina die Büchse mit
in die Schule nahm. »Oh, nein, Kind, behaltet sie dort, solange ihr
wollt. Behaltet sie, bis es wieder richtige Störche in Shora gibt.«
Sie machte die Dose auf und nahm ein Bonbon heraus. »Siehst du,
es ist gerade noch eines für jeden von euch darin.«
Im Schulzimmer ging die Bonbonbüchse von Hand zu Hand, und
jedes Kind betrachtete die Bilder auf den Seiten und auf dem
Deckel. Jeder nahm sich ein Bonbon heraus und reichte die Dose
weiter. Der Lehrer nahm das letzte Bonbon, dann stellte er die
Dose auf die Oberleiste der Tafel, so daß jeder das Dorf mit den
Störchen sehen konnte. Unter die Dose schrieb er mit großen
Buchstaben: *Ist es möglich?*
Er wandte sich wieder zur Klasse. »Stellt euch ein Zebra in Shora
vor«, sagte er. »Stellt euch vor, zwei Giraffen streckten ihre langen Hälse über den Deich! Stellt euch vor, eine Giraffe ginge auf
unserem Deich spazieren!«

»Stellt euch einen Löwen in Shora vor!« sagte Auka.

»Ja, Auka, stellt euch sogar einen Löwen in Shora vor«, stimmte der Lehrer zu. »Ein braver, freundlicher Löwe auf unserer Dorfstraße! Aber ist es nicht beinahe dasselbe mit den Störchen? Wißt ihr, woher unsere Störche kommen? Wo sie leben, wenn sie nicht in Holland sind? Denkt euch das Herz von Afrika. Den Anfang eines Stromes tief in Afrika, dort, wo er noch kein richtiger Strom ist. Lauter kleine Flußläufe und Schwemmland und Sümpfe bilden den Anfang des großen Stromes. Dort sind unsere Störche jetzt. Mitten unter Zebras und Gazellenherden, unter Löwen und Büffeln. Seht ihr unsern Storch? Gleich hinter ihm steht ein altes Rhinozeros und lauert im Gebüsch. Könnt ihr den Storch am Ufer stehen sehen? Gerade gegenüber von ihm im schlammigen Fluß sehen wir eine Herde Nilpferde, die im tiefen Wasser pusten und schnauben. Und mitten unter ihnen lebt unser Storch. Dann kommt die Zeit, und der große edle Vogel breitet seine Schwingen aus, schlägt mit den Flügeln und verläßt das wilde Afrika, um zu uns zu kommen. Ein großer wilder Vogel, aber sanft und freundlich, der bei uns auf dem Dorf lebt. Ist das nicht wunderbar? Und vielleicht, vielleicht – noch ist es ein Traum. Wir haben noch nicht einmal ein Rad, wir wissen noch nicht einmal, auf welches Dach es soll.«

»Doch, doch, wir wissen es!« schrie die ganze Klasse. »Das Rad muß unbedingt auf das Dach von unserer Schule.«

»Na ja, Kinder«, sagte der Lehrer. »Wer kümmert sich nun um das Wagenrad?«

Sie waren zu atemlos, um auch nur ein Wort zu sagen. Aber Jella verschluckte schnell sein Bonbon und rief für die ganze Klasse: »Wir alle. Sobald die Schule aus ist, suchen wir alle miteinander, bis wir ein Rad gefunden haben.«

Der Lehrer nickte ein paarmal mit dem Kopf. »So müssen wir es anfangen, damit der Traum wahr wird. Wir fangen am Mittag an. Es ist Samstag, und wir haben einen freien Nachmittag vor uns, an dem wir versuchen können, ein Wagenrad zu finden. Wir müssen uns eben anstrengen, denn nur so kann man Träume verwirklichen... Aber jetzt wollen wir rechnen.«

Jella und der Bauer

Die Rechenstunde war mühselig vorbeigegangen, und sie hatten sich auch mit der Grammatik geplagt, aber als es zum Schönschreiben kam – nein, beim Schönschreiben war es einfach nicht auszuhalten.

Lina gab als erste verzweifelt den Kampf auf. Der Lehrer, der den Gang auf und ab ging, war stehengeblieben und hatte in ihr Heft geschaut. Lina hörte sofort mit dem Schreiben auf.

»Herr Lehrer«, sagte sie, »ich kann nicht stillsitzen, und wenn man nicht stillsitzen kann, kann man auch nicht schönschreiben. Es ist alles verwackelt.«

Die ganze Klasse hörte auf zu schreiben. »Wir wollen Pläne machen, wie wir den beiden Störchen ein Rad besorgen.«

»Die Störche kommen schon ganz bald, nicht?« fragte Eelka den Lehrer.

»Nun, die Jahreszeit ist da, das kann man nicht leugnen«, sagte der Lehrer langsam. »Und da du es schon zur Sprache gebracht hast, Eelka, so kann ich auch nicht leugnen, daß wir nicht mehr viel Zeit haben.«

»Warum verschwenden wir sie dann mit Schönschreiben?« sagte Jella. Er hielt sein Heft in die Höhe, daß es der Lehrer und alle sehen konnten. Er hatte ungefähr drei Wörter geschrieben und dann einen großen Storch gemalt, der quer im Schnabel einen Fisch trug. »Dieser Fisch ist ein Hecht aus unserem Wassergraben«, erklärte Jella. Der Lehrer lachte. »Du denkst nicht nur im voraus, du zeichnest auch im voraus, Jella, aber das ist keine Schönschrift. Wenn ihr jetzt alle wie zittrige Tattergreise in euer Heft schreibt, dann... Großmutter Sibble III schreibt schöner als du, Lina.«

Der Lehrer machte eine Pause, die ganze Klasse saß erwartungsvoll da. »Nun paßt mal auf, ihr Jungen und Lina: Gestern haben wir eine Stunde verloren, und wenn ich euch jetzt wieder eine ganze Stunde früher weglasse... Was ist euch das wert? Kommt ihr, wenn alles vorbei ist, einen ganzen freien Samstagnachmittag freiwillig in die Schule, um die Zeit aufzuholen?«

»Oh, ja«, riefen alle zusammen. »Ganz bestimmt.«

»Einverstanden«, stimmte der Lehrer zu. »Jetzt ist es noch eine Stunde bis Mittag. Wie wäre es, wenn wir die dazu benutzten, uns mal in Shora umzusehen. Am Nachmittag nehmen wir uns dann die Umgebung vor. Wir müssen auf jeden Hof an der Straße.«

»Junge«, sagte Auka, »wenn jeder von uns ein Rad findet, dann haben wir beinahe für jedes Haus in Shora eines.«

»Wir müssen auch eines für Großmutter Sibbles Haus finden«, erinnerte Lina die anderen.

»Für jeden außer für den Janus ohne Beine«, stimmte Jella augenblicklich zu. »Für den suche ich einen Stein, der ihm an den Kopf fliegt.«

»Langsam, langsam!« sagte der Lehrer. »Unsere Aufgabe ist es, zuerst einmal *ein* Rad zu finden. Versorgt nur nicht schon ganz Shora mit Rädern! Laßt uns mal eins finden. Ich fürchte, das ist schwierig genug. Und denkt daran, wenn die Glocke zwölf schlägt, kommt alles in die Schule zurück und berichtet! Wenn wir keines gefunden haben, dann sage ich jedem eine Straße, die er am Nachmittag absuchen muß.«

Alle drängten sich aus der Tür. Es war aufregend, aus der Schule zu laufen, auf die Dorfstraße auszuschwärmen und alle Gärten, Scheunen und Schuppen zu durchstöbern.

Zuerst hatten sie riesig viel Hoffnung, aber die letzte halbe Stunde des Samstagvormittags verrann im Nu. Nun kam es ihnen gar nicht wie eine Stunde vor, sondern höchstens wie zehn Minuten, als die große Uhr auf dem Turm zwölf schlug. Langsam schlug sie zwölfmal. Jedes Kind im ganzen Dorf zählte mit. Es war kaum zu glauben, aber es war 12 Uhr. Die Uhr hatte richtig geschlagen.

Auf dem Boden seines Elternhauses zählte Jella die Glockenschläge. Er schaute verdrossen durch das kleine staubige Dachfenster auf das Zifferblatt. Es war wirklich zwölf. Die bronzenen Zeiger standen auf zwölf. Und er saß mit leeren Händen auf dem Hausboden. Er war schmutzig und feucht. Er hatte Abfallhaufen und Gräben durchstöbert und war schließlich mit leeren Händen auf dem Boden gelandet. Eigentlich schien es unsinnig, ein Wagenrad auf dem Dachboden zu suchen, aber der Lehrer hatte gesagt, sie sollten an allen möglichen und unmöglichen Plätzen nach einem Wagenrad suchen. Nun, der Boden war ein unmöglicher Platz, und es war trotzdem keines da.

Jella hatte einen Bogen gefunden. Auf dem Boden hatte er ihn entdeckt, aber keine Pfeile dazu. Jetzt saß er hinter dem staubigen Fenster und zielte mit dem Bogen auf das weiße Zifferblatt der Turmuhr.

Von seinem hohen Fenster aus konnte Jella in den Hintergarten von Großmutter Sibbles Haus sehen. Die Falltüre, die zum Keller führte, flog auf, und Auka kroch mühsam mit einem großen Steintopf empor.

Er setzte den Steintopf ab und blickte auf die Turmuhr. Er fühlte sich betrogen und enttäuscht. Alle Schuppen in Shora hatte er durchwühlt, außer natürlich den des beinlosen Janus. Man konnte nicht einfach zu Janus gehen und sagen: »Darf ich mal in Ihrem Schuppen nachsehen?« Da hätte man etwas Schönes an den Kopf bekommen!

Großmutter Sibbles Haus war sein letztes gewesen. Es hatte keinen Schuppen. Mutlos hatte Auka gefragt, ob er im Keller nachschauen dürfe.

»Ist ganz sinnlos, Auka«, hatte Großmutter Sibble geantwortet. »Ich weiß ganz genau, was in meinem alten Keller ist – ein Topf Sauerkraut. Ich bewahre nichts mehr im Keller auf, ich komme zu schwer da hinunter. Aber den Geruch von Sauerkraut kann ich nicht ausstehen, deshalb ist es unten.«

»Der Lehrer hat uns gesagt, wir sollten an allen möglichen und unmöglichen Plätzen nach einem Rad suchen«, sagte Auka.

»Da bist du an die richtige Stelle geraten«, sagte Großmutter Sibble und kicherte. »In meinem Keller kann nicht gut ein Wagenrad sein. Aber euer Lehrer hat recht – es ist die einzige Möglichkeit, wie ihr eines finden könnt. Geh nur hinunter und sieh nach, sonst bist du doch nicht zufrieden. Und wenn du schon unten bist, bringst du mir das Sauerkraut mit herauf? Ich kann es nämlich schon durch den Boden riechen.«

Nun stand er da, den Topf zu seinen Füßen, und schaute auf die Turmuhr. Plötzlich bemerkte Auka eine Bewegung hinter dem hohen Dachfenster des Nachbarhauses. Jella zielte mit einem Bogen ohne Pfeil auf ihn. »Schau, was ich gefunden hab!« rief Jella durch das Fenster.

»Das ist aber kein Wagenrad«, schrie Auka zurück.

»Nein, aber Junge, könnte ich einen Spaß haben, wenn ich nur Pfeile hätte! Was hast du gefunden?«

»Einen Topf Sauerkraut«, rief Auka, und ein Grinsen zog über sein Gesicht.

Jella schnitt eine Grimasse. »Was hat das Sauerkraut mit den Störchen zu tun?«

Auka zuckte die Achseln. »Nicht mehr als ein Bogen, glaub ich. Komm, gehen wir in die Schule! Es ist zwölf.«

In einer Scheune am Ende des Dorfes hörten Pier und Dirk, wie die Glocke die volle Stunde schlug. Es wurde ihnen kalt. Sie sahen sich schuldbewußt an. »Zwölf Uhr«, sagte Dirk zu Pier, »und du und ich haben nur gespielt.«

»Ja, ich weiß«, sagte Pier.

In der Scheune war ein Heuboden. Sie waren hinaufgeklettert. Natürlich war in dem Heu kein Wagenrad gewesen. Sie hatten es auch nicht erwartet. Aber Pier hatte pflichtschuldig zu Dirk gesagt, daß sie auch an unmöglichen Plätzen suchen müßten. Als sie oben auf dem Heuboden waren, mußten sie natürlich wieder hinunterrutschen. Das war so lustig, daß sie gleich wieder hinaufkletterten und diesmal nicht unter dem Vorwand, ein Wagenrad zu suchen. Es war erstaunlich, wie schnell so eine Stunde verging. Jetzt war es zwölf. Pier schaute Dirk an. Sie saßen auf dem Heu, das mit ihnen heruntergerutscht war. Dirk sprang eilig hoch. »Jetzt haben wir kein Wagenrad«, jammerte er. »Alles, was wir fertiggebracht haben, ist eine schreckliche Unordnung.«

»Keine Speiche haben wir gefunden«, sagte Pier kummervoll.

»Vielleicht packen wir jetzt am besten das Heu und nehmen es mit«, schlug Dirk vor.

»Heu für einen Storch? Ein Storch ist doch keine Ziege!«

»Nein, aber wir haben keine Zeit mehr, es auf den Heuboden hinaufzubringen. Wenn wir es mitnehmen und unterwegs wegwerfen, merkt der Bauer nicht, daß wir in seiner Scheune gespielt haben.«

Das war ein guter Gedanke und das Beste, was sie unter diesen

37

Umständen machen konnten. Sie rafften hastig das verstreute Heu zusammen; jeder packte einen Armvoll und rannte in Richtung Schule.

»Junge, war das lustig, was?« sagte Pier.

»Ja«, sagte Dirk bedrückt. »Ich hoffe nur, jemand hat ein Rad gefunden.«

»Könnten wir das Heu nicht mit in die Schule nehmen und sagen, es wäre zum Nestbauen für die Störche?« schlug Pier vor. »Dann hätten wir doch wenigstens etwas getan.«

»Vielleicht«, sagte Dirk zweifelnd. »Aber komm jetzt, los! Lauf! Es ist schon zwölf vorbei!«

Als Dirk und Pier in der Schule ankamen, waren Jella und Auka bereits mit dem Lehrer dort. Weit hinter Pier und Dirk kam Eelka und stieß einen hochrädrigen alten Kinderwagen vor sich her. Ein Stück hinter Eelka, am Ende der Straße, tauchte Lina mit leeren Händen auf.

Als alle im Schulhof versammelt waren, sah der Lehrer sie der Reihe nach an. »Ein Bogen, ein Kinderwagen, zwei Bündel Heu, aber kein Wagenrad«, sagte er langsam. Er sah Auka an. »Und was hast du gefunden, Auka?«

»Einen Topf mit Sauerkraut«, sagte Auka finster. »Aber ich hab ihn nicht mitgebracht. Ich dachte nicht, daß er für die Störche etwas nützen könnte.«

»Ich habe überhaupt nichts gefunden«, sagte Lina.

Der Lehrer sah auf die Heubündel. »Warum habt ihr das Heu mitgebracht?« fragte er Pier.

»Wir dachten, wenn jemand ein Rad gefunden hätte, könnten die Störche vielleicht das Heu zum Nestbauen brauchen«, antwortete Pier unsicher.

Dirk nickte. »Ja, das dachten wir«, sagte er hastig.

»Und du, Eelka, hast einen Kinderwagen angebracht. Warum?«

»Wegen der Räder«, sagte Eelka. »Ich glaube nicht, daß sie groß genug sind, aber sie waren das einzige, was ich finden konnte. Meine Mutter hat sie mir gegeben. Sie sagte, weil ich ganz bestimmt ihr letztes Baby wäre. Und dabei bin ich bald zwölf!«

»Ha, ha! Das Baby!« schrie Jella.

»Wir haben also nichts«, bemerkte Lina leise.

Sie standen ein wenig unglücklich im Kreis auf dem Schulhof. Sie waren so enttäuscht, daß sie einander gar nicht anzuschauen wagten. Alle starrten sie auf den alten Kinderwagen. Pier und Dirk standen immer noch mit ihrem Armvoll Heu herum. Plötzlich stopfte Pier sein Bündel in Eelkas Kinderwagen. Erleichtert packte Dirk seines mit dazu. Da stand nun der Kinderwagen, und die Heuhalme spießten nach allen Seiten. Dann aber schaute niemand mehr auf den Kinderwagen, und alle Augen wandten sich in die Höhe.

Weit über dem Deich, hoch am Himmel schwangen riesige weiße Flügel – von See her erschienen zwei Störche. Über dem Kirchturm flogen sie noch höher, immer geradeaus. Sie kamen nicht näher auf Shora herab, sie flogen nicht langsamer und zogen keine Kreise über dem Dorf. Bald waren die spitzen weißen Flügel im weiten Blau des Himmels verschwunden. Sie waren fort.

Langsam senkten sich die Blicke. Alle starrten wieder auf den Kinderwagen. Eelkas Gesicht lief rot an. Er murmelte etwas, was keiner verstand; er riß den Kinderwagen an sich und stieß ihn zornig in den entferntesten Winkel des Schulhofes.

»Wenn wir wenigstens eine Ziege hätten«, sagte Auka und sah auf das Heu, das aus dem Kinderwagen auf seine Füße gefallen war. Keiner lachte und auch Auka nicht. Niemand sagte ein Wort. Sie waren so still, daß alle hörten, wie Lina mehrmals hintereinander schluckte. Das ist das Pech, wenn man ein Mädchen ist, dachte Lina; bei solchen Gelegenheiten würde man gern heulen. Jungen wurden nur ärgerlich oder verstockt und zornig. Plötzlich schluckte Lina nicht mehr; sie wollte nicht mehr heulen, sie ärgerte sich einfach.

Jella machte sich zum Sprecher für alle. »Schaut her«, fing er an, »wir können einfach nicht mehr mit Bogen und Kinderwagen unsere Zeit vertrödeln und im Heu herumspielen!« Er nahm seinen Bogen und warf ihn in die Ecke zu dem Kinderwagen. Er verfing sich in dem Heu. Aber Jella achtete nicht darauf. »Seht die Störche!« sagte er. »Wir müssen jetzt alle nach einem einzigen Wagenrad suchen, und zwar tüchtig.« Jella war wütend auf sich selbst und alle anderen.

»Jella hat recht«, sagte der Lehrer. »Ich bin froh, daß ihr es selbst einseht. Aber ich glaube nicht im Ernst, daß wir in Shora ein Rad finden. Dies waren auch nur die ersten Störche, die wir gesehen haben. Deshalb dürfen wir nicht gleich enttäuscht sein. Von jetzt an werden die Störche paarweise über Shora ziehen, und später werden sie in Scharen kommen; aber wir können nur wenig tun, um zwei von ihnen anzulocken. Wir können nur das Rad aufstellen, das übrige liegt bei den Störchen. Nur müssen wir das wenige schnell tun! Danach können wir wieder spielen.«

»Wir wollen ganz eifrig suchen!« versprachen sie alle.

»Schön. Dann wollen wir nach dem Mittagessen weitermachen. Aus dem Dorf führen fünf Straßen. Jeder von euch Jungens kann eine übernehmen. Lina bekommt den Deich.«

»Den Deich?« fragte Lina.

»Ja, ich weiß, es ist ziemlich unwahrscheinlich, daß du auf dem Deich ein Wagenrad findest, aber vom Deich aus kannst du alle kleinen Seitenwege und Wiesen und die alleinstehenden Bauernhäuser überblicken. Die kannst du übernehmen, während die Jungen die Straßen absuchen.«

»Wie weit sollen wir gehen?« fragte Eelka.

»So weit, bis wir ein Rad gefunden haben«, antwortete Jella, bevor noch der Lehrer etwas sagen konnte.

»Ich bin den ganzen Nachmittag in der Schule und, wenn es sein muß, noch am Abend«, sagte der Lehrer. »Jeder kommt zu mir und berichtet, sobald er mit Suchen fertig ist. Wenn jemand ein Rad gefunden hat, läute ich die Schulglocke. Wenn ihr sie hört, kommt ihr sofort zur Schule zurück. So, und jetzt fort zum Mittagessen! Aber vergeßt nichts! Ich sage noch einmal, seht an allen möglichen und unmöglichen Plätzen nach. Trotz aller Enttäuschung kommt das Unerwartete immer dann, wenn wir gar nicht daran denken.«

Das klang hoffnungsvoll, und Störche waren auch nicht mehr erschienen. Alle liefen, so schnell sie konnten, nach Hause.

Es war Samstag nachmittag um vier Uhr. In Shora war kein Laut zu hören. Außer drei kleinen Kindern, die auf dem Dorfplatz zu Füßen des Kirchturms spielten, war kein Kind im ganzen Dorf zu sehen. Die fünf Jungen und Lina waren über das ganze Land verstreut und suchten nach dem Wagenrad. Der Lehrer stand unter der Tür des Schulhauses und schaute die leere Dorfstraße entlang, die in das flache Land hineinlief. Es war die Straße, die Jella absuchen sollte. Die Straße war verlassen, und Jella war nirgends zu sehen.

Der Lehrer lächelte ein wenig. »Jetzt hat Jella sein Herz daran gehängt«, sagte er leise. »Und wenn Jella einmal sein Herz an etwas gehängt hat, dann ist er auch dahinter her, und wenn er das ganze Land durchsuchen muß.« Über der Schule, hoch in der Luft, erschienen wieder zwei Störche. Mit mächtigen Flügelschlägen zogen sie rasch über das Dorf hinweg. Der Lehrer blickte ihnen nach. Die Kinder auf dem Land würden sie auch sehen. »Da werden sie den Mut nicht sinken lassen«, sagte der Lehrer.

Als der Lehrer wieder die Straße hinuntersah, war sie nicht mehr leer. Aus der Ferne kam ein Rad auf der schmalen Landstraße herangerollt. Ein Junge trieb es vor sich her. Er hielt es aufrecht, wenn es zur Seite fallen wollte. Es mußte Jella sein – nur Jella war stark genug, ein schweres Wagenrad ganz allein vor sich herzutreiben. Jella hatte also ein Rad! Der Lehrer hatte sich schon halb umgewandt, um die Schulglocke zu läuten. »Warten wir lieber noch ein bißchen!« sagte er. »Man kann nie wissen, was Jella alles anstellt, wenn er sein Herz an etwas gehängt hat. Nein, warten wir lieber ab!«

Er schaute wieder auf die Straße. Jetzt rollte da kein Rad mehr. Statt dessen steuerte ein Bauer mit Jella auf die Schule zu. Das Rad war weg.

Der Lehrer wartete in der Schultüre.

Sie kamen immer näher. Der widerspenstige Jella und der große zornige Bauer. Der Bauer führte Jella am Ohrläppchen. In der anderen Hand hatte er etwas Rotes. Es sah aus wie ein Stück Dachziegel. Der Lehrer wartete.

Endlich wurde Jella nach einem langen, peinvollen Marsch auf dem Schulhof vorgeführt. Jella sah verstockt, schuldbewußt und zornig zugleich aus. Er schaute seinen Lehrer herausfordernd an, obgleich er den Kopf zur Seite bog, damit sein Ohr nicht zu sehr schmerzte. Das festgeklemmte Ohrläppchen begann mit der Zeit ziemlich weh zu tun.

»Ich habe es nicht gestohlen«, sagte Jella mürrisch, als der Bauer mit ihm vor dem Lehrer anhielt. »Er behauptet, ich hätte es gestohlen, aber das stimmt nicht. Ich habe überall auf dem Hof umhergerufen. Aber es war niemand da. Das Rad ist seit Jahren nicht gebraucht worden. Es war ganz im Schlamm versunken, weil es unter der Dachrinne stand. Ich hab mich vielleicht geplagt, bis ich es heraus hatte; so lange hat es schon dort gestanden. Und jetzt sagt er, ich hätte es gestohlen.«

Der Bauer hatte Jella grimmig ausreden lassen. Jetzt wandte er sich an den Lehrer. »Was ist in dieser Schule überhaupt los?« fragte er. »Hier wird den Kindern wohl beigebracht, bei den Leuten zu stehlen, wie? Ich steche hinten auf meinem Hof einen Graben aus; ich strecke ein bißchen den Rücken und schaue aus dem Graben, da rollt ein Rad auf der Straße. Ich sehe im Schuppen nach; das Wagenrad, das immer an der Wand gestanden hat, ist fort. Also ist es mein Rad, das da auf der Straße rollt. Ich renne und renne und springe über die Gräben, um den Bengel einzuholen, und kann es immer noch nicht glauben. Am hellichten Tag! Mein Rad war weg, und an seiner Stelle fand ich im Schuppen dies.« Er hielt dem Lehrer ein Stück von einem Dachziegel unter die Augen.

Auf dem Ziegel hatte Jella mit einem Nagel eingeritzt: »Ich habe das Rad genommen, damit wir es für die Störche auf unser Schuldach legen können. Wir wollen, daß wieder Störche nach Shora kommen. Ich bringe es wieder zurück, sobald die Störche es nicht mehr brauchen. Jella Sjaarda.«

Der Lehrer mußte sich Mühe geben, nicht zu lachen. Der Bauer mit den zornigen Augen gab beim Vorlesen scharf auf ihn acht.

»Nun«, sagte der Lehrer langsam und tastete sich behutsam vor, »ich glaube, das ist kein richtiger Dieb, der eine Botschaft und seinen Namen hinterläßt, wenn er etwas mitgenommen hat. Auch versprechen Diebe meistens nicht, das Gestohlene wieder zurückzubringen.« Er lachte den Mann gutmütig an. »Und Sie sehen ja, daß Jella es zurückbringen wollte.«

»Gewiß, ich brauche nur auf mein Rad zu warten, bis die Störche Eier gelegt und Nester gebaut haben, und wenn sie mit allem fertig sind, kann ich auch mein Rad wiederbekommen«, sagte der Bauer grimmig. »Ich brauche dieses Rad! Ich benötige mein Wagenrad nur im Frühjahr und Herbst, aber wenn ich es brauche, dann brauche ich es. Außerdem hatte ich vor, es diesen Nachmittag an den Wagen zu machen, und statt dessen rollt es auf der Straße fort.« Die Vorstellung, wie sein Rad die Straße entlanggelaufen war, machte ihn von neuem wütend.

Noch immer hielt er zornig Jellas Ohr fest.

»Wenn Sie sein Ohr losließen«, sagte der Lehrer, »so würde ich Ihnen versprechen, daß Jella doch nicht fortliefe. Vielleicht kann ich Ihnen auch erklären, wie er dazu kam, Ihr Wagenrad ohne Erlaubnis zu nehmen. Ich will nichts entschuldigen, wohlgemerkt, nur erklären, denn Sie sehen aus, als ob Sie es verstehen würden. Sie kommen mir vor, als wären Sie als Junge ganz ähnlich wie Jella gewesen: ein Junge, der, wenn er erst sein Herz an etwas hängt, vor nichts mehr haltmacht. Haben Sie als Junge nicht auch manchmal etwas genommen, wenn Sie es anders nicht bekommen konnten?«

Der Bauer wurde ruhiger. Beinahe hätte er gelächelt, statt dessen wurde sein Gesicht wieder mürrisch. »Ja«, sagte er unfreundlich, »weil ich mir Pfeil und Bogen schnitzen wollte. Alle anderen hatten Pfeil und Bogen, nur ich nicht. Dabei war ich der größte. Meine Mutter hatte es verboten. Sie hatte Angst, ich würde auf mich selber schießen; wie, weiß ich auch nicht. Ich besaß nicht einmal ein Messer – sie hat es nicht erlaubt. Und dabei war ich der größte von allen – so groß und stark wie dieser hier.« Er blickte prüfend auf Jella. »Nein, sogar noch größer. Na, schließlich hatte ich ein Messer – fragt mich nicht, wie. Ich schnitzte mir Pfeil und Bogen und war glücklich. Mein Großvater erwischte mich, als ich das Messer zurückbrachte. Und wie er mir die Hosen strammzog! Von mir aus hätte er mir die Haut abziehen können mit dem Messer; ich war glücklich. Ich hatte Pfeil und Bogen!«

»Na, sehen Sie«, sagte der Lehrer. »Und jetzt haben Sie Jellas Ohr strammgezogen, aber Jella hat immer noch nicht das heißersehnte Rad.« Der Mann betrachtete das rote, geschwollene Ohr.

Der Lehrer erklärte den großen Plan, den die Schule gefaßt hatte, nämlich die Störche wieder nach Shora zurückzulocken, und der Mann hörte aufmerksam zu. Er nickte verständnisvoll, als der Lehrer geendet hatte. »Ich will Ihnen mal was sagen«, begann er, aber dann blickte er wieder auf Jellas Ohr. »Drück dir mal lieber einen kalten, nassen Lappen auf das Ohr, Junge!« unterbrach er sich. »Ja, ich verstehe jetzt schon, wie das alles in der Aufregung passierte. Aber wie ich schon sagen wollte, er kann das Rad in einer Woche haben, sobald ich den Wagen nicht mehr brauche. Er kann es bis zum Herbst behalten. Nach dieser Woche brauche ich auf meinem kleinen Hof den Wagen nicht mehr bis zum Herbst.«

»Das ist aber zu spät, nicht wahr?« fragte Jella ängstlich den Lehrer. »Ich habe heute nachmittag mindestens fünf Storchenpaare gezählt. Sie kommen jetzt so schnell, daß bald kein Storch mehr in Afrika bei den Rhinozerossen sein wird, von denen Sie uns erzählt haben. In Afrika leben sie nämlich unter Löwen, Flußpferden und Zebras«, erklärte er eifrig dem Bauern. »Aber hier hausen sie einfach in den Dörfern bei den Menschen. – Außer natürlich in Shora«, fügte er unglücklich hinzu.

»Ich glaube, Jella, daß es in einer Woche zu spät ist«, sagte der Lehrer. »Könnte Ihnen Jella nicht bei der Arbeit auf dem Hof helfen? Ich meine, das ist er Ihnen schuldig nach der Störung, die er verursacht hat. Und wenn er Ihnen helfen würde, dauert es vielleicht doch keine Woche, bis die Schule das Rad haben könnte.«

»Wird gemacht«, stimmte der Bauer sofort zu. »Ich setze das Rad gleich, wenn ich zurückkomme, in den Wagen ein, und Jella kann am Montag zum Helfen kommen oder gleich jetzt. Das liegt bei ihm.«

Jella befühlte gedankenvoll sein schmerzendes Ohr. »Können Sie noch Pfeile machen?« fragte er vorsichtig den Bauern. »Ich habe nämlich einen Bogen und keine Pfeile.«

»Natürlich«, sagte der Mann. »Und am Graben, den ich heute vertieft habe, wachsen eine Menge Erlen. Wenn du wissen willst, wie man Pfeile macht, dann zeig ich dir's.« Er schlug sich auf die Tasche. »Ich habe jetzt nämlich ein eigenes Messer«, sagte er mit einem Schmunzeln.

»Ich bin bestimmt da«, versprach Jella strahlend. »Aber diesen Nachmittag suche ich vielleicht besser noch nach einem anderen Rad. Die Störche kommen schnell.« Er blickte den Lehrer fragend an.

»Wie du willst«, sagte der Bauer und ging seines Wegs. Jella zog vorsichtig an dem wehen Ohrläppchen und schaute schüchtern zu seinem Lehrer auf. »Ich wollte es doch nicht stehlen. Aber da war keiner, den ich fragen konnte, und da war das Rad...« Er verstummte. »Ich glaube, ich suche jetzt weiter«, sagte er bedrückt und ging weg.

»Suchen darfst du, aber nichts ohne Erlaubnis nehmen«, rief ihm der Lehrer nach. »Brauchst nur an dein Ohr zu greifen, wenn du in Versuchung kommst.«

Beide lachten ein bißchen. Dann ging Jella seines Wegs, und der Lehrer in die Schule. Als Jella den Schulhof überquerte, flogen vier Störche über ihn weg. »Jetzt kommen sie schon zu viert«, rief er dem Lehrer zu. Dann merkte er, daß er allein auf dem Hof stand. Er blickte den Störchen nach und schüttelte plötzlich die Faust. »Müssen wir euch herunterschlagen, damit ihr in Shora bleibt?«

Sein Blick fiel auf Eelkas Kinderwagen in der Ecke des Schulhofs. Sein Bogen lag auf dem Heu. Wenn die Störche nicht in Shora halten wollten, vielleicht wüßte er ein Mittel. Wenn er sie mit Pfeil und Bogen herunterschießen würde? Das wäre vielleicht ein Weg. Nicht töten wollte er sie, nur herunterholen. Dann hätten sie Störche in Shora!

Vorsichtig schaute er nach der offenen Schulhaustür. Auf Zehenspitzen stahl er sich über den Hof zu dem Kinderwagen und ergriff seinen Bogen. Er kroch durch die Hecke; und auf einem Umweg, außer Sichtweite der Schulfenster, rannte er über die Felder auf den Hof mit dem Rad und den Erlen für die Pfeile.

Pier und Dirk und der Kirschbaum

Es hatte den Anschein, als ob Pier und Dirk nichts trennen könnte; selbst wenn sie auf zwei verschiedenen Straßen marschierten, fanden sie am Ende wieder zusammen. Sie hatten sich gehorsam – jeder auf seinem Weg, den ihm der Lehrer gesagt hatte, in Trab gesetzt. Dirk übernahm die südliche Hauptstraße, die zu dem Dorfe Ternaad führte, Pier einen kleinen, schmutzigen Weg, der sich in vielen Windungen südwestlich von Shora hinzog. An ihm lagen nur vier Bauernhäuser. Pier schaute in allen nach, fand aber nichts. Anscheinend bewahrten die Bauern alte Wagenräder nicht auf.

»Alle Räder, die ich besitze, sind am Wagen, und genau da brauche ich sie«, sagte der Bauer, bei dem Pier auf dem letzten Hof gefragt hatte. »Ich kann mir nichts Nutzloseres vorstellen als einen Wagen ohne Räder, außer vielleicht noch einen Mann ohne Beine.«

Das war der letzte Hof gewesen. Dann mündete der kleine, schmutzige Weg in einer langen, geschwungenen Schleife in die

Straße, die nach Ternaad führte. Pier setzte sich ins Gras – er wollte auf Dirk warten. Dirk konnte diesen Punkt noch nicht erreicht haben, denn an der Straße nach Ternaad lagen viele Höfe und Bauernhäuser. Lange saß Pier ganz ruhig da. Er überlegte, ob der Bauer, der davon gesprochen hatte, daß ein Mensch ohne Beine nutzlos sei, dabei an den beinlosen Janus gedacht hatte. »Ob er den Janus kennt?« Pier hatte laut gedacht. Es mußte schrecklich sein, wenn einem auch nur ein einziges Bein fehlte. Ein Haifisch hatte Janus mit einem Biß beide Beine abgetrennt. Das war geschehen, als Janus noch Fischer war wie die anderen Männer in Shora. Eines Tages war er über Bord gegangen, und im gleichen Augenblick war ein Hai aufgetaucht und hatte Janus beide Beine mitsamt den Stiefeln abgebissen. Pier klappte seine Kiefer auf und zu, so weit er konnte. Er hörte, wie seine Zähne aufeinanderschlugen. Menschenskind, mit einem Biß!

Jetzt konnte sich Janus nur in einem Rollstuhl in seinem Haus und Garten bewegen, und er war böse geworden; er war der schlimmste Mensch von ganz Shora. Pier lehnte sich plötzlich nach vorne und tat, als wolle er sich mit der Hand die Beine abschneiden. Er versuchte sich vorzustellen, wie es einem Menschen ohne Beine zumute ist. Sicher war es kein Spaß. Er wäre sicher auch böse geworden, wenn er seine Beine verloren hätte. Aber was für ein verrückter Einfall, über solche Dinge nachzudenken! Ringsum war es still. Pier starrte auf seine Beine. Bei dem bloßen Gedanken fühlten sie sich schon taub und tot an. Aber vielleicht kam es auch daher, daß er so lange Zeit unbeweglich dasaß.

Er wechselte seinen Sitz und kreuzte die Beine unter sich. Er war froh, daß sie sich so biegen ließen, daß er sich darauf setzen konnte. In dieser Stellung konnte man fast glauben, man habe keine Beine. Ein wenig ängstlich genoß er das taube Gefühl und bildete sich ein, seine Beine wären abgeschnitten. Er warf einen Blick in die Runde. Wie wollte er ohne Beine nach Hause kommen? Er stellte sich vor, wie er auf den vielen Windungen der schmutzigen Straße dahinkroch. Er seufzte. Dann versuchte er zu lachen, aber in der stillen Tiefe, die über dem Land lag, klang es wie ein Stöhnen. »He, Schluß damit!« rief er sich selber zu. Das war das Elend, wenn er nicht mit Dirk zusammen war. Immer mußte er sich etwas Grausiges oder Dummes ausdenken. Er streckte seine Beine aus. Das eine prickelte von oben bis unten wie von Nadelstichen. Er befühlte es und tastete es ab, um zu sehen, wie weit es abgestorben war. Und so vertieft war er in diese Beschäftigung, daß er es gar nicht merkte, wie Dirk im hohen Gras am Straßenrand auf ihn zuschlich. Plötzlich fiel sein Schatten auf Piers Bein. Pier hob erschrocken den Kopf und blickte böse auf Dirk.

»So suchst du also nach einem Wagenrad«, sagte Dirk.

»Hast du vielleicht eines?« bemerkte Pier kühl. Dirk hatte ihn sehr erschreckt.

»Nein, aber schließlich suche ich danach und sitze nicht im Gras herum.«

»Du würdest auch nicht weit kommen, wenn du keine Beine hättest«, entfuhr es Pier.

»Was?« fragte Dirk.

Pier sprach schnell von etwas anderm. »Ich bin mit meiner Straße fertig. Sieh zu, daß du bald mit deiner durch bist. Ich warte solange auf dich.«

»Junge, das kann ich leiden!« schrie Dirk. »Hier warten. Weißt du, daß diese Straße kerzengerade nach Ternaad führt?«

»Vielleicht haben sie in Ternaad ein paar hübsche Wagenräder.«

Pier wollte Dirk schon heimzahlen, daß er ihn so erschreckt hatte; aber ganz im stillen war er sehr erleichtert, daß Dirk in seiner Nähe war. Mit Dirk zusammen kam er nie auf verrückte Gedanken. Auch hatte er nicht die Absicht, hier allein sitzen zu bleiben, um auf Dirk zu warten. Er sprang auf. »Ich komme mit, Dirk.«

Im nächsten Augenblick fiel er auf den Boden. »Dirk, meine Beine!« ächzte er. »Meine Beine tragen mich nicht mehr.«

»Die sind eingeschlafen, weil du den ganzen Nachmittag darauf gesessen hast«, erwiderte Dirk ungeduldig.

»O ja, das ist es«, sagte Pier erleichtert. Aber einen Augenblick lang war er doch mächtig erschrocken. »Weißt du«, sagte er zu Dirk, »einen Moment habe ich tatsächlich gedacht, ich hätte keine Beine mehr.«

»Natürlich hast du Beine«, sagte Dirk. »Aber du hast nicht für fünf Pfennig Verstand.«

»So, denkst du?« schrie Pier hitzig. Aber dann ging ein Grinsen über sein Gesicht. »Dirk, ich bin froh, daß du gekommen bist. Ich laufe nicht gern allein herum.«

»Ich auch nicht«, sagte Dirk. »Aber los jetzt, machen wir, daß wir weiterkommen!«

»Nach Ternaad?« fragte Pier. »Da kommen wir erst wieder heim, wenn es dunkel ist, und ich habe solchen Hunger. Ich habe mittags fast nichts gegessen vor Aufregung. Wir wollen uns bei Mutter etwas zu essen holen.«

Dirk zögerte. »Also gut«, sagte er schließlich. »Ich bin auch hungrig. Aber wir müssen den ganzen Weg hin und zurück laufen. Und dann müssen wir nach Ternaad und dürfen keine Zeit mehr vertrödeln.«

Seite an Seite rannten sie den ganzen Weg nach Shora zurück. Schwer atmend kamen sie auf die Dorfstraße. Sie war leer und ruhig. Nirgendwo ein Laut, nichts rührte sich.

»Alle sind auf der Suche«, sagte Dirk schuldbewußt. »Aber du mußt natürlich Hunger haben.«

»Du doch auch.«

»Ja, aber du hast mich erst daran erinnert.«

Und mit einemmal war es nicht mehr still in dem Dorf. Man hörte einen schrecklichen Lärm, wie von klapperndem Metall. Darauf war es für einen Augenblick still; dann folgte ein wilder, schmetternder Schlag. Dirk und Pier sahen sich an und grinsten.

»Er hat danebengetroffen«, sagte Dirk befriedigt. »Junge, hast du gehört, wie der Stein an den Zaun flog? Wenn der einen Vogel getroffen hätte, wäre nichts mehr übrig.«

»Huh!« sagte Pier.

Mit gespitzten Ohren hockten sie grinsend auf der Straße und warteten, ob noch mehr käme. Sie wußten genau, was los war. Es war Janus. Die Kirschen auf seinem Baum mußten bald reif sein, die Vögel machten sich schon darüber her. Aber wie in jedem Frühjahr saß Janus unter seinem Baum und beschützte ihn. Jedes Jahr mußte Jana, die Frau von Janus, auf den Baum klettern und so hoch wie möglich eine Leine anbringen, an der breite Streifen von dünnem Blech hingen. Janus konnte das nicht selbst machen, weil er keine Beine hatte. Wenn sich die Kirschen röteten, saß Janus vom ersten Tag an unter dem Baum in seinem Rollstuhl, und wenn ein Vogel nur die Absicht zeigte, sich zu nähern, zog er an der Leine und raschelte mit den Metallstreifen. Die meisten Vögel ließen sich auch davon verscheuchen, nur die Elstern nicht. Trotz allem Rasseln und Klappern waren die Elstern frech und gerissen genug, sich immer wieder Kirschen zu stehlen. Für Elstern und Jungen hatte Janus andere Maßnahmen vorgesehen.

Neben seinem Rollstuhl befand sich immer griffbereit ein kleiner Steinhaufen. Der war für Elstern und Jungen bestimmt. Janus hatte um seinen kleinen Hof einen hohen Bretterzaun errichtet. Oben war dieser Zaun mit Nägeln und scharfen Flaschenhälsen gespickt. Aber trotz Nägeln und Glas war der Kirschbaum eine entsetzliche Versuchung für die Jungen in dem baumlosen Shora. Janus' Kirschbaum war der einzige Obstbaum in ganz Shora und Umgebung. Es kam selten vor, daß ein Junge oder ein Vogel in Shora Obst zu sehen bekam. Deshalb wohnte Janus im Frühling unter seinem Kirschbaum.

Janus zog, schon lange bevor die Kirschen reif waren, auf Wache; denn selbst grüne Kirschen waren eine Versuchung für Jungen und Vögel – eine grüne Kirsche war immer besser als gar keine. Und wenn der Zaun mit den Glassplittern und Nägeln nicht ausreichte, die Jungen abzuhalten, so war da immer noch der Steinhaufen, den Janus' Frau zu diesem Zweck zusammengetragen hatte. Wenn Jana auf dem Land ihr Brot ausgetragen hatte, pflegte sie auf dem Heimweg in dem leeren Brotkorb Steine zu sammeln. Jeden Abend versorgte sie Janus mit der Munition für den nächsten Tag. Und Janus zögerte nicht, jeden Jungen, der sich gerade Mühe gab, sich ohne Verletzungen an dem Zaun hochzuziehen, mit seinen Geschossen zu bedenken. Ob Vogel oder Junge, Janus schoß, und mit den Jahren hatte er eine tödliche Sicherheit im Zielen bekommen.

Sogar der große Jella war erfolglos geblieben, sooft er es auch versucht hatte. Und wenn es Jella nicht fertigbrachte, wer dann? Jella hatte oft davon erzählt, wie es ihm einmal gelungen war, über den Zaun zu kommen, nur mit einem langen Riß in der Hose. Er war unbemerkt in Janus' Hof hinabgesprungen. Janus hatte unter dem Kirschbaum geschlafen. Auf Zehenspitzen war Jella nähergeschlichen. Aber gerade in dem Augenblick hatte eine elende Elster angefangen, in dem Baum zu krächzen, und bevor sie ihren dummen Schnabel wieder zuhatte, war Janus hellwach geworden. Einen Augenblick lang hatten sich Jella und Janus sprachlos angestarrt, dann hatte Jella kehrtgemacht und war auf den Zaun losgerannt. Voller Angst hatte er sich gegen die Bretter geworfen, aber Janus in seinem Rollstuhl war ihm lautlos gefolgt. »Ihr würdet es nicht glauben«, sagte Jella jedesmal, wenn er davon berichtete, »aber wie er mich so in seinem Rollstuhl, ohne ein Wort zu sagen, in dem Hof umherjagte, da blieb ich einfach am Zaun stehen. Ich war wie gelähmt.«

Was war geschehen? Selbst jetzt, ein Jahr später, wollte Jella nicht richtig mit der Sprache heraus. Wahrscheinlich hatte Janus Jella gepackt, ihn über den Wagen geworfen und war an die Arbeit gegangen. Jella berichtete: »Als er fertig war, war ich nicht mehr vor Angst gelähmt, ich konnte einfach nicht mehr gehen, solche Hände hat der. Und kein Wort hat er gesprochen.«

Jella hatte es nie wieder versucht.

Wieder begannen in dem umzäunten Hinterhof die Blechblättchen zu knattern und zu rascheln. »Komm«, sagte Dirk, »wir müssen gehen!«

Aber Pier starrte immer noch den hohen Zaun an, hinter dem Janus saß. Er schien Dirk nicht zu hören. Er starrte nur geradeaus. Nach vorne gebeugt, geistesabwesend stand er da und rieb sich das Bein. »Weißt du was, Dirk?« sagte er plötzlich. »Der Lehrer hat doch gesagt, wir sollten überall schauen, stimmt's? Eins ist aber sicher, bei Janus hat noch niemand gesucht. Wenn Janus nun ein Rad hätte? Kein Mensch weiß, was in dem Hof ist. Angenommen, da wäre ein Rad?«

»Wie willst du denn drankommen, wenn eins da wäre? Wie willst du überhaupt in den Hof kommen?« fragte Dirk, aber er war bereits sehr interessiert und schaute nachdenklich bald auf seinen Bruder, bald auf den Bretterzaun. »Wenn Jella nichts ausgerichtet hat, wie sollen wir das dann schaffen?«

»Aber Jella war allein. Wir sind zu zweit, wir würden es zusammen tun.«

»Aber wie?«

»Du müßtest auf der Rückseite über den Zaun klettern.«

»Und mir einen Stein an den Kopf werfen lassen, was?« rief Dirk. »Besten Dank!«

»Du sollst gar nicht über den Zaun klettern. Du sollst nur so tun, als ob du drüber wolltest. Du darfst deinen Kopf gar nicht sehen lassen. Verstanden? Wenn Janus dich hört, wird er sicher mit seinem Rollstuhl an den rückwärtigen Zaun kommen und auf dich warten, damit er dich mit einem Stein treffen kann. Und wenn du tüchtig Lärm machst und so tust, als kämst du nicht hinüber, dann hört Janus nicht, wenn ich durch die Tür in den Hof hineingehe. Ich schleiche mich hinein und schaue mich rasch um. Und vielleicht erwische ich sogar ein paar Kirschen. Verstanden? Er wird nicht bei seinem Steinhaufen sein. Er wird beim Zaun auf dich warten. Und wenn er sich umdreht und mich sieht, laufe ich schnell davon.«

»Du läufst davon, wenn du nicht gelähmt bist wie Jella.«

»Ich werde nicht gelähmt! Als ich vorhin im Gras an der Landstraße auf dich wartete, dachte ich darüber nach, wie das ist, so ohne Beine, und wie schrecklich...« Pier gab es auf, noch weitere Erklärungen zu geben, er fand nicht die richtigen Worte. Es war unmöglich, es Dirk zu erklären.

Dirk blickte ihn an. »Dein Plan ist gut«, gab er widerstrebend zu. »Wenn du dich traust, trau ich mich auch.« Dann ging Dirk auf den Zaun zu.

Pier zog seine Holzschuhe aus. Mit den Schuhen in der Hand ging er auf Zehenspitzen hinter Dirk her, bis er an die Eingangstür kam. Er kauerte sich auf die Erde und wartete, bis sein Bruder anfing, geräuschvoll den Zaun zu erklettern. Er versuchte durch eine Ritze zu schauen, aber er konnte nicht erkennen, ob sich da drinnen etwas bewegte. Jetzt hörte er Dirk. Dirk stieß mit seinen Holzschuhen an den Bretterzaun und machte ein schabendes Geräusch, als rutsche er an dem Zaun herunter. Pier hielt das Ohr an die Bretter und horchte, ob Janus bereits seinen Rollstuhl in Bewegung setzte. Schließlich hörte er das schwache Quietschen der Räder. Es war der einzige Laut, der aus dem abgeschlossenen Hof ins Freie drang. Janus selbst machte nicht das leiseste Geräusch. Nun begann Dirk wieder mit seinen Klettergeräuschen am Zaun. Das Quietschen der Räder verklang in Richtung des rückwärtigen Zaunes.

Pier sprang auf, drückte auf die Türklinke und öffnete leise das Tor. Zu seiner Erleichterung bewegte es sich ohne Geräusche in den Angeln. Er machte es nur so weit auf, daß er sich eben noch hindurchzwängen konnte. Seine Holzschuhe hielt er in der Hand.

Jetzt war er in dem eingezäunten Hof. Alles hatte großartig geklappt. Neben dem Kirschbaum lag der kleine Steinhaufen, aber Janus war weit davon entfernt. Er war hinten am Zaun und schaute hoch, weil er darauf wartete, daß oben einer erscheinen würde. Pier blickte neugierig um sich. Der ganze Baum hing voll von glitzernden Blechstreifen und grünen Kirschen. Das Ende einer Leine baumelte herunter. In einer Ecke des Hofes stand ein kleiner Schuppen, aber ein Rad war nicht zu sehen. Auf Socken und Zehenspitzen stahl sich Pier zu dem Kirschbaum.

Während er sich lautlos näher schlich, ließ er die Augen nicht von Janus' Rücken. Dann stockte ihm das Herz. Dirk machte einen gewaltigen Lärm. Er griff mit einer Hand oben über das Brett, um sich festzuhalten, damit er besser mit den Füßen arbeiten konnte. Pier sah, wie seine Finger vorsichtig zwischen den Nägeln und Flaschenhälsen umhertasteten, damit sie besser Halt fanden. Und Janus saß da und beobachtete diese Hand. Das durfte Dirk nicht tun! Was war denn los?

Janus bewegte seinen Arm, führte die Hand nach rückwärts und ergriff einen Stein. Er hatte sich einen Stein mitgebracht! Und jetzt zielte er auf Dirks Hand. Er würde diese Hand zerschmettern.

»Dirk, laß dich fallen!« schrie Pier.

Im gleichen Augenblick verschwand die Hand, und Janus schwang sich blitzschnell mit seinem Rollstuhl herum. Pier stand unter dem Kirschbaum und umklammerte seine Holzschuhe mit kraftlosen Händen. Er wollte sich nicht lähmen lassen! Er riß seine Augen von Janus los und machte einen Satz auf die Tür zu.

»Halt! Bleib stehen, wo du bist, oder du kriegst einen Stein ab!« schrie Janus heiser. Er hatte den Stein noch in der Hand.

Langsam drehte sich Pier um und sah Janus ins Gesicht. Es war schrecklich, hilflos darauf zu warten, daß der beinlose Mann auf ihn zukam. Piers Augen suchten die Tür. Die Tür war ins Schloß gefallen.

»Du brauchst es gar nicht erst zu versuchen«, ertönte wieder Janus' kalte Stimme. »Das ist nämlich eine Tür, die man nicht von innen öffnen kann. Es ist eine kleine Falle, die ich mir ausgedacht habe. Wenn ein Junge hereinkommt, so kann er mir nicht entwischen, bevor ich ihm mein Zeichen aufgebrannt habe.«

Pier schluckte, sagte aber kein Wort. Er konnte es nicht. Angewurzelt stand er da, seine verstörten Augen hingen an Janus. Jetzt hielt Janus den Rollstuhl dicht vor ihm an. »Da habt ihr euch wohl etwas ganz Schlaues ausgedacht, was? Einer lenkt mich ab, und der andere stiehlt hinter meinem Rücken Kirschen, was?«

»Nein!« stieß Pier verzweifelt hervor. Er mußte wieder schlukken, bevor er die nächsten Worte herauswürgte. »Nein, Janus, wir wollten nicht...«

»Wollten was nicht?« fragte Janus.

»Den Kirschbaum plündern. Ehrenwort, Janus, wirklich. Wir wollten nur nach einem Wagenrad schauen. Wir haben gar nicht an die Kirschen gedacht.«

»Sag mal, du bist wohl ein ganz Schlauer, was? Schleicht sich nicht nur ganz listig in meinen Hof, sondern sucht dann noch ein Wagenrad statt Kirschen. Nein, nein, keine Kirschen!« Janus stieß ein heiseres, unfrohes Gelächter aus. »Ein Wagenrad!« Janus redete, als ob ihn dies alles sehr belustige. Aber er war gar nicht lustig, und es klang gar nicht wie Lachen, sondern wie eine Drohung. Es war schlimmer, als wenn er getobt, geschimpft und geflucht hätte. Jetzt lehnte er sich nach vorne und sah Pier scharf ins Gesicht. »Sag mal, du bist doch einer von den Zwillingen, was? Ihr macht doch alles zusammen, was? Schön, in Ordnung. Dann könnt ihr ja auch das, was jetzt kommt, zusammen kriegen. Ruf deinen Bruder!«

»Nein!« schrie Pier verzweifelt.

»Sag nicht nein zu mir. Ruf ihn!« Janus' starker Arm schnellte hoch. Mit einer einzigen Bewegung packte er Pier und warf ihn über seinen Rollstuhl. »Ruf deinen Bruder!«

»Nein!« rief Pier verstockt, und es klang wie ein Aufschrei.

»Warte, Janus, ich komme«, rief Dirk hinter der Tür. Er hatte wohl schon eine ganze Weile dahinter gehorcht. Die Tür ging auf. Dirk trat in den Hof. Die Tür fiel hinter ihm zu.

Dirk stand vor dem Rollstuhl, blieb aber vorsichtig außerhalb von Janus' Reichweite. Pier verrenkte sich den Kopf, um sich nach Dirk umzusehen. Verzweifelt starrten sie einander an.

»Wirklich, Janus, wir sind nicht wegen der Kirschen gekommen«, flehte Dirk. »Wir wollten nach einem Rad suchen. Ehrenwort. Vielleicht«, fügte er hastig hinzu, »vielleicht hätten wir ein paar Kirschen mitgenommen, wenn wir schon da waren, aber wir sind wegen des Wagenrades gekommen. Für die Störche.«

»Red nur weiter, das hör ich gern«, sagte Janus. »Du bist genauso durchtrieben wie dein Bruder.«

Dirk redete ernsthaft. »Wir wollen, daß die Störche wieder nach Shora kommen. Wir wollen ein Wagenrad auf unserer Schule anbringen und haben überall nach einem gesucht. Dann haben wir gedacht, daß sich niemand traut, bei dir nachzuschauen, und wenn du nun eins gehabt hättest …« Dirk redete verzweifelt drauflos, um Piers Bestrafung hinauszuschieben, und Janus hörte zu.

Dirk fing wieder von vorne an. Er erklärte den ganzen Plan. Er erzählte Janus davon, wie die Störche in Afrika unter Löwen, Rhinozerossen und Flußpferden lebten. Dirk verhedderte sich mit den schwierigen Namen, und dann war er am Ende. Er wußte nicht mehr, was er sagen sollte. »Stell dir nur vor«, wiederholte er hilflos, »in Afrika leben sie unter wilden Tieren, aber hier bei uns würden sie einfach bei den Menschen wohnen.«

»Na schön«, sagte Janus überraschend, »wenn ihr mich fragt, ich finde, unter den Menschen zu leben erfordert mehr Mut.« Plötzlich ergriff er Pier und stellte ihn auf die Beine. »Wißt ihr was, ihr beiden? Ich denke, ich kann euch glauben. Kein Mensch könnte in der Eile ein solches Garn zusammenspinnen. Aber jetzt sagt mal – hättet ihr nicht ein paar Kirschen geklaut, wo ihr schon mal hier wart?«

Dirk nickte furchtsam mit dem Kopf. »Ich hätte es, glaube ich, nicht fertiggebracht, sie hängen zu lassen«, sagte er langsam.

»Na, das klingt schon besser«, sagte Janus, und dann zu Pier: »Du hast einen ehrlichen Bruder. Jeder Junge hätte es getan, wenn er so weit gekommen wäre. Aber du nicht. Nein, du nicht. Du hast ja gar nicht an die Kirschen gedacht!«

Pier wurde rot. Er kratzte sich verlegen am Bein. »Sicher«, sagte er schließlich, »aber mich hast du festgehalten und nicht ihn. Und außerdem hast du vielleicht nicht bemerkt, daß ich meine Holzschuhe die ganze Zeit in der Hand hielt.«

»Damit du dich hinter meinem Rücken besser anschleichen konntest«, sagte Janus.

»Nein«, sagte Pier und ging ein paar Schritte zurück, »damit ich sie schnell voll Kirschen stopfen konnte.« Janus warf seinen

Kopf zurück und lachte schallend. »Klar«, sagte er schließlich. »Das will ich schon eher glauben. Ich habe mir immer überlegt, was dieses Frühjahr in euch Jungen gefahren sein mochte – nicht einer an meinem Kirschbaum, nur diese dämlichen Stare und andere freche Vögel. Hier und da eine Elster. Die ist wenigstens ein anständiger Kerl, durchaus bereit, ihren Hals für ein paar Kirschen zu riskieren. Aber kein Junge! Ihr beide seid die ersten. Aber jetzt weiß ich's ja. Ihr hattet Wagenräder im Sinn.«

»Wir hätten es aber beinahe geschafft, nicht?« sagte Pier.

Dirk warf ihm einen warnenden Blick zu.

»Tja«, sagte Janus, »das muß ich zugeben. Du hättest es geschafft, wenn du nicht deinen Bruder gewarnt hättest.«

»Mußte ich doch«, sagte Pier. »Ich konnte doch nicht zusehen, wie du ihm die Hand kaputtwirfst.«

»Dachtest du, das würde ich tun?« fragte Janus überrascht. »Nein, mein Junge. Ich fürchte, ich habe zuviel Respekt vor anderer Leute Hände und Füße. Sag mal, sagt ihr untereinander solche Dinge über mich?«

Pier war verlegen. Er starrte unbeweglich auf die Räder von Janus' Rollstuhl.

»Also Störche wollt ihr«, sagte Janus und wechselte schnell das Thema. »Ein Storch ist auch ein anständiger Kerl und kein so gemeiner Kirschendieb. Ich würde auch gern sehen, wie die Störche über Shora fliegen. Aber du sagst, ihr findet nirgends ein Wagenrad? Nun, ich habe auch keins. Die Räder, die ich besitze, sind an meinem Stuhl hier. He!« schrie er plötzlich Pier an. »Schau meine Räder nicht so scharf an. Du willst einem beinlosen Mann doch nicht die Räder von seinem Rollstuhl klauen, was?«

»Sie sind zu klein«, antwortete Pier sofort.

Janus lachte. »Also hast du doch daran gedacht?« Pier kam ein bißchen näher. »Janus?« fragte er ernsthaft. »Hat der Hai deine beiden Beine mit einem einzigen Biß abgebissen?«

Janus machte ein erstauntes Gesicht. »Erzählt ihr euch das über mich?« fragte er.

Pier wurde rot. Dirk versetzte ihm von hinten einen warnenden Stoß. Aber Pier konnte nicht mehr zurück. »Ja«, sagte er, »und sie meinen, daß du deshalb böse bist.« Plötzlich fiel ihm ein, was er gesagt hatte. »Nicht, daß ich... Also, ich weiß, daß ich auch böse wäre, wenn ich keine Beine hätte«, sagte er und wurde rot bis an die Wurzeln seiner roten Haare.

»Ich habe darüber nachgedacht, und ich kann mir vorstellen, was für ein Gefühl das ist und...« Er konnte nicht mehr weiter, er fand keine Worte mehr. Es war sinnlos, Janus erklären zu wollen, was für schauderhafte Gedanken er da am Wegrand gehabt hatte.

»So, du kannst es dir vorstellen«, sagte Janus und warf einen seltsamen Blick auf Pier. »Du bist ein ganz Schlauer. Du wärst also auch böse? Vielleicht wäre ich nicht so böse, wenn sie mir ein Hai abgebissen hätte. Man könnte daran denken und vielleicht sogar damit prahlen. Aber es war kein Hai. Die Moskitos haben mir die Beine abgebissen.«

Dirk lächelte ungläubig. Pier machte runde Augen.

»Tatsächlich«, sagte Janus. »Eines Nachts hat mich ein elender kleiner Moskito gebissen, im tiefen Schlaf an beiden Beinen. Wahrscheinlich habe ich gekratzt, dann bekam ich Blutvergiftung. Und ich ging nicht zum Arzt. Hatte wahrscheinlich Angst davor. Später mußten sie mir beide Beine abnehmen.«

»O Gott, Janus!« sagte Dirk.

Aber Pier drehte sich plötzlich um und rannte auf den Kirschbaum los. Er riß an der Leine, und der ganze Baum blitzte und klingelte. »Das habe ich schon immer tun wollen«, sagte Pier. Seine Stimme klang seltsam leise und erstickt. Dann kam er wieder zu Janus zurück. »Du hättest also wirklich nicht auf Dirks Hand geworfen?« fragte er.

Der Mann sah ihn traurig an. »Das glaubt ihr also von mir! Nein, das hätte ich nicht getan. Ich wollte nur sehen, was er für ein Gesicht machen würde, wenn er über der Mauer auftauchte und mich mit dem Stein in der Hand dasitzen sähe. Nein, ich denke zuviel an Hände und Arme und Beine. Es macht mir nur Spaß, wenn ich den Vögeln und den Jungen ein bißchen Angst einjage.«

Pier stellte sich feierlich vor ihm auf und sagte: »Die Geschichte mit den Moskitos gefällt mir gar nicht, warum denn kein Hai? Hat er nicht gesagt, Dirk, daß er dann nicht so böse wäre? Janus ist nicht böse.«

»O nein!« beteuerte Dirk heftig. »Jella hat bestimmt eine Menge dazugeflunkert, nur um zu zeigen, wie tapfer er ist.«

Der Mann betrachtete Pier mit einem seltsamen Blick. »Du möchtest wohl, daß es ein Hai war? Ich hätte also ein Recht darauf, böse zu sein, wenn es ein lausiger kleiner Moskito gewesen wäre, aber mit einem mannsstarken Hai dürfte ich gar nicht böse sein. Stimmt's?«

Pier blickte Janus ins Gesicht und nickte einige Male. »Ich glaube schon. Ich glaube, so muß es gewesen sein, denn du bist überhaupt nicht böse. Meinst du nicht auch, Dirk?«

»O Gott, ja«, sagte Dirk.

Sie standen ein bißchen verlegen herum und wußten nicht mehr, was sie sagen sollten. »Wir müssen uns jetzt beeilen und noch nach einem Wagenrad suchen«, erklärte Pier.

Als sie auf die Tür zugingen, tat sie sich weit vor ihnen auf. Janus lachte. »Funktioniert auch mit einer Leine«, sagte er stolz.

Die Jungen standen da und wollten Janus noch allerlei erklären, aber sie fanden nicht die richtigen Worte. Janus war plötzlich für sie Wirklichkeit geworden, ein Teil des Dorfes, zu dem sie auch gehörten. Nicht länger war er ein schreckliches Ungeheuer, vor dem jeder Angst hatte, den er zu überlisten suchte. Sogar der Hof mit dem verbotenen Zaun sah jetzt anders aus. Lina hätte Dirk und Pier etwas über den Grund dafür sagen können. Lina hätte ihnen erzählt, daß es genau das gleiche war wie bei Großmutter Sibble III. Mit einem Male waren diese Menschen wichtig und wirklich geworden und ihre Freunde.

Pier und Dirk zögerten immer noch an der Tür. Ohne Zweifel hätte Pier noch etwas gesagt, aber da ertönte ein scharfer Pfiff von der Straße. Vor der Tür standen Eelka und ein nasser, tropfender Jella, beladen mit Speichen und anderen Radteilen.

»Eelka und Jella haben ein Rad!« schrie Pier Janus zu.

Eelka und das alte Rad

Eelka hatte den Auftrag erhalten, die Kanalstraße abzusuchen, eine wichtige Straße, die bis zum Dorf Hantum dem Kanal folgte. Eelka dachte nicht, daß er bis Hantum kommen würde, denn es lagen sehr viele Bauernhöfe auf diesem Weg. In seiner langsamen, gründlichen Art suchte er Hof für Hof ab. So arbeitete er sich allmählich aus Shora hinaus.

Am Ende eines Feldweges, der zwischen zwei Hecken zu einem mächtigen Bauernhaus führte, tauchte plötzlich ein junger Bauer auf und vertrat Eelka den Weg. »Willst du mir vielleicht sagen, was du hier herumzuschnüffeln hast? Hab dich schon auf dem andern Hof beobachtet. Was treibst du dich hier herum, wenn kein Mensch daheim ist?«

»Oh«, sagte Eelka erschrocken. Er sah den Bauern an und überlegte, ob es klug sei, davonzulaufen, kam aber sofort zu der Erkenntnis, daß das keinen Zweck hatte. Statt dessen versuchte er zu lächeln. »Oh, ich wollte eigentlich nicht herumschnüffeln«, erklärte er, so ruhig er konnte. »Ich habe mich nach einem Wagenrad umgesehen. Haben Sie vielleicht eins übrig?«

»Was?« sagte der Bauer. Jetzt war er erstaunt.

»Es ist nämlich so«, erklärte Eelka, »wir brauchen für unsere Schule ein Wagenrad, weil wir versuchen wollen, die Störche wieder nach Shora zu locken. Die ganze Schule ist auf der Suche...«

Eelka erklärte den großen Plan.

Seine langsame und gründliche Rede schien den Bauern zu überzeugen. »Na schön«, sagte er, »da hast du aber Glück gehabt. Ich war nämlich eben auf dem Heuboden in unserer alten Scheune, um nachzusehen, was du bei unserm Nachbarn treibst. Seit mein Urgroßvater tot ist, haben wir den Heuboden nicht mehr benutzt, aber was soll ich dir sagen? Da oben liegt ein altes Wagenrad! Hundert Jahre ist es sicher alt und keinen Tag weniger. Ich wußte gar nicht, daß es da lag. Ich hätte es auch jetzt nicht gefunden, aber als ich zu dem kleinen Dachfenster ging, um nach dir zu schauen, stolperte ich darüber. Es lag ganz versteckt unter altem Heu. Hab ich mir den Knöchel aufgeschlagen! Junge, ich war nicht gerade freundlich auf dich zu sprechen, als ich mit dem Gesicht im Staub lag.«

»Das glaube ich«, sagte Eelka. Wieder maß er den großen Bauern mit den Augen. Drei lange Schritte, und dieser hätte ihn eingeholt, falls er davonlaufen wollte. »Es tut mir ja leid, daß Sie gefallen sind, aber ich freue mich, daß Sie das Rad gefunden haben. Darf ich es haben?«

Der Bauer grinste. »Du nimmst kein Blatt vor den Mund! Von mir aus kannst du's haben – wüßte nicht, warum nicht. Es ist so alt und groß und plump, daß es an keinen Wagen mehr paßt.«

»Sie meinen, ich kann es wirklich bekommen?« Eelka mußte noch einmal fragen. Nach der langen Suche kam es ihm fast zu leicht und einfach vor.

»Wenn du es herunterbringst, kannst du es haben. Hier nutzt es niemandem mehr.«

Eelka sah an der hohen Mauer empor. Er deutete auf eine Doppeltür hoch im Giebel der Scheune. »Liegt es da oben? Könnte ich es vielleicht durch die Tür an einem Seil herunterlassen?«

Der Bauer blickte nachdenklich auf die Scheune. »Ja, wenn du beide Türen aufmachst. Auf die Art ist es sicher auch hinaufgekommen; denn die Falltür in der Scheune ist viel zu klein. Aber du brauchst dabei einen Helfer. Du siehst, ich wollte mich gerade auf den Weg nach Hantum machen, als ich dich auf der Straße sah. Und mit all dem Herumstehen habe ich mich verspätet. Aber ich würde es nicht allein versuchen. Das Rad ist schwer, und wenn du es mit einem Seil herunterlassen willst, so reißt es dich am Ende mit. Du siehst, es ist ziemlich hoch.«

»Könnte ich einmal hinauf, nur um es eben anzuschauen?«

»Na«, sagte der Bauer zögernd, »die Leute sind alle auf dem Feld, kein Mensch weit und breit... Na schön, lauf zu, aber hast du nicht gesagt, die ganze Schule sei auf der Suche? Laß dir lieber von den andern helfen! Ich würde es nicht allein versuchen. Aber jetzt muß ich nach Hantum!« Eilig wandte sich der Bauer ab und ging über den Feldweg davon.

Nach ein paar Schritten drehte er sich um. »Ich will es riskieren. Dicke, langsame Jungen sind gewöhnlich ehrlich. Sie müssen es sein, weil sie nicht so schnell weglaufen können. Ich erwarte von dir, daß du sonst nichts anrührst in der Scheune. Das Rad gehört dir. Lauf nur zu!« Und fort war er.

Eelka schaute sich noch immer die Scheune an und überlegte. Sollte er die anderen zu Hilfe holen oder es allein versuchen?

Er stellte sich vor, wie er allein mit seinem Rad vor der Schule ankam. Sie hatten ihm nie besonders viel zugetraut, weil er so langsam und unbeholfen war. Die würden vielleicht Augen machen! Er rannte auf die Scheune zu. Wenn er nun der einzige wäre, der ein Rad anbrachte!

Eelka kletterte schwerfällig die lange, steile Leiter zum Heuboden empor. Die Leiter quietschte und knackte unter seinem Gewicht. Eelka atmete schwer, als er seinen Kopf durch die kleine Falltür steckte. Da war es. Da lag das Rad! Es lag tief und gewichtig in einem Haufen von uraltem Heu. Man konnte deutlich die Spuren im Staub erkennen, wo der Bauer der Länge nach hingefallen war. Eelka mußte heftig schnaufen; das machten die Aufregung und die steile Leiter. Er hatte ein Rad! Es gehörte ihm! Er wollte es abseilen und in die Schule rollen. Vielleicht standen sie gerade alle mit leeren Händen auf dem Schulhof, wenn er mit seinem Rad ankam!

Aber jetzt war keine Zeit zum Träumen. Eelka ging zu der Doppeltür, zog den Riegel zurück und stieß sie mit einem Ruck auf. Die Flügel schlugen hart an die Hausmauer. Jetzt war es hell. Er rannte zu seinem Rad zurück, um es genauer anzuschauen. Als er auf das hundertjährige Rad hinabblickte, wurde es ihm ganz feierlich zumute – der Bauer hatte gesagt, hundert Jahre sei es alt und keinen Tag weniger. Er befühlte es mit bloßen Zehen.

Von einem Querbalken über seinem Kopf baumelte ein dickes Seil herunter. Das hatten sie früher sicher dazu benutzt, das Heu hereinzuziehen. Vielleicht war es auch schon hundert Jahre alt. Es war schon so, wie der Bauer sagte – er hatte Glück! Nicht nur ein Rad hatte er gefunden, sondern auch ein Seil, mit dem er es auf die Erde hinunterlassen konnte. Eelka zog sich an einem Balken hoch, um das Seil zu erreichen. Der Bauer hatte zwar nichts davon gesagt, daß er es nehmen durfte, aber er wußte ja, daß es ohne Seil nicht ging.

Eelka tastete sich vorsichtig auf dem Querbalken vorwärts, an dem das Seil befestigt war. Das Rad lag nun direkt unter ihm. Er zögerte nicht mehr länger, band das Seil los und ließ es auf das Rad fallen. Dann ließ er sich vom Balken heruntergleiten und befestigte eilig das eine Ende des Seiles am Rad. Er zog das Rad über den schmutzigen Boden auf das offene Heutor zu.

Auf Hände und Knie gestützt, lehnte sich Eelka zur hohen Scheune hinaus. Es verschlug ihm ein wenig den Atem. Von der offenen Tür aus erschien sie doppelt so hoch wie vorher. Er betrachtete das Seil und kam zu der Überzeugung, daß es lang genug sei, um das Rad damit auf den Boden hinunterzulassen. Aber würde er es fertigbringen? Konnte er es festhalten, wenn es mit seinem schweren Gewicht an der Scheunenwand herunterhing? Von seinem hohen Standort aus konnte Eelka weit ins flache Land hineinsehen und wünschte, er würde jemanden entdecken, der ihm helfen konnte. Weit jenseits der ebenen Felder war gerade noch das steile Dach des kleinen Schulhauses von Shora zu sehen. Vielleicht war es besser, wenn er auf die anderen wartete. Plötzlich fiel sein Blick auf etwas, was sich auf der fernen Landstraße bewegte. War das nicht Jella? Er war es! Jella hatte ein Rad! Er rollte es auf die Schule zu. Natürlich, Jella war wie immer schneller gewesen. Bitter enttäuscht starrte Eelka auf das rollende Rad.

Dann entdeckte Eelka den Bauern, wie er am Rand des Grabens, der neben der Straße lief, entlangschlich. Eelka fing mit aller Kraft an zu schreien, um Jella zu warnen. Aber Jella hörte nichts, die Entfernung war zu groß. Der Bauer packte Jella. Jellas Rad rollte auf die Straßenseite und in den Graben hinunter. Jetzt führte der Bauer Jella in die Schule. »Oh, oh«, sagte Eelka leise, »Jella hat es sicher gestohlen.«

Er sah Jella und dem Bauern nach.

Er schüttelte den Kopf, aber ganz tief in seinem Innern war er nicht unzufrieden. Immer war Jella der Anführer, immer war er selber von ihm angemeckert worden, weil er zu langsam und zu ungeschickt war und stets zu spät kam. Häufig ließ ihn Jella nicht einmal bei den Spielen mitmachen. Aber wenn Eelka es schaffen könnte, dieses Rad zu bekommen, dann wäre er der Anführer. Einmal wäre er der Anführer. Eelkas Bedenken zerrannen in nichts vor seinem Entschluß, Jella auszustechen.

Er blickte nicht mehr in Jellas Richtung. Er war entschlossen. Er stieß das Rad so weit wie möglich in die Toröffnung, gab aber acht, daß es nicht überkippte und in die Tiefe sauste. Jetzt lag es so, daß es hinabgelassen werden konnte. Eelka dachte scharf nach. Vielleicht war es das beste, wenn er das andere Ende des Seiles um seine Brust schlang und festband. Dann hätte er seine Hände frei für den Fall, daß er sich irgendwo festhalten mußte, damit er nicht mit hinabgerissen wurde.

Als er das Seil fest um seine Brust gewunden hatte, war er vorsichtig genug, es einmal um den Balken, an dem er hochgeklettert war, herumzuführen, damit das Gewicht des Rades nicht unmittelbar an ihm zerrte. Das Seil war lang genug, so daß Eelka um den Balken gehen konnte und wieder zurück zu der offenen Tür, wo das Rad lag.

Jetzt mußte er handeln. Mit dem Fuß versetzte er dem Rad einen Stoß. Das große Rad taumelte einen Augenblick, kippte über und schoß aus dem Tor ins Freie.

Das lasche Seil straffte sich, und mit einem entsetzlichen Ruck verlor Eelka den Boden unter den Füßen. Er fiel nach rückwärts flach auf den Rücken. Das Seil riß ihn durch Staub und Gerümpel dem Balken entgegen. Eelka hatte noch genug Verstand, mit den Händen den ersten Anprall abzubremsen. Für einen kurzen Augenblick wurde er dicht an den Balken gepreßt, aber die Wucht des fallenden Rades riß ihn um den Balken herum, so daß er mit dem Gesicht nach unten zu liegen kam und nur mit Anstrengung die Hände frei kriegte, um sich festzuhalten. Er wurde über die Tenne auf die weit offene Tür zu geschleift. Nichts war in der Nähe, woran er sich festhalten konnte. Es gab nichts, was ihn bremsen konnte. Er spreizte die Beine weit auseinander in dem verzweifelten Bemühen, langsamer zu werden. Seine Hand verkrampfte sich in das Seil um seine Brust. In höchster Not versuchte er, den Knoten aufzumachen. Aber es blieb ihm keine Zeit mehr dazu. Da waren die offenen Türflügel. Eelka griff blind um sich und grub Nägel und Finger in das alte, tote Holz des Türpfostens. Irgendwie gelang es ihm, sich festzuhalten. Das Gewicht des Rades riß ihn aber wieder herum, und während er sich mit den Händen einkrallte, schossen seine Füße zum Tor hinaus.

Einen schrecklichen Augenblick lang hing Eelka in der Schwebe. Die Schuhe fielen ihm von den Füßen, und es erschien ihm wie eine Ewigkeit, bis sie auf dem harten Boden auffielen. Er tastete nach einem stärkeren, sicheren Halt an dem schmalen Türpfosten. Dann lief ein entsetzlicher Ruck durch seinen Körper. Das Seil war nicht lang genug. Das Rad baumelte über der Erde und hing an ihm wie das Gewicht einer Uhr. Jetzt begann das Seil über seiner Brust abzurutschen. Einen kurzen, hoffnungsvollen Moment lang schien es, als würde es vollends über seine baumelnden Beine abgleiten. Aber es verfing sich in seiner dicken Taille.

Jetzt hing er nur noch an seinen Fingern. Weit unter ihm baumelte, von dem dicken Seil gehalten, das Rad und schlug an die Wand der Scheune.

Das alles sah er in einem einzigen Augenblick: es konnte nicht mehr lange dauern. Wie er so an seinen Händen hing, konnte er das Rad niemals halten. Eelka schloß die Augen. Er keuchte. Alles, was er versuchen konnte, war, noch eine Sekunde auszuhalten und, wenn möglich, noch eine.

In diesem Augenblick riß das Seil, und das Rad knallte auf den

Boden. Die Spannung um seinen Leib und an den verkrampften Fingern ließ nach. Plötzlich konnte er wieder atmen, er fühlte eine himmlische Leichtigkeit, als flöge er. Mit frischer Kraft zog sich Eelka nach oben und in die offene Tür hinein. Als er seine Beine in Sicherheit gebracht hatte, streckte er sich in dem staubigen Heu aus und schluchzte. Keuchend lag er da. Es tat so gut, gar nichts zu tun.

Dann fiel ihm das Rad ein und mit welchem Knall es nach unten gestürzt war. Langsam, verängstigt, flach auf den Boden gepreßt, steckte er den Kopf aus der Tür und starrte hinunter. Da lag das Rad in hundert Stücke zersprungen. Nur der äußere Reifen mit dem Eisenbeschlag war ganz geblieben. Die große Nabe war davongerollt, die Speichen in alle Richtungen zerstreut.

Eelka stöhnte. In seiner bitteren Enttäuschung vergaß er beinahe, wie knapp er mit dem Leben davongekommen war. Das Rad war zerstückelt; dahin die stolze Hoffnung, es in den Schulhof rollen zu können. Eelka stand langsam auf, schloß die Tür zum Heuboden und schob auch den Riegel vor. Er nahm sich nicht die Zeit, das abgerissene Seil, das immer noch um seinen Leib hing, loszubinden; blind vor sich hinstarrend, kletterte er die Leiter hinunter.

Die Vernichtung war vollkommen. Düster blickte Eelka auf das zerschmetterte Rad zu seinen Füßen. Er nahm seine Holzschuhe vom Boden auf, sah nach, ob sie nicht zersprungen waren, und schlüpfte hinein. Als er sich zum Gehen wandte, blickte er sich noch einmal um. Ob man es vielleicht wieder zusammensetzen konnte? Die einzelnen Teile waren alle da!

Er fing an, die verstreuten Speichen aufzusammeln. Es waren ganz schön viele. Dann war da noch die Nabe. Wenn er den Reifen wegrollen wollte, mußte er seine beiden Hände frei haben. Eelka überlegte. Das Seil um seinen Bauch brachte die Lösung. Eine Speiche nach der andern steckte er unter das Seil, bis er mit einem Gürtel aus Speichen umgeben war. Er mußte sehr gerade gehen. Er konnte sich kaum bücken, um die Nabe aufzuheben. Aber wie sollte er sie fortbringen? Er konnte sie nicht in der Hand tragen, denn die Hände brauchte er, um den Reifen nach Shora zu rollen. Unbeholfen in seinem steifen Panzer von Radspeichen, griff Eelka nach dem Seilende, das noch an dem Reifen hing, und zog daran, bis es abriß. Nun hatte er ein kleines Stück, das er an die Nabe binden konnte; das andere Ende machte er an seinem Gürtel fest. So mußte es gehen. Und nun der Reifen! Nur mit Mühe gelang es ihm, ihn vom Boden aufzurichten. Von den Speichen umgeben, die schwere Nabe unbequem auf seinem Rücken, brachte er den Reifen zum Rollen. Steif aufgerichtet trottete er daneben her. Auf dem Feldweg rollte der Reifen sehr nett dahin, aber auf der ausgefahrenen Kanalstraße zeigte er eine unangenehme Neigung, in eine der beiden tiefen Wagenrillen zu fallen oder gegen Steine zu stoßen und plötzlich dem Kanal bedenklich nahe zu kommen. Und Eelka konnte sich doch nicht schnell bewegen. Er konnte nur eins tun: Wenn der Reifen Anstalten machte, in den Kanal zu rollen, gab er ihm einen Stoß, daß er auf die Straße fiel. Bei dieser Arbeit war Eelka vor Anstrengung bald bis auf die Haut naß. Er stöhnte und keuchte. Aber immer wieder richtete er den Reifen auf und rollte ihn weiter, fest entschlossen, ihn auf dem Schulhof abzuliefern.

Mit der Zeit ging es etwas leichter. Er merkte, daß es das beste war, wenn er den Reifen in einer der Fahrrillen wie in einem Gleis führte. Jetzt kam er auch vorwärts. Der Reifen rollte in der Rinne. Der beladene Eelka trottete daneben her. Auf diese Weise mußte er bald in Shora sein. Plötzlich stieß der eisenbeschlagene Reifen an einen Stein und sprang aus seinem Gleis. Zu Eelkas Erleichterung fiel er von selbst wieder in die Rille zurück. Aber im nächsten Augenblick rollten seine Einzelteile in alle Richtun-

gen auseinander. Der hölzerne Rand, der aus vielen Stücken zusammengefügt war, hatte sich von dem Eisenbeschlag gelöst.
Seine Teile waren auf der ganzen Straße verstreut. Der Eisenbeschlag rollte selbständig weiter.

Über das Feld ertönte ein lauter Schrei: »Paß auf! Paß auf!«
Eelka blickte erschrocken hoch und sah Jella schreiend auf sich
zulaufen. Eelka wollte sich auf den Eisenreifen stürzen, um ihn
festzuhalten, aber es war schon zu spät. Er rollte über die Straße
und verschwand mit einem Klatsch im Kanal.

Eelkas Herz wurde schwer; er lief zum Kanal. Ein heißer Ärger
stieg in ihm hoch – wenn doch Jella nicht gerufen hätte! Ärgerlich knüpfte er das Seil, das die schwere Nabe hielt, los und ließ
sie zu Boden fallen. Er machte ein Gesicht, als wollte er sie gleich
hinterdrein in den Kanal werfen. Tief unten an der Stelle, wo der
Eisenreifen versunken war, kam schwarzer Schlamm hoch. Nur
ein paar schmutzige Blasen stiegen noch an die Oberfläche und
zerplatzten.

»Laß die Stelle nicht aus den Augen und bleib stehen!« rief ihm
Jella über die Straße zu. »Warum hast du ihn denn in den Kanal
rollen lassen?«

Eelka starrte verbittert auf das Wasser. »Er ist auseinandergefal-
len«, stieß er hervor. »Er ist einfach in Stücke gesprungen.« Er
deutete auf die Holzteile, die auf der Straße herumlagen.

Jella sah in das trübe Wasser. »Ist er an dieser Stelle hineingefal-
len?«

Eelka nickte. Plötzlich stiegen ihm die Tränen hoch. Er hatte sich
soviel Mühe gegeben und nun... Wieder packte ihn der Ärger.
Erst jetzt bemerkte er, daß Jella seinen Bogen dabeihatte. Sogar
Pfeile hatte er. Jella hatte also mit Pfeil und Bogen gespielt. Aber
Eelka sagte nichts.

Vorsichtig legte Jella seine Pfeile beiseite. Dann legte er sich auf
den Bauch am Ufer und fischte mit dem Bogen in dem schlammi-

gen Wasser. »Mit dem Bogen reiche ich nicht weit genug hinunter«, sagte er und fragte Eelka: »Kannst du schwimmen?«

»Nein, du?«

»Nein, aber ich überlege gerade. Könntest du mich nicht an dem Seil von der Nabe hinunterlassen?«

Als Antwort nahm Eelka das Seil und riß daran. Das Seilende begann sich aufzulösen. »Lieber nicht«, sagte Jella, »ich habe keine Lust, Fischfutter zu werden.«

»Wir brauchen noch jemand zum Helfen«, sagte Eelka.

»Ja, aber dann verlieren wir die Stelle aus den Augen, wo der Reifen untergegangen ist. Halt, ich hab's!« rief Jella. »Paß auf, wir nehmen die Speichen, die du dir da umgesteckt hast, und schlagen sie untereinander wie eine Leiter in das Ufer. Von der letzten lasse ich ich mich dann ins Wasser hinunter und suche mit den Zehen nach dem Reifen, die Nabe nehmen wir als Hammer.«

»Der Eisenreifen ist aber schrecklich schwer«, sagte Eelka zweifelnd. »Du könntest ihn nicht mit den Zehen herausziehen.«

Aber Jella war so in seine Gedanken vertieft, daß er gar nicht zuhörte. Er machte das Seil von der Nabe los und trieb die erste Speiche in das Ufer, etwas tiefer die zweite. »Gib mir die nächste«, keuchte er. Er trieb die dritte in die Erde, konnte aber nicht weiter nach unten reichen. »Jetzt bist du an der Reihe«, sagte Jella. »Paß auf, ich halte dich an den Fußgelenken fest, und du läßt dich nach unten hängen und hämmerst die untersten Speichen ein.«

Es war beinahe unmöglich, auf diese Weise die Speichen im Ufer zu befestigen. Das Blut strömte Eelka in den Kopf. Die Nabe war für eine Hand auch fast zu schwer; er mußte erst die Speiche in die richtige Lage bringen und dann mit beiden Händen hämmern. Es gelang ihm, eine Speiche einzuschlagen. Als Jella aber Eelkas Bein losließ, um eine weitere Speiche heranzuholen, bekam er es mit der Angst. Und als sich Jella mit der Speiche über

72

das Ufer beugte, glitt Eelka ein wenig tiefer und kam dem Wasser ein bißchen näher. Das gab ihm den Rest. Es gelang ihm gerade noch, die Speiche in das Ufer zu klopfen, dann verschwamm ihm alles vor den Augen. »Ich kann nicht mehr«, sagte er, und die schwere Nabe entfiel seiner kraftlosen Hand.

»O du dämlicher Dickwanst!« schrie Jella wütend, während er Eelka am Ufer hochzog. »Nun ist die Nabe auch weg. Kannst du denn niemals etwas ordentlich machen?«

Auf Händen und Füßen, mit schmerzenden Gliedern kroch Eelka vom Ufer weg und ließ sich ins Gras fallen. Alles drehte sich vor seinen Augen, alles schwamm. Wie betäubt saß er da. Es kümmerte ihn nicht, daß Jella plötzlich vom Ufer verschwunden war. Als aber auch kein Laut zu hören war, bekam Eelka plötzlich Angst. Er kroch an den Uferrand zurück und schaute hinunter. Er schüttelte den Kopf und schüttelte ihn nochmals, damit er klarer sehen konnte. Da hing Jella an einer der Speichen, die sie ins Ufer getrieben hatten. Er hing mit den Füßen im Wasser und suchte mit den Zehen nach dem Reifen.

Jetzt sah Jella ihn. »Nichts zu spüren«, sagte er, »aber ich versuch's noch etwas tiefer.« Er guckte sich die unterste Speiche an. »Wenn ich mich an die hänge, dann kann ich den Reifen erreichen.«

»Ich weiß nicht«, sagte Eelka. »Tu's lieber nicht, Jella! Ich glaube, ich habe sie nicht sehr fest eingeschlagen.«

Aber Jella war schon weg, nur seine Hand, die die Speiche umklammerte, war noch zu sehen. Eelka starrte in das aufgewühlte Wasser. Schmutzige, schwarze Blasen zerplatzten mit leisem Knall. Eelka wurde ängstlich. Er sah auf die Hand, die die Speiche festhielt.

Da zog sich zu Eelkas Erleichterung Jella schnaubend und spukkend an der Sprosse hoch. »Hab nichts gefunden«, sagte er. »Muß noch tiefer hinein.« Und wieder verschwand er.

»Nein, nein!« schrie Eelka.

Aber Jella war schon wieder weg.

»Nicht, Jella!«

»Ich will ja gar nicht«, sagte Jella mit erstickter Stimme. »Ich will nicht...« Er schluckte und schlug wild um sich. Für einen Augenblick konnte er seinen Mund über Wasser halten. »Eelka, ich gehe unter!«

Eelkas entsetzte Augen wanderten von Jella zu der Sprosse im Ufer. Die Speiche war nicht mehr dort. Jella hielt sie in der Hand! Gleich würde sie mitsamt der Hand im Wasser verschwinden. Jella ging unter! Eelka warf sich am Ufer nieder. Er klammerte sich an die unterste Speiche. Er ließ sich ins Wasser hinunter, und indem er sich mit aller Kraft an der Speiche festhielt, angelte er mit den Beinen in der Richtung, wo die Hand verschwunden war. Jella spürte die Bewegung, er griff zu und hielt fest. Eelka zog Jella durch das Wasser und zog sich an den Leitersprossen hoch. Jella hielt seine beiden Beine umklammert. Eelka konnte seine Füße nicht gebrauchen. Hand über Hand versuchte er die Sprossen zu erklimmen und Jella mit heraufzuziehen. Seine Kräfte schienen nicht zu erlahmen, schienen keine Grenze zu kennen. Plötzlich schrie Jella: »Eelka, laß los, laß los, sie brechen alle ab!«

Eelka warf einen entsetzten Blick nach unten. Dann ließ Jella los. Eelka warf sich auf das Ufer. Das erste, was er zu fassen kriegte, war Jellas Bogen. Er hielt ihn dem wild zappelnden Jella hin. Der ergriff ihn, und Eelka zog Jella an das Ufer und hielt ihn da fest.

»Meinst du, du kannst mich mit dem Bogen herausziehen?« keuchte Jella.

Eelka schüttelte den Kopf. Plötzlich war alle Kraft aus seinem Körper entwichen, und er hatte Angst. Da hing nun Jella im Wasser. Und da waren die losen Speichen, nur die oberste

steckte noch fest. Er war mit Jella im Schlepptau an ihnen hoch-
geklettert. Die einzige, die noch etwas aushielt, war die oberste.
Eelka hängte den Bogen an diese Speiche und sprang auf die
Füße.

»Jella«, rief er verzweifelt, »ich muß Hilfe holen. Ich wage nicht,
dich an dem Bogen herauszuziehen. Was sollen wir machen,
wenn er bricht?« Er schaute sich um, konnte aber niemand in
der Nähe sehen. Keinen Menschen. Nichts rührte sich. »Jella«,
sagte er, »wirst du auch ganz still hängen bleiben? Beweg dich
nicht! Verstanden, Jella? Ich laufe jetzt nach Shora und hole
Hilfe.«

»Los, lauf zu!« schrie Jella verzweifelt. »Steh nicht herum und
halte Reden! Lauf!« Verängstigt starrte er Eelka an.

»Ja, ja, Jella!« schrie Eelka, aber es war ihm beinah unmöglich,
sich von Jella loszureißen. Es war ein schreckliches Gefühl, davonzulaufen und Jella zurückzulassen.

»Ich geh schon«, sagte Eelka. Dann drehte er sich um und
rannte, so schnell er konnte. Er mußte sich sehr zusammenneh-
men, denn Jella hing jetzt ganz allein in dem stillen Kanal. Jella
war ganz verlassen und hatte Angst.

Eelka suchte mit den Augen die Umgebung ab und sah keine
Hilfe. Die Straße war leer. Auch der Kanal war still und verlassen. Und Jella hing in dem Kanal.

Plötzlich hörte Eelka auf zu laufen. Wie angewurzelt stand er in
dem stillen Land. Er durfte doch nicht davonlaufen. Jella hatte
Angst. Jella, der sich nie vor etwas fürchtete, hatte schreckliche
Angst.

Plötzlich kam ihm ein Gedanke. Er konnte Jella herausziehen!
Das Seil würde Jella halten. Es mußte halten. Es war nicht gerissen, als das Rad daran hing, und das Rad war sicher zehnmal
schwerer als Jella. Er konnte Jella herausziehen. Hatte er nicht
das riesige Rad, nur an den Fingern hängend, festgehalten?

75

Eelka war überrascht. Er rannte zurück und wunderte sich, denn er hatte entdeckt, daß er stark war. Möglich, daß er langsam und dick war, aber ohne Zweifel war er auch stark. Viel stärker, als irgend jemand ahnte, viel stärker, als er selbst gewußt hatte. Hatte er nicht das Rad gehalten? Hatte er nicht Jella durch das Wasser gezogen, bis die Speichen nachgegeben hatten? Er mußte wohl zehnmal stärker sein, als er selbst gewußt hatte!

Er erreichte die Stelle am Kanal und schaute hinunter zu Jella.

»Oh, du bist aber schnell zurück«, sagte Jella dankbar.

»Ich bin wieder umgekehrt«, sagte Eelka. »Ich will dich allein herausziehen.«

»Wie?« fragte Jella ängstlich.

Aber Eelka hatte keine Zeit für Erklärungen. Er knüpfte die beiden Seilenden zusammen und prüfte den Knoten. Dann machte er eine große Schlinge und warf sie über Jellas Kopf. Schließlich untersuchte er die letzte Speiche, die noch im Ufer steckte, und stemmte sich mit dem Fuß dagegen, nachdem er den Holzschuh ausgezogen hatte, um einen sicheren Halt zu gewinnen.

»So, jetzt schlüpfst du mit einem Arm durch die Schlinge, hältst dich am Bogen fest und schlüpfst auch mit dem anderen Arm durch. Vorsichtig! Ganz langsam! Nicht zappeln!«

Jella gehorchte. Er bewegte sich vorsichtig und achtete darauf, daß er nicht zu stark am Bogen zog. In dem Augenblick, als die Seilschlinge um Jellas Brust lag, zog Eelka sie fest. »Jetzt ziehe ich dich hoch. Bleib ganz ruhig, laß dich wie ein Sack hängen!«

»Aber das Seil ist nicht stark genug. Vorhin hat es sich doch ganz aufgelöst.« Jella hatte also Angst.

»Das ganze Seil wird dich tragen. Es hat das Rad getragen, als ich es von der hohen Scheune herunterließ, und das Rad ist zehnmal schwerer als du. Ich schaffe es schon.«

Er sprach überzeugter, als er sich in Wirklichkeit fühlte. Er tat es wegen Jella, denn Jella hatte Angst.

»Aber, Eelka…«

»Sei jetzt still!« befahl Eelka kurz. »Auf geht's!«

Er stemmte den Fuß gegen die Speiche und begann das Seil Hand über Hand hochzuziehen. Hand über Hand, sein ganzes Gewicht gegen die Speiche stemmend, immer darauf bedacht, daß das altersschwache Seil nicht am Ufer scheuerte. Eelka biß die Zähne zusammen. Solange Jella im Wasser war, war es leicht gegangen, aber jetzt hing er mit seinem vollen Gewicht an seinen Armen. Und das Seil mußte vom Ufer wegbleiben, es durfte nicht scheuern. Hand über Hand! Immer ziehen! Ziehen! Ziehen! Plötzlich war es leicht. Einen Augenblick lang wartete Eelka darauf, ein Aufklatschen im Wasser zu hören – das Seil mußte gerissen sein. Aber das Aufklatschen blieb aus. Jella hatte die letzte Speiche ergriffen und warf sich nach oben. Er warf die Beine hoch und zur Seite und rollte von dem gefährlichen Ufer weg.

Eelka legte sich längelang ins Gras. Es war wunderbar, so zu liegen, jetzt, wo er wußte, daß er es geschafft hatte und daß ihm alles so gelungen war, wie er es geplant hatte. Er war stark gewesen, das Seil war nicht gerissen. Er war stolz auf sich.

Jella war aufgestanden und beugte sich über Eelka. »Mensch, Eelka, ich habe nie gewußt, daß du so stark bist.«

»Ich auch nicht. Hab gerade darüber nachgedacht. Ich glaube, das kommt davon, wenn man das Familienbaby ist. Die meinen immer, man bliebe ewig klein. Ich hab's ihnen lange geglaubt. Mein Vater und meine großen Brüder haben immer alles allein gemacht. Ich war immer zu klein. Ich war das Baby.«

»Feines Baby«, sagte Jella dankbar.

Plötzlich grinsten sie einander an. Sie waren verlegen. Jella wußte nicht, wie er ihm danken sollte. Eelka konnte sich vorstellen, wie er in seinem Kopf nach dem richtigen Wort herumsuchte. Wieder grinsten sie sich an. »Junge, Eelka, du bist vielleicht nicht so flink, aber ich habe nie geahnt, daß du so stark bist. Da kannst du natürlich mitmachen, wenn du so stark bist...«

Eelka verstand, daß dies Jellas Art war, ihm zu danken. Er sprang auf. »Weißt du, am besten sammeln wir jetzt die Speichen auf und die Radteile und bringen sie in die Schule zum Lehrer. Die eine Speiche lassen wir stecken, damit wir die Stelle wiederfinden. Vielleicht können wir dann mit einem langen Rechen den Reifen und die Nabe herausfischen.«

Jella ging gehorsam auf die Straße und sammelte die Radteile zusammen. Eelka schichtete die Speichen auf seinen rechten Arm. Dann wanderten die beiden zusammen tropfnaß auf Shora zu. Immer wieder blickte Jella auf den stämmigen Eelka, der neben ihm hertrabte. Manchmal schüttelte er den Kopf, als könne er es immer noch nicht ganz glauben.

»Feines Baby!« sagte er plötzlich ganz laut. Und Eelka grinste.

Auka und der Kesselflicker

Auka hatte den Auftrag, die Deichstraße abzusuchen. Die Deichstraße führte zum Dorf Nes. Eine Weile ging Lina oben auf dem Deich und Auka unten; das machte Spaß. Sie riefen einander zu und unterhielten sich. Lina sollte vom Deich aus die kleinen Nebenwege übernehmen, die zu den abgelegenen Höfen führten.

»Ich gehe bis nach Nes, vielleicht sogar noch weiter«, rief ihr Auka zu.

»Das möchte ich auch lieber«, rief Lina ein bißchen neidisch zurück.

»Warum?«

»Ach, die abgelegenen Höfe haben meistens scharfe Wachhunde. Und ich hab solche Angst vor Hunden.«

»Die tun dir nichts«, beruhigte Auka. »Du mußt ihnen nur scharf ins Auge schauen und einfach auf sie losgehen.«

»In welches Auge?« fragte Lina und kicherte.

»Soll ich lieber die Nebenstraßen nehmen, und du gehst nach Nes?« bot Auka ihr an.

»Nein, ich glaube nicht«, antwortete Lina zögernd. »An deiner Straße liegen noch mehr Häuser, und je mehr Häuser, desto mehr Hunde. Vom Deich aus kann ich wenigstens sehen, wo ein Hund ist und ob Leute da sind. Ich werde einfach auf dem Weg singen, dann hören die Hunde, daß ich komme.«

»Du hast also nicht vor, sie zu erschrecken, daß sie vor Angst halb tot sind?« neckte Auka sie.

Lina schnitt ihm eine Grimasse.

Auka stand vor seinem ersten Bauernhaus. Es lag in einer Krümmung der Deichstraße. Von da an bog die Straße von See und Deich ab und führte ins Innere des Landes nach Nes. In Nes gab es Bäume und Störche. Auka hatte es eilig, hinzukommen.

Nachdem er Hof und Scheune durchsucht hatte, war von Lina nichts mehr zu sehen. Als er später einen Feldweg passierte, hörte er ein schwaches Singen. Das mußte Lina sein. Auka stieß ein heiseres Bellen aus.

Lina hatte ihn gehört. Er hörte sie aufgeregt kichern.

»Hoffentlich findest du bald ein Dutzend Räder und keinen einzigen Hund«, rief Auka Lina, die er nicht sehen konnte, zu. Dann lief er weiter.

Endlich kam er nach Nes. Bis jetzt war seine Reise vergebens gewesen. Nicht ein einziger Bauernhof hatte ein überflüssiges Rad. Über die flachen Felder leuchteten die Dächer von Nes aus grünen Bäumen in der warmen Sonne. Auka ruhte ein bißchen an der Straßenseite neben einem schmutzigen kleinen Feldweg aus und hoffte, daß Lina kommen würde. Er horchte in das Land hinein, ob er vielleicht etwas singen hörte. Von der buschumsäumten Straße ertönte ein schwaches Rasseln und Klingeln. Auka horchte und lächelte. Das mußte sie sein.

Vielleicht war sie das Singen leid geworden und rasselte mit irgend etwas, damit die Hunde sie hörten.

Das Geräusch schien näher zu kommen. Es war schwer zu beurteilen. Bald hörte es auf, bald begann es wieder von neuem. Jetzt war es still. Nach einer langen Pause begann es wieder und kam näher. Schließlich wußte Auka, was es war. Es mußte der Kesselflicker sein, dessen Wagen mit glänzenden Blechtöpfen, Pfannen und Kesseln beladen war, die überall an Haken und Drähten herunterhingen. Und es war wirklich der Kesselflicker. Auf dem schmalen Weg kam langsam ein klapperiges, altes Pferd in Sicht, das den ratternden Wagen zog. Aber kein Fuhrmann war zu sehen. Auf der einen Seite war der Wagen von der Straße abgekommen und fuhr auf dem Grasstreifen daneben. Das alte Pferd hatte sich wahrscheinlich selbständig auf den Heimweg gemacht und den Kesselflicker auf einem Hof zurückgelassen.

Der Wagen blieb stehen, und Auka sah den Kesselflicker hinter dem Wagen hervorkommen! Er machte sich an dem Hinterrad zu schaffen. Auka wartete. Schließlich kletterte der Kesselflicker auf den Bock, und der Wagen fuhr wieder an.

Ächzend und ratternd schleppte sich der Wagen aus dem Feldweg heraus. In weitem Bogen lenkte er in die Straße ein, wo Auka wartete. Das Rad streifte ihn beinahe, aber der Kesselflikker hatte ihn nicht bemerkt. Der Mann hatte sich auf dem Bock umgedreht und ließ das Hinterrad nicht aus den Augen.

Auka blickte nach dem Rad. »He, Ihr Reifen geht ab!«

Der Kesselflicker fuhr zusammen, sah Auka und brachte hastig sein Pferd zum Stehen.

»Ja, ich weiß, ich weiß«, sagte er mißmutig, »seit Shora habe ich ihn mit Draht festgehalten, aber jetzt ist der Draht durchgefahren. Ich muß einen neuen anmachen.«

Müde kletterte er wieder vom Bock herunter, kramte in den Tiefen des Wagens nach einem Stück Draht und befestigte es an dem Rad. Alle paar Zentimeter war der Reifen mit Drahtstücken an dem Rad festgebunden.

»Warum geben Sie mir nicht das Rad, es taugt doch nichts mehr?« sagte Auka plötzlich.

»Na, du kommst vielleicht auf Ideen«, sagte der Kesselflicker vorwurfsvoll. »Dir soll ich es geben? Und was soll ich machen? Auf der Achse heimfahren?«

Auka merkte, daß er seine seltsame Bitte etwas vorschnell geäußert hatte. Eilig erklärte er dem Kesselflicker, was für Pläne die Schule von Shora hatte und wozu sie ein Wagenrad brauchte.

»Nun, das mit den Störchen ist ohne Zweifel schön und gut. Aber ich brauche das Rad selbst, bis ich ein neues habe. Sobald ich nach Nes komme, muß ich mich um eins kümmern, soviel ist sicher.«

»Oh, darf ich mit Ihnen kommen?« fragte Auka eifrig. »Ich muß nämlich auch nach Nes. Wenn Sie dort ein neues Rad kriegen, kann ich dann das alte bekommen? – Es wäre so herrlich für die Störche«, erklärte er ernsthaft. »Den Störchen schadet es ja nicht, wenn es nicht funktioniert, und es macht auch nichts aus, wenn es mit ein paar Drähten zusammengebunden ist. Wenn die Störche nur nicht gerade mit den Krallen hängenbleiben.«

»Langsam, langsam!« sagte der Kesselflicker. »Ich brauche ein neues Rad, aber wie ich dazu komme, das ist eine andere Frage. Habe eine schlechte Woche hinter mir. Auf dem ganzen Weg nur ein paar Töpfe und Pfannen geflickt. Kein Mensch kauft etwas Neues. In dem ganzen blöden Shora hat mir nur dieser beinlose Kerl ein paar Blechstreifen abgenommen. Wollte sie auf seinen Baum hängen. Das ist alles, was ich in Shora verkauft habe.«

»Oh, das war Janus«, sagte Auka. »Damit will er die Vögel aus seinem Kirschbaum vertreiben. Das bedeutet, daß die Kirschen bald reif sind!«

Der Kesselflicker paßte nicht mehr auf, er achtete auf das alte Pferd, das wieder einige Schritte weitertrottete. Er beobachtete aufmerksam, wie sich das Rad drehte. Offenbar hielt auch der Draht den eisernen Reifen nicht länger an dem hölzernen Rand fest. Nach einigen Umdrehungen ging er los, und der Eisenreifen rutschte über das Rad. Bei jeder Umdrehung wackelte er hin und her. Der Mann betrachtete die steinige Straße. »Du kannst die Dächer von Nes schon sehen«, sagte er hoffnungslos, »aber auf diesen Steinen muß ich so viel Draht um das Rad binden, daß es Nacht wird, bevor ich nach Hause komme.«

»Wenn ich mich hinten auf den Wagen setze und immer gleich einen neuen Draht festmache, wenn der alte abgeht, dann müßten Sie nicht dauernd anhalten und heruntersteigen«, schlug Auka vor.

»Schön«, sagte der Mann, »das ist eine Idee. Auf diese Weise kommen wir beide nach Nes! Aber wohlgemerkt, wegen des Rades kann ich dir nichts versprechen.« Er gab Auka eine Handvoll kurzer Drahtstücke und half ihm auf den hohen Wagen.

Überall hing Geschirr herum. Auka mußte erst Kessel und Pfannen beiseite schieben, bevor er seinen Kopf aus dem Wagen stecken konnte, um das Rad zu beobachten.

»Ruf einfach ›brrr‹, wenn einer abgeht«, sagte der Kesselflicker, als er wieder auf seinen Sitz kletterte.

»Kann denn das Pferd etwas hören, wenn alles so klappert?«
fragte Auka.

»Das Pferd? Das hört, wenn ich ›brrr‹ sage, auch wenn es zehn
Fuß unter Wasser ist. Aber ›hüh‹ versteht es nicht so gut.«

»Wenn Sie nun ein neues Rad hätten, könnte ich dann das alte
bekommen?« fragte Auka hastig, bevor sich der Wagen wieder
ratternd in Bewegung setzte und man kein Wort verstehen
konnte.

»Mal sehen, ob meine Frau noch etwas Geld von der letzten
Woche übrig hat. In dieser Woche habe ich nämlich nicht so viel
verdient, daß ich auch nur eine Speiche kaufen könnte. Hüh!«
sagte er zu dem Pferd.

»Wenn Ihre Frau aber nichts mehr hat?« fragte Auka. »Sie können doch mit diesem Rad nächste Woche nicht wegfahren.«

»Oh, ich werfe es einfach über Sonntag in den Kanal, da weicht
es richtig durch, quillt auf und hält wieder ein paar Tage. Und
wenn es regnet, wird es ja auch besser. Aber die ganze Woche
über war es strohtrocken. – Hüh!« rief der Mann geduldig.
»Aber ich fürchte, diesmal ist es besonders schlimm. Vielleicht
hilft auch das Einweichen nichts.« Er spreizte die leeren Hände.
»Aber was will man ohne Geld machen? ›Hüh‹ habe ich gesagt!«

Das alte Pferd schien zu spüren, daß die Unterhaltung endgültig
aus war. Unwillig setzte es seine müden Knochen in Bewegung.
Der Wagen ächzte. Das Geschirr klingelte und klapperte.

Nes war nicht weit entfernt, aber sogar auf die kurze Entfernung
entwickelte Auka ein großes Geschick, Drähte um das alte, aus-
geleierte Rad zu wickeln. Bald gelang es ihm, den richtigen Zeit-
punkt zu erraten, wenn ein Draht abplatzte. Das alte Pferd ging
so langsam, daß Auka zuerst eine Schlinge um den Radrand
legte, dann wartete, bis die Stelle wieder hochkam, und schließlich den Draht wieder festmachte. Selten mußte er ›brrr‹ rufen,

und wenn er es tat, so hielt das Pferd trotz allen Klapperns an, noch bevor Auka den Mund wieder richtig zu hatte. Es schien Bescheid zu wissen, wenn Auka auch nur ›brrr‹ dachte.

Auf der steinigen Straße sprangen die Drähte links und rechts ab. Auka war fleißig wie eine Biene, und es machte ihm Spaß, den Eisenreifen an seinem Platz zu halten, ohne daß er dauernd das Pferd anhalten mußte. Außerdem hatte er die Hoffnung, daß er das Rad für die Schule bekommen würde. Man konnte nie wissen. Auf jeden Fall erschien ihm das hier aussichtsvoller, als auf den Bauernhöfen herumzusuchen. Anscheinend besaß kein Bauer ein Rad, das nicht schon zu einem Wagen gehörte.

Endlich fuhren sie auf dem gepflasterten Weg in Nes ein. Auka nahm sich Zeit, von seiner Arbeit hochzusehen und einem riesigen weißen Storch nachzuschauen, der sich über einem Haus erhob. Er flog davon, als sich ein zweiter Storch dem Nest auf dem Dach näherte. Die Störche waren schon dabei, in Nes ein Nest zu bauen! Auka mußte seine Augen von den Störchen losreißen. In der kurzen Zeit waren schon fünf Drähte abgesprungen. Auka mußte das Pferd anhalten. Er band drei Drähte fest, dann bemerkte er, daß er keinen Draht mehr hatte. Das letzte Stück war verbraucht.

»Kein Draht mehr da«, sagte er zu dem Kesselflicker. »Hab keinen mehr.«

»Ich auch nicht«, sagte der Kesselflicker. »Ich habe dir meinen ganzen Vorrat gegeben. Nun muß es noch bis zum Ende der Straße gehen. Dort wohne ich.«

Die Drähte hielten nicht mehr so lange. Einer nach dem andern ging auf den Pflastersteinen ab. Der Eisenreif drohte endgültig, sich selbständig zu machen.

»Wie weit noch?« fragte Auka.

Der Kesselflicker hielt an und betrachtete das Rad. Schweigend reichte er Auka einen Hammer. »Würdest du neben dem Wagen herlaufen und jedesmal, wenn der Reifen abgehen will, mit dem Hammer draufschlagen? Ich versuche den schlimmsten Steinen auszuweichen.«

Auka sprang herunter und nahm den Hammer. Er schlug den Reifen auf dem Rad fest. »Losfahren!« sagte er. Der Wagen setzte sich in Bewegung. Das angeschlagene Rad stolperte unter Aukas Bewachung über das holprige Pflaster. Auka paßte auf wie ein Habicht. Sobald der Eisenreifen abrutschen wollte, schlug er ihn wieder mit dem Hammer fest. Zu dem Klappern der Töpfe und Pfannen kam nun noch der Hammerschlag.

Vor einem kleinen Haus hielt er an. Sie waren am Ziel. Auf der Schwelle stand eine Frau, die ängstlich von ihrem Mann auf Auka blickte. An ihrem Rock hingen viele kleine Kinder, die schüchtern hervorsahen. Auf dem Arm hielt sie ein Baby, aber die anderen Kinder schienen Auka alle gleich groß zu sein. Die Frau wandte sich an ihren Mann: »Ist es so schlimm?« fragte sie mit hoher Stimme.

Der Kesselflicker nickte. »Diesmal müssen wir ein neues haben, Afke. Da hilft alles nichts.«

»Reicht's denn für eins?«

Der Mann zögerte. »Hatte eine schlechte Woche… Hast du noch etwas übrig?« fragte er ängstlich. Sein Gesicht war ganz rot.

»Übrig? Von letzter Woche?« Sie deutete auf die Kinder. »Für Janie mußte ich den Doktor holen.«

Sogar die Kinder sahen traurig und unglücklich aus. Sie sahen aus, als verstünden sie alles. Es war vollkommen klar, daß der Kesselflicker kein neues Rad kaufen konnte. Auka fühlte sich traurig und hilflos. Der Kesselflicker, seine Frau, die vielen Kinder taten ihm leid. Nicht zuletzt war er selbst auch betroffen, denn nun bekam er kein Rad für die Schule.

»Vielleicht könnte der Küfer helfen?« schlug Auka vor. »Er

macht Reifen um Fässer, vielleicht kann er das Rad noch einmal heil machen.«

Der Kesselflicker und seine Frau machten überraschte Gesichter. Die Kinder sahen ihn mit großen Augen an. »Das ist mir neu«, sagte der Mann. »Habe ich noch nicht versucht. Habe es schon oft beim Schmied gehabt, aber ohne Geld kann ich es nicht wieder hinbringen. Zum Küfer«, wiederholte er nachdenklich, »das dürfte nicht allzuviel kosten.« Er sah seine Frau an.

»Ich hoffe, nicht«, sagte sie leise. »Sonst müßten wir eben einfach beten. Das ist immer noch umsonst.« Sie sah Auka an, als müßte sie sich verteidigen.

»Ich glaube, ich muß jetzt gehen«, sagte Auka verlegen. Er wußte nicht, was er noch sagen oder tun sollte. Er gab dem Kesselflicker den Hammer zurück, ohne ihn anzusehen. Alles war traurig und hoffnungslos.

»Danke schön fürs Helfen!« sagte der Mann. »Ich wollte, ich könnte dir das Rad geben.«

»Oh, das macht nichts«, sagte Auka. »Hat mir Spaß gemacht…« Aber das war auch wieder nicht das Richtige. »Wenigstens manches«, fügte er unbeholfen hinzu. Dann machte er auf den Fersen kehrt und rannte davon.

Er spürte eine solche Erleichterung, daß er von dem ganzen Unglück loskam, und lief immer schneller. Bei den Störchen hielt er an. Es waren dieselben, an denen sie vorher mit dem Wagen vorbeigekommen waren. Beide Tiere kamen im Tiefflug mit Schilf in den Schnäbeln an und ließen sich auf dem Rad, das auf dem Hausdach lag, nieder, riesengroß, weiß, wunderbar, in Lebensgröße. Auka starrte sie mit offenem Mund an.

Die Augen unbeweglich auf die Störche gerichtet, ganz versunken in ihren Anblick, drückte er sich in den Vorgarten des Hauses. Jetzt waren die Störche genau über seinem Kopf auf dem Dach. Es war ihm, als könne er sie berühren, wenn er nur die

Hand ausstreckte. Ein Zweig löste sich aus dem locker ausgelegten Nest, fiel aufs Dach und landete zu Aukas Füßen. Auka hob ihn auf und hatte schon den Arm erhoben, um ihn wieder ins Nest zurückzuwerfen, da klopfte eine Frau laut an die Fensterscheibe, und Auka ließ den Arm fallen. Die Frau machte das Fenster auf. »Was machst du denn in meinem Vorgarten?« fragte sie. »Wer hat dir erlaubt hereinzukommen?«

Auka löste seinen Blick von dem Storchennest und merkte, daß er einen Zweig in der Hand hielt. »Oh«, begann er verwirrt, »sie haben ihn gerade vom Dach fallen lassen, und ich wollte ihn wieder zurückwerfen.«

Er ließ den Zweig fallen.

»Du bist wohl fremd hier, was?« fragte die Frau. »Gehst du immer einfach so in anderer Leute Vorgärten?«

»O nein!« rief Auka. »Aber die Störche hier auf dem Dach… Bin ich wirklich einfach reingelaufen?«

»Ja, und dabei mußtest du sogar den Riegel zurückschieben.«

Auka zwang sich zu einem entschuldigenden Lächeln. »Wahrscheinlich, aber ich habe es nicht gemerkt. Wissen Sie, hier sind die Störche so nahe; wir in Shora haben gar keine. Und bei Ihnen wohnen sie auf dem Dach!«

Als die Frau Aukas Aufregung bemerkte, lächelte sie. »Nun, sie sind jedes Jahr auf dem Dach, und ich glaube, man gewöhnt sich daran. Aber wenn du in deinem Dorf noch nie einen Storch gesehen hast, dann ist es schon aufregend.«

»Jedes Jahr!« sagte Auka ungläubig. Und in Shora… »Sagen Sie!« rief er plötzlich. »Sind Sie vielleicht Linas Tante? Ich gehe nämlich mit Lina in die Schule, und sie hat eine Geschichte darüber geschrieben, was Sie ihr über die Störche erzählt haben, und nun wollen wir ein Rad suchen, um es auf unserer Schule anzubringen, damit die Störche wieder nach Shora kommen. Deshalb bin ich hier in Nes.«

»Nein, aber so was!« rief die Frau. »Und Lina hat damit angefangen? Aber, mein Junge, ich fürchte, hier in Nes hat es keinen Sinn, nach einem Rad zu suchen. In Nes wandern jedes Frühjahr alle überzähligen Räder auf die Dächer. Das gehört sozusagen zum Frühjahrsreinemachen. Du hast jetzt nur auf das Rad auf meinem Dach geachtet, weil hier schon die Störche eingezogen sind. Zu mir kommen sie immer zuerst. Aber wenn du dich umschaust, siehst du, daß beinahe auf jedem Haus ein Rad ist. Sind schon alle oben, nur hier gegenüber noch nicht. Evert will es heute noch festmachen, wenigstens hat er schon die Leiter aufgestellt. Aber Evert kommt immer zu spät. Er macht sich damit zuviel Arbeit. Er streicht sein Rad sogar mit Farbe.«

Sie steckte den Kopf aus dem Fenster, um das Haus gegenüber zu betrachten. Auka folgte ihrem Blick. Ein älterer Mann kam gerade um die Hausecke und rollte ein Rad auf die Leiter zu. »Sieh dir das an!« rief Linas Tante mit Verachtung in der Stimme. »Diesmal nimmt er sogar die Farben der holländischen Fahne: Rot, Weiß und Blau! Früher hat er sich wenigstens mit *einer* Farbe begnügt. Und selbst dann kam kein Storch. Störche mögen so grelle Farben nicht. Das verscheucht sie. Aber Evert kann man sagen, was man will. Dieser dickschädlige, alte Narr!«

Der alte Mann gegenüber hatte begonnen, das Rad die Leiter hochzutragen. Es war ein großes, schwer aussehendes, massives Rad, und Evert hatte seine Mühe damit. Das Gewicht des Rades machte es ihm schwer, die Sprossen der Leiter zu erklimmen.

»Er schafft es nicht. Ich will ihm mal lieber helfen«, sagte Auka.

Der alte Evert hatte die Leiter halb erklettert und ruhte sich aus. Er sah an dem restlichen Stück der Leiter hoch und auf das steile Dach, das noch vor ihm lag. Er schaute sich hilflos um. Sein Blick fiel auf Auka. »He, Junge«, rief er, »kannst dir fünfzig Pfennig verdienen, hilf mir das Rad auf das Dach schaffen!«

»Gern«, antwortete Auka sogleich. Fünfzig Pfennig verdiente man nicht jeden Tag, und er hätte es ohnehin umsonst getan. »Wiedersehn, Linas Tante!« sagte er hastig und lief über die Straße. Er vergaß nicht, die Gartentür hinter sich zu schließen.

»Du kannst dem alten Narren von mir ausrichten, daß er seine Kraft und sein Geld ganz vergeblich verschwendet. Störche gehen nicht auf ein Rad, das angemalt ist wie eine Jahrmarktsbude«, rief Linas Tante hinter ihm her.

Auka hatte nicht die Absicht, irgend etwas auszurichten, was seinen überraschenden Verdienst in Frage stellen konnte. Mit einem Satz war er über die Straße. »Was soll ich tun?« rief er zu dem alten Evert hinauf.

»Hol die andere Leiter hinter dem Haus und setze sie neben meine. Dann können wir zusammen das Rad hinaufbringen. Du kannst doch mit einer Leiter umgehen, was?«

Für fünfzig Pfennig wäre Auka bereit gewesen, mit drei Leitern fertig zu werden. Er beeilte sich. Er lehnte die Leiter an die Hauswand, legte sie dicht neben die andere, kletterte hoch und ergriff das Rad. »Jetzt ist's leichter«, murmelte Evert dankbar, als er merkte, wie das Gewicht abnahm.

Auka blickte auf das massive Rad, dann auf den langen First des Ziegeldaches und wieder zurück auf das Rad. »Was für eine Mühe für nichts und wieder nichts«, fuhr ihm heraus.

»Was heißt hier für nichts? Du wirst dafür bezahlt, oder?«

»*Sie* machen es für nichts und wieder nichts!« sagte Auka mit Nachdruck. »Linas Tante sagt, daß die Störche niemals auf einem Rad nisten, das rotweißblau gestrichen ist! Sie muß es wissen. Auf ihrem Dach sind die Störche schon eingezogen.« Er machte mit dem Kopf eine Bewegung in Richtung auf das Dach.

Auch Evert blickte hinüber. Eben ließ sich ein riesiger Storch mit schwerem Flügelschlag, den Schnabel mit Zweigen beladen, auf dem Rand des Rades nieder.

»Sehen Sie?« fragte Auka.

»Natürlich«, antwortete Evert mürrisch. »Sie werden auf meins ebenso kommen, wenn wir erst das Rad oben haben.«

»Aber die grelle Farbe wird sie verscheuchen«, sagte Auka weise. »Was Sie brauchen«, fuhr er unbarmherzig fort, »ist ein altes, gebrauchtes Rad. Es hat ja nichts weiter zu tun, als die Störche zu tragen. Linas Tante hat auch nur ein altes Rad.«

»So, so«, sagte Evert. »Ich habe eben ein gutes, solides, gestrichenes Rad, und sie müssen es nehmen oder sein lassen.«

»Sie werden es sein lassen«, antwortete Auka prompt. »Und nächsten Herbst können Sie es wieder herunterholen. Was für eine Arbeit!«

»Ich habe dich gerufen, damit du mir hilfst, und nicht zum Reden«, sagte Evert grimmig. »Und wenn ich nicht hier stehen, mich mit dir herumstreiten und gleichzeitig das schwere Rad halten müßte, dann gäbe ich dir eine anständige Backpfeife!«

»Aber ich wollte Ihnen doch nur sagen, daß ich weiß, wo Sie genau so ein Rad, wie Sie es brauchen, bekommen können: ein gutes, altes Rad, ohne eine Spur von Farbe. Es ist noch viel abgenutzter als das von Linas Tante.«

Er stemmte die Schulter unter das Rad, so daß er das Hauptgewicht zu tragen bekam, und fing an, dem alten Evert die Sache mit dem Kesselflicker zu erklären. »Er kann nicht mehr damit fahren«, schloß Auka ernsthaft, »ganz gleich, wie lange er es auch im Kanal wässern läßt.«

Der Mann sah ihn mit einem seltsamen Blick an. »Sag mal, du scheinst ja ein komischer Kauz zu sein. Du zerbrichst dir den Kopf über anderer Leute Angelegenheiten. Der Kesselflicker war immer in Schwierigkeiten und wird es bei dem Haufen Kinder immer sein. Aber das sind seine Sorgen, nicht meine.«

»Nein. Aber wenn er Ihr Rad hätte, könnte er mit seinem Wagen fahren, und wenn Sie seins hätten, würden die Störche zu Ihnen kommen.«

Evert sah ihn scharf an. »Sag mal, weißt du auch sicher, daß Linas Tante nicht deine Tante ist? Du kümmerst dich so um anderer Leute Angelegenheiten, daß ihr verwandt sein müßt!«

Hartnäckig versuchte Auka es von neuem. »Morgen ist Sonntag. Wenn Sie heute das Rad nicht aufs Dach kriegen, dauert es bis Montag, und Sie sind sowieso spät dran. Die Störche bei Linas Tante bauen schon ihr Nest.«

»Na und?« fragte Evert.

»Ich glaube nicht, daß ich Ihnen helfen kann«, sagte Auka entschlossen.

»Dann bekommst du auch die fünfzig Pfennig nicht.«

»Nein, aber Sie kriegen auch keine Störche. Sie gehen zwar sowieso auf kein bemaltes Rad, aber...«

»O verflixt!« sagte Evert. »Du bist der eigensinnigste, sonderbarste Bengel, der mir je begegnet ist. Aber es ist einfacher, dir nachzugeben, als hier auf der Leiter herumzustehen und ein schweres Rad zu halten. Hilf mir, es herunterzulassen!«

Auka packte das Rad fester. Als sie es am Fuß der Leiter niederließen, behielt er den Mann im Auge, weil er jeden Augenblick eine Backpfeife erwartete.

Evert murmelte in seinen Bart. »Ein vollkommen gutes Rad für ein altes zusammengefahrenes Wrack. Aber der Kesselflicker hat keinen roten Heller...« Er faßte einen Entschluß. »Schön«, sagte er zu Auka, »nimm das Rad und komm mit dem andern zurück! Ich will es versuchen. Die da auf der anderen Straßenseite soll mich nicht Jahr für Jahr von neuem auslachen! Der will ich's zeigen!«

Mit einem Satz ergriff Auka das Rad. »Ich bin gleich wieder da, und dann helfe ich Ihnen, das alte Rad hinaufzuschaffen. Es ist viel leichter. Passen Sie auf, dann kommen auch die Störche, und Störche bringen Glück«, versprach er aufgeregt und dankbar.

»Nun, dem Kesselflicker scheinen sie welches zu bringen«, sagte Evert. »Mach schnell, bevor ich es mir anders überlege!«

Auka rollte das Rad davon. Als er die Straße hinunterging, sah Auka, daß der Kesselflicker, seine Frau und die Kinder immer noch um den Wagen standen. Der Mann arbeitete an dem alten Rad. Auka konnte nicht mehr warten. »Schaut, was ich habe!« schrie er ihnen zu und rollte das Rad in wilder Eile zu der erstaunten Kesselflickerfamilie hin.

»Wir müssen das alte von der Achse abmachen und zu Evert bringen«, erklärte er. »Und zwar schnell!«

»Evert?« Der Kesselflicker wollte seinen Ohren nicht trauen. »Evert ist wohl nicht mehr richtig im Kopf«, sagte er zu seiner Frau. Sie starrten andächtig auf das herrliche rotweißblaue Rad.

»Ich erzähle es euch, während wir das Rad wechseln«, sagte Auka. »Und wir beeilen uns lieber. Evert könnte sich sonst noch anders besinnen.«

Jetzt wurde der Kesselflicker lebendig, und während Auka aufgeregt drauflosredete, hatte er den Wagen schon hochgehoben.

Das alte Rad war so oft von der Achse abgegangen, daß es im selben Augenblick, als die große Schraube entfernt war, von selbst herunterfiel. Auka und der Mann schoben das neue Rad auf die Achse. Der Kesselflicker trat einen Schritt zurück, um es zu bewundern. Auka befestigte die Schraube und zog sie mit dem großen Schraubenschlüssel an. Aber der Kesselflicker war nicht damit zufrieden und gab dem Schraubenschlüssel noch eine Extradrehung. Dann trat er wieder zurück.

Als das neue Rad an seinem Platz saß, schien er endlich an sein Glück zu glauben. Er packte das alte Rad und warf es auf den

Wagen. »Alles einsteigen!« rief er. »Alle Kinder – los, auch das Kleine! Wir werden diesen Jungen nach Shora zurückfahren. Du steigst auf den Wagen und fängst sie auf, wie ich sie dir zuwerfe!« befahl er Auka aufgeregt.

Auka fing die Kinder auf und setzte sie zu seinen Füßen rings in das Geschirr auf dem Wagenboden nieder. Die Frau des Kesselflickers mußte mit dem Baby auf den Bock klettern und an dem Triumphzug teilnehmen.

»Zuerst wollen wir zu Evert, uns bedanken und ihm helfen, das Rad auf das Dach zu bringen. Und dann nach Shora«, sagte der Mann. »Hoffen wir, daß Evert ein paar Störche bekommt! Er hatte noch nie welche. Aber ich will ihm schon Störche besorgen, und wenn ich sie fangen und an dem Rad festbinden müßte«, versprach er. Da lachten alle und waren glücklich darüber, daß er so aufgekratzt war.

Der Wagen klapperte und klingelte bis vor Everts Haus. Über all dem aufgeregten Geschwätz des dankbaren Kesselflickers hatte Evert keine Gelegenheit, seine Meinung zu ändern oder auch nur nachzudenken. Während Evert in dem Durcheinander dabeistand, waren Auka und der Kesselflicker schon mit dem Rad auf den Leitern. Sogar das steile Dach schien für den Kesselflicker nur ein Spaß zu sein. Er wäre auch Wände hochgeklettert und auf Wolken gewandelt. Im Nu war das Rad auf dem Dach festgemacht.

»So, Evert«, rief der Kesselflicker jubelnd vom Dach herunter, »wenn dir der liebe Gott jetzt für ein so gutes Werk nicht Störche schickt – ich weiß, er wird es tun –, so will ich dir selbst welche besorgen.«

»Welche aus Blech?« fragte Evert mürrisch.

»Nein, gute, glückliche, lebendige Störche, genau solche wie die dort«, und er deutete auf das Nest auf dem Haus von Linas Tante. »Du wirst schon sehen, du wirst schon sehen!« Plötzlich sah er zum Himmel hinauf. »Da kommen sie! Da kommen sie schon! Laßt mich hinunter! Nehmt die Leitern weg! Hier kommen Everts Störche!«

Und weil er sich so sicher war, glaubte ihm jeder. Sie ließen ihm kaum Zeit, die Leiter hinunterzukommen. Sogar die Frau des Kesselflickers ergriff eine Leiter, um sie beiseite zu ziehen. Eilig legten sie die Leitern auf den Boden. Zwei Kinder, die aus dem Wagen gekrochen waren, wurden wieder zurückgescheucht. Die Frau hatte nicht mehr die Zeit, auf den Bock zu klettern. »Lauf eine Minute nebenher! Ich muß rasch das glitzernde Blech vor Everts Haus verschwinden lassen. Sonst verscheucht es die Störche«, rief der Mann von seinem Sitz herunter.

Auka und die Frau liefen neben dem Wagen her. Sechs Häuser weiter hielt der Wagen, und die Frau stieg auf den Bock. Auka reichte ihr das Baby hinauf und kletterte hinterdrein. Der Kesselflicker starrte zum Himmel empor. Und die Kinder im Wagen auch.

»Muß den Wagen noch weiter wegfahren«, murmelte der Mann. »Zuviel glänzendes, klingelndes Blech!«

Sie fuhren weiter die Straße hinunter. Jeder guckte nach den beiden fliegenden Störchen. Hoch über Nes zogen sie ihre Kreise. An seinem Haus kauerte Evert hinter einem Busch und schaute nach oben, mucksmäuschenstill. Die Störche senkten sich tiefer und tiefer.

»Ich könnte mich ohrfeigen, wenn ich die Störche vertrieben hätte«, murmelte der Kesselflicker. Er schnalzte mit der Zunge, und das alte Pferd gehorchte dem Befehl. Der Wagen ratterte aus Nes hinaus, Shora entgegen.

Lina und das alte Boot

Die dritte kleine Nebenstraße, die Lina absuchte, war die schlimmste. Die beiden andern war sie singend entlanggewandert, damit die Menschen und besonders die Hunde merken konnten, daß sie kam. Glücklicherweise war überall jemand zu Hause gewesen, der die knurrenden Wachhunde beruhigte.

Die Leute auf den abgelegenen Bauernhöfen waren richtig erfreut, daß ein kleines Mädchen zu ihnen auf Besuch kam. Und als Lina ihren »Wagenrad-auf-der-Schule-für-Störche«-Plan erklärte, fanden das alle eine tolle Idee. Jedermann meinte, es sei ein reizender Gedanke. »Shora liegt so nackt und bloß vor dem Deich«, sagte eine Frau, »es könnte ganz gut ein paar Störche vertragen.« Aber niemand hatte ein überzähliges Rad. »Kind«, sagte eine andere Frau, »wenn wir ein Rad übrig hätten, so könntest du sicher sein, daß wir es auf unser eigenes Dach brächten. Wenn ich die Störche vorbeifliegen sehe, wünsche ich mir jeden Tag, wir hätten ein Rad auf dem Dach. Es ist so ruhig bei uns, und die Störche sind eine nette Gesellschaft.«

An dem dritten Weg schien nur ein einziger Hof zu liegen, und da schien kein Mensch in der Nähe zu sein. Nichts rührte sich, außer den kleinen Küken und einer Gans unter einem Wagen. Lina wünschte, sie wäre auf den Deich gelaufen, bevor sie hierherging. Und sie wünschte, sie hätte gesungen, aber sie hatte darüber nachgedacht, was all die netten Leute zu ihr gesagt hatten. Hier in dieser schrecklichen Stille waren nichts als eine Gans und ein paar Küken unter einem Wagen am Ende einer kurzen Einfahrt, die in den Bauernhof führte.

Lina ging einen Schritt weiter. Plötzlich stand da ein riesiger Hund, der knurrte und bellte und bellte und knurrte.

Lina stand wie angewurzelt. Über den Boden schien das Knurren auf sie zuzukommen. Eine Gänsehaut lief ihr über den Rücken. Sie konnte nicht sehen, ob der Hund an dem Wagen festgebunden war. Was, wenn er mit einem Satz heruntergesprungen kam? Was dann? Nichts rührte sich.

Lina wußte nicht, was sie tun sollte. Wenn sie davonlief, was sie am liebsten getan hätte, dann konnte der Hund ihr nachlaufen. Jetzt starrte er sie wenigstens nur mit seinen bösen Augen an und machte ihr mit seinem schrecklichen Knurren angst. Ein verzweifelter Entschluß stieg in ihr auf. Sie wollte den Hund ansingen, denn sie wußte nicht, was sie sonst machen konnte. Es klang seltsam zitterig, aber sie sang. Sie zwang sich, lauter zu singen. Es sollte klingen, als ob sie näher käme, und sie sang mit aller Macht.

Der überraschte Hund blieb auf dem Wagen, aber seine Ohren stellten sich bei den schrillen Tönen auf. Er hörte auf zu knurren. Nur ein kurzes Bellen noch, dann stand er verdutzt still.

Lina faßte Mut. Sie sang und sang und ging währenddessen langsam rückwärts. Irgendein altes Lied, irgendwelche Worte sang sie – der Hund wußte ja nicht, ob sie richtig oder falsch waren. Sie wußte es selbst nicht. Schließlich kam sie an eine Hecke, und von da aus war der Hund nicht mehr zu sehen. Sie fing an zu laufen.

Immer noch sang sie lauthals weiter, und immer wieder sah sie über die Schulter zurück. Der Hund kam ihr nicht nach. Trotzdem sang Lina weiter, den ganzen Weg bis zum Deich und den Deich hinauf. Als sie ganz oben war, fühlte sie sich endlich sicher. Keuchend ließ sie sich auf die Erde fallen. Über die Felder weg konnte sie den Hund sehen. Er stand immer noch auf dem Wagen. Er hatte sich nicht bewegt, nur den Kopf von der Straße weg nach dem Deich gedreht. Seine Augen schienen ihr zu folgen. Lina schauderte.

Sie wußte, daß sie nie den Mut aufbringen würde, noch einen andern Hof zu betreten, niemals. Ihre Kehle war rauh und kratzig vom lauten Singen. Nie mehr wollte sie dieses Lied singen. Sie wußte nur, daß sie hier auf dem Deich sicher war. Hier gab es keine Überraschung; sie sah alles von weitem kommen. Sie sah von dem Hund fort hinaus auf die weite See. Es war Ebbe; das Wasser schimmerte in weiter Ferne, aber zu Füßen des Deiches lag der Meeresboden fest und trocken da.

Mit lautem, erschrecktem Quarren flog ein Reiher hoch. Er flatterte schwerfällig umher und ließ sich schließlich auf einem umgestülpten alten Boot weit draußen nieder. Der Reiher hob sich scharf gegen den hohen blauen Himmel und das blaue Band des Wassers ab. Er putzte seine Federn.

Ein Reiher war zwar kein Storch, aber Lina sah gebannt auf den einsamen Vogel auf dem verlassenen Boot. Der Lehrer hatte gesagt, man müsse auch an den unmöglichen Plätzen suchen. Nun, ein Rad konnte wohl schwerlich in einem Boot zu finden sein, vor allem nicht in einem gestrandeten, umgestürzten, das schon jahrelang so dalag. Es war schon fast ewig hier. Sicherlich war ein Boot der letzte Platz für ein Wagenrad, aber der Lehrer hatte gesagt, gerade an solchen Plätzen könnte das Unerwartete, Überraschende geschehen. Außerdem gab es da keine Hunde.

Langsam überquerte Lina den trockenen Strand; immer wieder mußte sie über einen der Wassertümpel hüpfen, die von der letzten Flut in tiefergelegenen Mulden übriggeblieben waren.

Obgleich Lina ganz leise herankam, hatte der Reiher sie gehört. Mit einem lauten, unangenehmen Schrei schlug er die Flügel und flog über den Deich davon. Lina war jetzt ganz allein in dem trockenen Bett des geheimnisvollen Meeres. Vor ihr ragte das dunkle alte Boot auf.

Es war nicht leicht, auf das hohe, rundbäuchige Fischerboot zu klettern. Weshalb sie hinaufwollte, wußte Lina selbst nicht recht; jetzt, wo sie schon einmal hier war, wollte sie auch etwas unternehmen. Sie wollte nicht nur herumspazieren und wieder zum Deich zurückgehen. Über das ganze Boot breitete sich ein schlüpfriger, schleimiger Überzug von Algen und Schlamm. Es war über und über von seltsamen Seepflanzen bedeckt. Unter ihm schwammen wohl Krabben. Es war so still, daß Lina es hören konnte, wenn sie mit ihrem harten Panzer an das Holz stießen. Überall zwischen den Pflanzen hingen Schnecken und anderes glitschiges Seegetier.

Lina ging noch einmal um das Boot herum. Es gab nur eine Möglichkeit, hinaufzukommen. Am Heck hing eine alte Ankerkette. Auch sie war glatt und schlüpfrig. Wenn sie sich an der Kette festhielt und daran hochzog, konnte sie über den runden Bootsbauch hinaufkommen; sie mußte dazu aber die Holzschuhe ausziehen.

Lina überlegte. Sie konnte die Schuhe ausziehen und die Socken dazu, aber der Gedanke, daß sie barfüßig an der schleimigen Wand hochkriechen sollte, jagte ihr eine Gänsehaut über den Rücken. Sie wollte nur die Schuhe ausziehen. Aber als sie ihre Schuhe auf den trockenen Meeresboden stellte, sahen sie so klein und verloren aus, daß sie es nicht übers Herz brachte, sie dort zu lassen.

Plötzlich hatte sie eine Idee: Sie zog das Haarband aus dem Zopf, fädelte es durch die beiden Löcher in ihren Holzschuhen und hängte sich die Schuhe um den Hals. Dann schloß sie die Augen, ergriff die schlammige Kette, stemmte die Füße fest gegen den Bootsrumpf und zog sich hoch. Das ging viel leichter, als sie gedacht hatte.

Nun war sie auf dem Boot. Überrascht und stolz sah sie sich um und wünschte, es könne sie jemand sehen. Jella meinte immer, nur Jungen könnten springen und klettern. Mit dem Rock ging das natürlich nicht so gut, aber sie hätte sich zugetraut, mit dem dicken Jella um die Wette zu klettern.

Wie still war es ringsum! Sie wünschte, der Reiher wäre nicht weggeflogen. Lina knüpfte das Band, an dem die Schuhe hingen, auf und zog sie an. Das Band ließ sie um den Hals hängen; ihre Hände waren zu schmutzig, um ihren Zopf neu zu flechten. Mit den Schuhen an den Füßen war ihr sofort wohler. Sie bewegte sich vorsichtig auf dem schlüpfrigen Weg zwischen Algen und Seetieren vorwärts.

Auf einmal entdeckte sie in dem Boot ein Loch. Ein viereckiges Loch war in den Boden geschnitten worden. Aber zu welchem Zweck? Lina steuerte vorsichtig darauf zu, ließ sich auf die Knie nieder und versuchte hineinzuschauen. Da unten herrschte äußerste Finsternis und Stille, nur die Krabben waren wieder zu hören.

Allmählich gewöhnten sich ihre Augen an die Dunkelheit. Plötzlich versuchte sie, Kopf und Schultern durch das Loch zu stecken und mit den Augen das Dunkel zu durchdringen. Sie wollte es genau wissen. Das konnte doch gar nicht sein! Aber sie sah ja das Rad!

Lina zog den Kopf aus dem Loch und blickte blinzelnd um sich. Ihr Mund stand halb offen, als wolle sie die Neuigkeit jemandem zurufen. Es war aber niemand da, und im hellen Sonnenschein konnte sie es selbst nicht mehr glauben. Sie mußte sich alles eingebildet haben. Noch einmal verschwand sie mit Kopf und Schultern in dem Loch und ließ sich so weit wie möglich hinabhängen. Es stimmte! Da war das Rad. Es lag größtenteils im Schlamm versteckt, aber sie konnte die Speichen erkennen, einen Teil des Reifens und die große Nabe.

Unter dem alten, vergessenen, umgestürzten Boot lag ein Wagenrad! Es schien unmöglich, war aber trotzdem wahr!

Lina sprang auf die Füße. Sie tanzte ein wenig um das Loch herum und vergaß Schlamm und Glätte. Sie sang ein kleines Lied auf das weite Meer hinaus. Sang und tanzte. Wahrscheinlich war es das gleiche Lied, das sie vor dem Wachhund gesungen hatte. Es hatte immer noch keinen Sinn, aber es klang jetzt sehr fröhlich.

Plötzlich hörte sie auf zu singen; sie stand stockstill. Jemand stand da auf dem Deich und sah ihr zu. Es war der alte Douwa, und Lina fiel ein, daß dies Douwas Boot war. Sie kannte den alten Douwa kaum. Er wohnte zwar in Shora, aber sie hatte ihn nicht oft gesehen, denn der alte Mann machte täglich lange Spaziergänge auf dem Deich, manchmal bis nach Ternaad. Er brauchte einen ganzen Tag dazu, aber am nächsten Tag ging er wieder. Douwa war dreiundneunzig Jahre alt.

Jetzt rief er ihr etwas über den Deich zu, aber Lina konnte seine alte, heisere Stimme nicht verstehen.

»Noch einmal, bitte«, rief Lina zurück.

Und nun konnte sie jedes einzelne Wort deutlich verstehen. Douwa rief langsam: »Kleines Mädchen, warum tanzt du auf meinem Boot?«

»Ich habe ein Rad gefunden! Ich habe ein Rad gefunden!« rief Lina zurück.

»Ja, ja, das liegt seit achtzig Jahren dort.«

Lina war überwältigt. Sie mußte sich setzen. Konnte man sich das vorstellen? Und Douwa tat, als sei das die natürlichste Sache von der Welt. Seit achtzig Jahren lag das Rad in einem Boot, und Douwa hatte es immer gewußt. Jederzeit hätte einer fragen können: »Douwa, weißt du, wo ein Rad ist?« Und er würde geantwortet haben: »Ja, unter meinem Boot.«

Aber wer wäre darauf gekommen, Douwa zu fragen? Douwa war fast hundert Jahre alt.

Tausend Fragen fielen Lina ein. Tausend Fragen über das Rad

und das Loch, auf die sie unbedingt Antwort haben mußte. Warum hatte man das Loch in das Boot geschnitten? Und noch vieles, vieles andere. Lina sprang auf die Füße. Sie konnte auf diese Entfernung nicht so viele Fragen stellen. In ihrer Aufregung und Neugier rannte Lina, die Augen fest auf Douwa gerichtet, über den runden Bootsrumpf hinab und sprang auf den Boden. Sie landete unsanft auf Händen und Füßen. Einer der Holzschuhe machte ein Geräusch, als zersplittere Holz, aber sie hatte keine Zeit, darauf zu achten. Sie raffte sich auf und rannte über den festen Boden auf den Deich zu. Als sie schließlich oben vor dem alten Douwa stand, war sie zu atemlos, als daß sie sofort hätte sprechen und Fragen stellen können.

»Nun sag mir bloß«, wollte der alte Mann wissen, »warum tanzt ein kleines Mädchen wegen eines Wagenrades auf einem umgestürzten Boot?«

Glücklicherweise bemerkte er Linas aufgeplatzten Schuh. Das gab ihr eine Pause zum Atemholen. »Trag mal diesen Schuh lieber in der Hand«, sagte Douwa. »Wir wollen bei mir zu Hause einen Draht drumlegen. Dann hält er wieder. Das heißt, wenn du damit nicht von Booten herunterspringst. Aber warum hast du dort getanzt? Jetzt hast du mich so neugierig gemacht wie Großmutter Sibble.«

Als Lina wieder zu Atem kam, erklärte sie ihm, warum sie in Shora ein Rad brauchten. Sie beeilte sich, das hinter sich zu bringen, damit sie Douwa fragen konnte, warum unter dem Boot das Rad lag und warum er tat, als sei das ganz natürlich, obwohl es in Wirklichkeit ein reines Wunder war.

»So, ihr braucht also das Rad für die Störche«, sagte Douwa. »So, so, so…«

»Aber das Loch ist doch nicht so groß, daß das Rad durchpaßt«, sagte Lina.

»Nein, sicher nicht«, sagte Douwa. »Ich habe es gerade so groß gemacht, daß man einen Menschen durchziehen konnte, keinen Zoll größer – keinen Zoll.«

»Einen Menschen?«

»Meinen Vater«, sagte Douwa. »Und was du gesehen hast, ist das Rad von meinem Vater. Es hat ihm das Leben gerettet.«

»Aber, Douwa!« rief Lina.

Der alte Mann schüttelte den Kopf und deutete aufs Meer. Eine Schar Störche kam geflogen, weit draußen, von den Inseln her. Eine Weile hielten sie auf Shora zu und gerade auf Douwa und Lina, aber über dem alten Boot bogen sie ab und verschwanden schnell in Richtung Nes.

»Es müssen mindestens zwanzig gewesen sein«, sagte Lina ehrfürchtig. »Nein, genau zwölf«, sagte Douwa. »Aber das tut nichts zur Sache. Da die Störche in Schwärmen fliegen und das Rad dafür unter dem Boot hervorgeholt werden soll, haben wir keine Zeit zu verlieren. Bald kommt die Flut, und wir müssen uns dranhalten. Außerdem zieht sich bei den Inseln ein Wetter zusammen.«

Lina sah zum sonnigen, blauen Himmel auf, dann hinaus auf die ferne See und ungläubig zurück auf den alten Mann.

»O ja, es kommt ein Unwetter«, sagte Douwa. »Nicht in den nächsten Stunden und nicht gleich. Aber es kommt ein Sturm auf, daß die Flut tagelang am Deich stehen wird. Deshalb ist jetzt die letzte Möglichkeit, an das Boot heranzukommen. Du siehst, wir haben keine Zeit zu verlieren.«

»Aber wohin gehen wir denn? Und was tun wir?« fragte Lina.

»Wir tun genau das, was ich vor achtzig Jahren gemacht habe. Wir gehen in mein Haus und holen eine Säge – es ist dieselbe, mit der ich meinen Vater herausgesägt habe –, und dann laufen wir zurück und sägen das Loch so groß, daß wir das Rad rausholen können.«

Auf einen Stock gestützt, schritt der alte Douwa so schnell aus, daß Lina, die auf einem Schuh nachhinkte, kaum mit ihm Schritt halten konnte. In wirre Gedanken versunken, mit tausend Fragen beladen, stolperte sie dahin. Ein paarmal schaute sie dem alten Mann ins Gesicht; dann hielt sie es nicht länger aus: »Douwa, ich muß wissen, wie das Rad in das Boot gekommen ist, oder ich platze!«

Douwa lächelte. »Einfach genug«, sagte er ruhig und behielt seinen schnellen Schritt bei. »Mein Vater war Fischer wie ich auch und wie sein Vater vor ihm. Sein ganzes Leben hat er darunter gelitten, daß er seekrank wurde. Wenn er auf See war, war er seekrank, bis er wieder an Land kam. Er haßte das Meer, aber er verdiente seinen Lebensunterhalt auf ihm. Er war Fischer wie sein Vater vor ihm. Was blieb ihm anderes übrig? An Land herumkrebsen? Nein! Aber weißt du, was er tat? Er legte das Wagenrad in sein Boot. Was gehört wohl mehr zum festen alten Land als ein Wagenrad? Nichts! Das stimmt doch, was?«

»Ja«, sagte Lina schüchtern. Sie stellte sich den Mann vor, der sein ganzes Leben seekrank sein mußte. »O ja, aber wie hat ihn das Rad gerettet?«

»Eines Tages brach ein fürchterlicher Sturm los, und die Fischereiflotte konnte nicht zurück. Der Sturm war ganz schnell aufgekommen. Er überfiel die Boote, bevor sie ihm ausweichen konnten. Kein Boot kehrte zurück. Ich war damals ein kleiner Junge. Eine Woche später wurde das Boot meines Vaters angeschwemmt. Es war das einzige von allen Fischerbooten aus Shora. Es lag mit dem Kiel nach oben am Strand. Ungefähr an der gleichen Stelle, wo es jetzt liegt. In dem umgestürzten Boot konnte sich nichts Lebendes halten. Das ganze Dorf trauerte; nicht ein Fischer war zurückgekommen. Und da lag nun das Boot wie ein großes Grab. Niemand ging in seine Nähe. Ich war ein kleiner Junge damals, vielleicht so alt wie du. Ich ging immer wieder auf den Deich hinaus und schaute auf das Boot hinunter und weinte. Tag für Tag stand ich so, ein kleiner, einsamer, hilfloser Junge.

Eines Tages hatte ich einen seltsamen Gedanken. Ich begann zu träumen und mir allerlei vorzustellen, weil es einfach zu traurig war, nur herumzustehen und das Boot anzustarren, das das Grab meines Vaters geworden war. Ich dachte mir die ganze Geschichte aus; daß mein Vater noch im Boot wäre, daß er unter dem Boot läge und lebte. Es war gar nicht sein Grab! Oh, es war ein dummer Gedanke, aber ich war so verlassen und weinte jeden Tag...«

»Und dann?« fragte Lina drängend. »Nicht wahr, weil es so ganz unmöglich schien, war es schließlich doch so?«

Der alte Mann sah sie an. »Stimmt genau«, sagte er, als ob er mit einem Erwachsenen spräche. »Weil es so ganz unmöglich schien... Kleines Mädchen, wie bist du nur darauf gekommen? So hätte ich es ihnen erklären müssen, aber ich war ein Kind und fand nicht die richtigen Worte.«

»Unser Lehrer hat gesagt...« begann Lina, aber der alte Mann hörte nicht zu.

»Ich ging zu dem Boot hinaus«, sagte er leise. »Es war Ebbe; das Boot lag hoch auf dem Strand. Und ich stand neben ihm auf dem trockenen Meeresgrund und hatte Angst, denn es war das Boot von meinem Vater, und mein Vater war tot. Hier an dieser Stelle glaubte ich nicht an meine Träume. Trotzdem legte ich mein Ohr an die Seite des Schiffsrumpfes und horchte lange Zeit. Mir war, als hörte ich ein schwaches Klopfen. Oh, nicht viel lauter als das Scheuern der harten Krabbenpanzer. Da wußte ich es plötzlich. Und ich schrie. ›Vater, Vater‹, rief ich. ›Warte, ich bin gleich wieder zurück, Vater! Ich komme und hole dich heraus.‹ Als ob er nicht schon so lange genug gewartet hätte!

Den ganzen Weg nach Shora schrie und weinte ich. Ich rief auf der Straße. Keiner wollte mir glauben. Und meine arme Mutter sagte: ›Nein, Douwa, nein. Dein Vater ist tot. Still, Junge!‹ Immer wieder versuchte ich, alles zu erklären. Jeder dachte, ich sei verrückt. Ich mußte mich entsetzlich beeilen. Ich schnappte mir eine Axt und eine Säge. Dann rannte ich den ganzen Weg allein zurück. Ich war klein, aber stark, und ich war aufgeregt. Ich hieb ein Loch in das umgestürzte Boot, und als es groß genug war, daß ich die Säge durchstecken konnte, sägte und sägte ich. Und immer wieder machte ich eine Pause und schrie ›Vater, Vater!‹ durch das Loch. Da gab er mir mit schwacher Stimme Antwort. Und nun fuhr ich fort, wie ein Wilder zu sägen.

Endlich war das Loch groß genug, und ich konnte hindurch. Da saß mein Vater unter mir auf dem Rad. Das Rad lehnte an der Bootsseite. Mit seinen letzten Kräften war mein Vater auf die Nabe geklettert, damit er so weit wie möglich vom Boden entfernt war. Ich beugte mich zu ihm hinunter, packte ihn unter den Armen und zog ihn heraus. Ich war klein, aber stark. In dem Augenblick hätte ich die Kirche mitsamt dem Turm hochheben können. Und mein Vater war leicht wie ein Skelett.«

Lina mußte ein wenig weinen, als sie neben dem alten Mann daherhinkte. Er machte in seiner Aufregung so lange Schritte, daß er beinahe rannte. Es tat gut, wenn man ein wenig weinen konnte. Schließlich war das alles schon achtzig Jahre her und ein wirkliches Wunder.

»Und weißt du, wie er all die Tage über am Leben geblieben war unter dem Boot?« Der alte Mann schrie fast: »Indem er immer, wenn die Flut kam, oben auf den Rand kletterte und so den Kopf über Wasser halten konnte. Das Boot war damals noch nicht so tief in den Schlamm gesunken; das Wasser überflutete es noch nicht wie heute. Und weißt du, was er aß? Kerzen! Kleine Kerzenstücke, die sie im Boot hatten und die bei Flut im Wasser schwammen. Und weißt du, was er trank? Fische und Krabben.

Er sog den Saft heraus und spuckte das Salzige aus. Aber er war abgemagert, wie ein Skelett.

Da stand ich nun oben auf dem Boot, ein Junge mit seinem Vater – ich war ganz verrückt vor Aufregung. Und dann lief ich über die Bootsseite herunter wie du vorhin und trug meinen Vater. Wir fielen zu Boden, aber ich hob ihn auf und rannte mit ihm zum Deich nach Shora. Ich stieß die Tür auf und schrie: ›Mutter, hier ist Vater!‹ Und meine Mutter wurde ohnmächtig. Was für ein Tag! Was für ein herrlicher Tag!«

Sie liefen zusammen auf dem Deich, und Lina sah verwundert den alten Mann an.

»Und jetzt mache ich es wieder, beinahe ein Jahrhundert später – ich hole dieselbe Säge. Alles wie damals. Schneide ein Loch und diesmal für das Rad. Und es soll auf die Schule! Weißt du, kleines Mädchen, das ist wunderbar und richtig. Das Rad auf der Schule als Denkmal für meinen Vater, der durch das Rad gerettet wurde.«

»O ja«, flüsterte Lina. »O ja, Douwa!«

»Aber wir werden Hilfe brauchen, wenn wir das schwere Rad, das sich voll Wasser gesogen hat, herausziehen und durch das Loch bringen wollen.«

»Ist es auch nicht verfault nach so langer Zeit?« fragte Lina ängstlich. Es erschien ihr wie eine Ewigkeit.

»Das ist so gut wie am ersten Tag. Unter Wasser und in dem Schlamm hält es sich ewig. Holz im Salzwasser fault nicht.«

»Dann will ich laufen und es dem Lehrer melden«, sagte Lina. »Er wird die Schulglocke läuten, und alle Jungen kommen. Die können uns helfen. Aber es dauert bestimmt eine Weile. Sie sind in der ganzen Gegend verstreut.«

»Schön«, sagte der alte Mann. »Ich nehme die Säge und eine Schaufel. Wir können das Loch schon größer machen und das Rad aus dem Schlick graben, bis die andern da sind. Sag deinem

Lehrer, jeder soll sich beeilen! Bald wird die Flut dasein. Gib mir auch deinen Holzschuh, daß ich ihn heil mache. Nein, gib mir besser beide, dann kannst du schneller laufen.«

Lina gab dem alten Mann hastig ihre Holzschuhe und sauste ab. Hinter sich konnte sie hören, wie der schwere Stock des alten Mannes auf die Erde aufstieß.

Aber in der Schule war niemand. Der Lehrer war fort. Die Schultür stand weit offen, und kein Mensch war zu sehen. Lina rannte in das Klassenzimmer und stand grübelnd still. Der Lehrer hatte doch gesagt, daß er den ganzen Tag dasein wollte. Vielleicht sollte sie selbst die Glocke läuten, daß alle zusammenkamen. Lina ging zum Tor, wo der Glockenstrang herunterhing. Aber da war kein Glockenseil! Lina blickte verwirrt um sich. Dann zuckte sie die Schultern und rannte wieder zur Tür hinaus, zurück ins Dorf und zu dem alten Douwa.

Das ganze Dorf schien wie ausgestorben; die Straße war leer, nicht einmal Großmutter Sibble saß auf ihrer Treppe. Lina rannte weiter. Plötzlich blieb sie mitten auf der Straße stehen. Die Tür in Janus' Bretterzaun stand weit offen! Das war neu und noch nie vorgekommen. Eine Sekunde lang dachte Lina daran, hineinzugehen. Aber das wäre unsinnig gewesen. Janus hatte keine Beine; er hätte nicht helfen können. In ihrer Verzweiflung rannte Lina an Douwas Haus vorbei, auf den Deich zu. Vielleicht sah sie vom hohen Deich aus einen Jungen oder den Lehrer. Aber auf den Feldern war nichts zu entdecken als die gebückten Gestalten der Landarbeiter.

Lina blickte in die Ferne nach dem umgestürzten Boot. Sie sah, wie der alte Douwa mit langen Schritten darauf zuging, eine Axt, eine Schaufel und ein Seil über der Schulter. Mit seinem großen Stock kam er schnell vorwärts. In der Hand trug er ihre Holzschuhe. Douwa hatte nicht auf sie gewartet. Auf Strümpfen lief Lina ihm nach.

In einiger Entfernung kam Jana, die Frau von Janus, mit ihren leeren Brotkörbchen und sah den alten Douwa mit Säge und Schaufel den Deich entlangstürmen. Jana hatte einen weiten Weg hinter sich; sie hatte in Nes Brot verkauft. Und jetzt kam auch Lina noch hinter dem alten Mann hergelaufen! Jana setzte ihre Körbe mitten auf der Straße ab und schaute den beiden nach.

Der alte Douwa entschwand nach der Seeseite ihren Blicken. Auch Lina rannte den Deich hinunter und war nicht mehr zu sehen. Ganz in Gedanken bückte sich Jana und sammelte ein paar glatte Steine in ihren Korb. Mit einemmal packte sie ihre Siebensachen und lief, so schnell sie konnte, mit fliegenden Rökken nach Shora.

Endlich hatte Lina den alten Douwa eingeholt. »Du kannst aber laufen«, keuchte sie. »Ich bin dir kaum nachgekommen, und ich habe in Shora niemand gefunden. Alle sind fort. Sogar der Lehrer. Was machen wir jetzt?«

»Wir tun, was wir können, du und ich. Wenn wir das getan haben, wollen wir weitersehen. Hat keinen Sinn, sich vorher darüber den Kopf zu zerbrechen.«

»Aber wie willst du auf das Boot raufkommen?«

»Wie bist du hinaufgekommen?«

»Ich habe mich an der Ankerkette hochgezogen.«

»Dann muß ich es auch so machen.«

»Aber du bist doch beinahe hund..., du bist dreiundneunzig!«

»Das bin ich. Da ist nichts zu machen. Ich muß es eben versuchen.« Der alte Mann hatte für Linas ungläubiges Gesicht nur ein stolzes Lächeln. »Du gehst zuerst«, sagte er.

Douwa schob, und Lina kletterte, so ging es leicht. Nachdem er ihr die langstielige Schaufel gereicht und Säge und Seil zugeworfen hatte, mußte sie auch noch ihre Schuhe auffangen. Danach gab er ihr seine eigenen. »Kann sie nicht hier unten lassen, für den Fall, daß die Flut kommt«, sagte er. »He, warte einen Moment, mein Stock!« Und er warf Lina seinen Stock zu.

»Und jetzt wollen wir's mit Klettern versuchen!« kündigte er vergnügt an. »Laß mir das Seil ein bißchen herunter, ich fürchte nämlich, ich brauche Hilfe.« Er band sich das Seil um die Brust. »Ich traue mir nämlich manchmal zuviel zu, aber wenn du mit allen Kräften ziehst und ich mit allen Kräften klettere, dann werden wir's schaffen.«

Er ergriff die Kette, und indem er die Füße fest gegen die Bootswand stemmte, begann er hinaufzusteigen. Als er auf halbem Weg war, ging sein Atem in schweren Stößen. »Zieh weiter!« keuchte er. »Zieh fester!«

Lina zog mit aller Kraft. Der alte Mann machte noch eine gewaltige Anstrengung – und oben war er. Einen Augenblick taumelte er, aber dann richtete er sich auf, ging einen Schritt vorwärts und atmete tief. »Siehst du, nur wir beide – und hier bin ich.«

»O Großvater Douwa, das hast du großartig gemacht!« sagte Lina.

»Untersteh dich und sag Großvater zu mir!« rief der alte Mann. »Großväter sitzen hinter dem Ofen, die klettern nicht mehr auf Boote.«

Aber er mußte sich doch setzen und ein bißchen verschnaufen.

»Du bist nicht so außer Atem, fang an zu sägen!« befahl er.

Das Holz war alt, aber dick, und die Innenseiten der schweren Eichenplanken waren noch gesund und gut. Lina sägte, bis sie den Arm nicht mehr rühren konnte. Sie sah nach, was sie fertiggebracht hatte; sie hatte kaum einen Zoll geschafft. Sie sah Douwa an. Der alte Mann lachte ein bißchen. »Du mußt das rechte Maß noch lernen. Immer schön gleichmäßig und lang durchziehen, keinen so wilden Zickzack!«

Er kam auf seine Füße und ging zu dem Loch. »Vielleicht ist es besser, wenn ich säge und du gräbst. Hast du auch keine Angst da unten im Dunkeln bei den Krabben?«

»Nicht, wenn du oben bist und unten ein Rad liegt«, sagte Lina tapfer. »Aber wenn wir das Loch groß genug gesägt und das Rad ausgegraben haben, was machen wir dann? Können wir beide es allein herausziehen?«

»Nein, das können wir nicht«, sagte der alte Mann sanft, »aber ich habe mir's schon überlegt. Ich habe gesehen, wie du mir allein nachgelaufen bist, und da habe ich gleich gedacht, daß du keine Hilfe gefunden hast. Ich habe auch nicht gehört, daß die Schulglocke geläutet hat. Aber Jana hat mich auf dem Deich gesehen und daß ich so plötzlich mit Säge und Schaufel verschwunden bin. Ich schätze, sie ist jetzt schon in Shora und erzählt jedem, daß der alte Douwa verrückt geworden ist.« Er lachte. »Merk dir, was ich sage! Es wird nicht lange dauern, bis die Frauen hier auf dem Deich erscheinen. Die tun ja immer, als sei ich ein kleines Kind.« Er band das Seil um Linas Brust. »Aber jetzt runter mit dir! Und sieh zu, daß du das Rad ausgegraben hast, ehe die Flut kommt. Fertig? Marsch, hinunter!«

Jana ließ ihre Kiepe und die Brotkörbe auf der Straße stehen, rannte zum Haus des alten Douwa, stürmte in das Vorderzimmer und rief: »Janka, Janka, wo bist du?«

Aus der Küche kam ein Geräusch, und Janka, Douwas Enkelin, stürzte herein. »Ist was passiert?«

»Du mußt dich darauf gefaßt machen. Es ist soweit«, sagte Jana düster. »Deinen Großvater hat es erwischt. Mit Säge und Schaufel ist er auf den Deich gerannt, um seinen Vater zu holen – dabei ist der schon seit sechzig Jahren tot.«

»O nein«, sagte Janka mit schwacher Stimme. »Erst heute morgen haben wir davon gesprochen, wie gesund an Leib und Seele unser Großvater noch ist, obwohl er schon ins vierundneunzigste geht und noch jeden Tag nach Ternaad und zurück läuft.«

»Ich habe gesehen, wie er mit Säge und Schaufel auf das alte Boot zugelaufen ist.«

»Aber er war doch den ganzen Tag fort – wo hat er nur Säge und Schaufel herbekommen? Eine Säge! Warte mal!« Janka fegte aus dem Zimmer.

Jana guckte aus dem Fenster. Sie sah, wie Lena, Linas Mutter, zum Laden ging, wenigstens trug sie einen Einkaufskorb am Arm. Jana lief zur Treppe. »Lena«, rief sie aufgeregt, »Lena, kannst du einen Augenblick kommen?«

Janas Ruf war so eindringlich, daß er sämtliche Frauen aufscheuchte. Vorhänge wurden von den Fenstern zurückgezogen, und beinahe auf jeder Treppe erschien eine Frau. Einige hatten einen Besen in der Hand, damit es aussah, als wären sie zufällig da; andere lehnten aus dem Fenster und verrenkten sich den Hals. Sogar Großmutter Sibble III war gekommen.

Zu ihrer großen Erleichterung winkte Jana alle Frauen heran. Sie kamen wie ein Bienenschwarm die Straße herunter. Nur Großmutter Sibble konnte nicht mitkommen; sie setzte sich auf ihre Treppe und wiegte sich ungeduldig hin und her. Zwischen Daumen und Zeigefinger hielt sie gedankenverloren ein Stück Kandiszucker.

Die Frauen kamen gerade an, als Janka, Douwas Enkelin, aus dem Haus stürzte. »Recht hast du, Jana!« rief sie mit schriller Stimme und war blaß vor Furcht. »Er hat die Säge mitgenommen! Die Säge ist fort. All die Jahre hat sie über dem Herd gehangen, und jetzt ist sie fort. Er muß im Haus gewesen sein, als ich einkaufen war.«

»Was ist los? Was ist los?« fragte Linas Mutter.

»Der alte Douwa ist verrückt geworden, und deine Tochter Lina ist ihm nachgelaufen«, berichtete Jana düster. »Aber was kann das kleine Ding bei einem alten starken Mann ausrichten, der verrückt ist?«

»Oh, er kann so eigensinnig sein«, jammerte Douwas Enkelin.

»Und alle Männer auf See!« rief eine Frau. Dann, mit einemmal, machten sich alle auf den Weg zum Deich.

»Es stimmt«, erinnerte sich plötzlich eine Frau. »Nicht ein einziger Mann in Shora. Nicht einmal der Lehrer und dein Janus, Jana!«

Jana wirbelte herum. »Mein Janus?«

»Ja, er hat seinen Hof und Kirschbaum verlassen. Mit einem Rechen ist er aus Shora hinaus – mit dem Lehrer und vier Jungen, die seinen Rollstuhl geschoben haben.«

Jana konnte es nicht glauben. »Nein, nicht mein Janus!« sagte sie mit fester Stimme. »Und die Jungen hätten seinen Rollstuhl geschoben? Ha, nicht meinen Janus!«

»Schön, dann habe ich eben gelogen«, sagte die andere hitzig. »Aber ich habe ihn selbst gesehen. Ich habe ihm sogar nachgerufen. ›Janus‹, habe ich gesagt, ›Janus, was ist los? Ist etwas passiert?‹ Und weißt du, was er mir über die Schulter zugerufen hat? ›Nichts, gar nichts ist los, aber ich habe nicht mehr soviel Spaß gehabt, seit mir der Hai beide Beine abgebissen hat!‹«

»Der Hai die Beine abgebissen hat?« murmelte Jana nun vollends verwirrt. »Was soll das bedeuten? Sind alle plötzlich verrückt geworden?«

Sie kamen an Großmutter Sibbles Treppe vorbei. »Was ist denn los?« rief Jana der alten Frau zu. »Du siehst doch alles, was in diesem Dorf passiert. Was ist in Shora los, Großmutter Sibble?«

In ihrer Eile fand keine der Frauen Zeit, auf eine Antwort zu warten, und Großmutter Sibble machte auch keinen Versuch zu antworten. Sie sah ihnen nach, wie sie auf den Deich stürzten, und lächelte in sich hinein. »Was hier vorgeht, ist ein Wagenrad für die Störche«, sagte sie leise vor sich hin. Sie wiegte sich dabei hin und her und steckte den Kandiszucker in den Mund.

Die Frauen rannten die Stufen zum Deich hinauf, voll Furcht, was für ein Anblick sie auf der anderen Seite erwartete.

Oben angekommen, standen sie in einer Reihe und blickten in die Ferne auf das alte Boot. Auf dem Boot konnten sie die gebeugte Gestalt von Douwa erkennen. Er kniete auf dem Boot und sägte mit aller Macht.

»Aber wo ist Lina?« fragte Linas Mutter.

Die Frauen suchten den leeren Strand mit den Augen ab, aber nirgends war ein Mädchen zu sehen. »O nein!« rief plötzlich eine Frau, »kommt da nicht die Flut?«

Weit weg, bei den Inseln, fast noch nicht sichtbar, hatte sich ein dünner silberner Streifen gebildet. »Dort!« rief die Frau aufgeregt. »Könnt ihr es nicht sehen? Da hinten, gleich bei den Inseln!«

»Es ist die Flut!« Schließlich hatte auch eine andere Frau sie entdeckt. »Die Flut kommt. Wir müssen Douwa von dem Boot hereinbringen, bevor er vom Deich abgeschnitten wird. Bei hoher Flut steht das ganze Boot unter Wasser.«

Sie rannten, was sie konnten. Sie liefen schwerfällig in ihren weiten, gebauschten Röcken und Holzschuhen. Das Wasser kam jetzt schneller näher. Der dünne, harmlos aussehende Streifen, der so weit entfernt war, daß man ihn kaum sehen konnte, rückte unaufhaltsam und bedrohlich näher. Die Flut brauste heran und wuchs von Augenblick zu Augenblick, bis sich weit draußen eine riesige Wasserwand erhob, die sich brüllend auf das Land zuwälzte.

Der alte Douwa warf auf seinem Boot einen kurzen Blick über die See. »Hast du das Rad freigeschaufelt?« rief er durch das Loch Lina zu. »In ein paar Minuten haben wir Flut.«

»Beinahe«, antwortete Lina, »aber es ist so groß; ich bin noch nicht ganz herum.«

Sie grub verbissen weiter.

Lina grub, und der alte Mann sägte. »Jetzt ist es frei«, rief Lina schließlich. Sie hielt inne, um Atem zu schöpfen. »Ich habe versucht, es aufzustellen, aber es ist zu schwer.«

Während sie noch sprach, fuhr der erste Ausläufer der Flut zischend unter das Boot und spülte kalt um ihre Zehen. Lina schnappte nach Luft. »Sie ist da«, schrie sie, »die Flut ist da.«

Der alte Mann neigte sich über das Loch. »Kannst du an einem Seil hochklettern?«

»Nein«, war die prompte Antwort. »Ich habe es schon oft versucht, aber im Kleid geht das nicht.«

»Dann zieh es aus!«

Es entstand eine kleine Pause. »Oh, ich weiß nicht. Soll ich? Kannst du mich nicht raufziehen?«

»Hör zu, die Flut nimmt keine Rücksicht auf schüchterne kleine Mädchen. Das Seil muß an dem Rad festgemacht werden – wie kriegen wir es sonst hoch? Bind das Seil am Rad fest! Ich halte es stramm, und du kletterst daran hoch. Wenn wir es nicht so machen, haben wir kein Rad.«

Wieder Stille. Dann rief Lina leise: »Ich habe das Seil am Rad festgemacht und mein Kleid um den Hals gebunden. Ich bin fertig.«

Der alte Mann hielt das Seil stramm, und Lina kletterte.

Inzwischen waren die Frauen auf dem Deich so weit herausgelaufen, daß sie sich gegenüber vom Boot befanden. Die Flut hinderte sie daran, zum Boot selbst zu kommen. Sie riefen Douwa aufgeregt etwas zu, aber der alte Mann war zu eifrig damit beschäftigt, das Seil zu halten, als daß er hätte antworten können.

Beim Hochklettern hörte Lina die schrillen Stimmen der Frauen.

114

Jetzt erschien ihr Kopf in der Öffnung. Der alte Mann wollte nach ihr greifen und sie vollends herausholen, aber plötzlich sah Lina die Frauen. »Meine Mutter«, rief sie entsetzt, »und ich ohne Kleid!«

»Ich stehe vor dir, da können sie dich nicht sehen, und wenn ich dich herausgezogen habe, drehe ich mich gleich um«, sagte der alte Douwa und hob sie herauf.

Hinter dem breiten Rücken des alten Mannes schlüpfte Lina hastig in ihr Kleid. »Fertig«, flüsterte sie.

Als sie Lina erblickt hatte, war ihre Mutter sofort den Deich hinunter und ein Stück ins Wasser gelaufen. Die Flut reichte ihr bald bis über die Knie. Sie hielt an und rief Lina zu: »Lina, komm sofort, sonst ist es zu spät!«

»Komm herunter, komm herunter!« rief der Chor der Frauen auf dem Deich. Jetzt lief Janka, Douwas Enkelin, ins Wasser. »Springt herunter, ihr beiden, und watet durchs Wasser!« schrie sie ihnen zu. »Es geht noch!«

»Holt einen Bauern!« rief Douwa zurück. »Ein Bauer soll mit Pferd und Wagen kommen. Das ist alles, was wir brauchen.«

Er lachte in sich hinein, als er sah, wie einige Frauen eilig vom Deich verschwanden und auf einen Hof bei Shora zuliefen. Nur Lena und Janka, die Mutter und Enkeltochter, waren noch am Deich. Sie standen dicht zusammen und hielten einander fest; aber nach und nach zwang die steigende Flut sie zurückzugehen.

»Lina, Lina, es geht uns schon über die Knie! Jetzt kommst du gerade noch durch!« schrie Linas Mutter.

»Bleiben wir hier?« fragte Lina den alten Douwa ängstlich.

»Tja«, sagte der alte Mann und zog in Ruhe seine Pfeife aus der Tasche. »Deine Mutter denkt nämlich nicht daran, daß das Wasser dir hier draußen bereits über den Kopf ginge. Aber das alte Boot ist hoch. Es dauert noch gut eine Stunde, bis die Flut so weit heraufreicht. Deshalb bleiben wir beide hier hoch und trokken, bis Hilfe kommt. Darum habe ich nach Pferd und Wagen geschickt – nicht nur für uns beide, sondern vor allem wegen des schweren Rades.« Er lachte, als er seine Pfeife stopfte und auf das Meer hinaussah.

Lina ging auf dem Boot auf und ab.

»Ruf mal lieber deiner Mutter zu, sie soll auf den Deich zurückgehen, bevor das Wasser sie umwirft. Da kommt es schon.« Der alte Mann deutete auf eine hohe Wasserwand, die aus der Ferne angerast kam. Er zündete sein Pfeifchen an.

»Mutter, geh zurück, geh zurück!« rief Lina über das brausende Wasser. »Die Flut kommt! Mach schnell, geh auf den Deich! Wir stehen hier gut!«

Ihre Mutter und Janka arbeiteten sich durch das immer tiefer werdende Wasser und strebten dem Deich zu. Als sie ihn erreichten, wandten sie sich erschrocken um. Ihr Schrei ging unter in dem Donnern der Wasserwand, die schon ganz nahe war.

»Was sollen wir tun? Oh, was sollen wir bloß tun?« fragte Lina ängstlich.

»Du setzt dich am besten neben mich«, sagte der alte Douwa zu Lina. »Wenn du auf dem schlüpfrigen Boot herumläufst, kannst du leicht abrutschen. Sitzen ist sicherer. Laß sie nur schreien! Das tut ihnen gut. Die anderen holen inzwischen einen Bauern. Das ist die Hauptsache. Auch wenn die Flut das Boot erreicht, ehe er da ist, werden wir höchstens nasse Füße bekommen. Und da du jung bist und noch keinen Rheumatismus hast, brauche ich mich ja nur auf deine Schultern zu setzen, wenn das Wasser hochkommt.«

Lina vergaß ihre Angst und warf dem alten Mann einen erstaunten Blick zu. Dann lachte sie los; seine Witze und seine Ruhe begannen ihre Wirkung zu tun. Sie setzte sich ruhig neben ihn und legte ihre Hand in die seine. »Ich habe gar nicht gewußt, daß du so lustig bist«, sagte sie dankbar. »Ich wußte nicht, daß die Leute noch so lustig sind, wenn sie alt sind.«

Das gefiel dem alten Mann. »So, das ist schon viel besser. Hat keinen Sinn, auf dem Boot herumzurennen wie ein kopfloses Huhn.«

Aber Lina mußte noch einen Augenblick aufstehen. »Mutter, uns geht es wirklich gut«, rief sie, so laut sie konnte. »Douwa sagt, wir brauchen keine Angst zu haben. Und, Mutter, wir haben ein Rad!«

Sie setzte sich wieder neben den alten Mann. »Ist das nicht aufregend? Wir haben ein Rad, wir beide. Mutter, es geht uns gut hier oben!« rief sie plötzlich. »Douwa paßt schon auf!« Aber diesmal war sie nicht aufgestanden. »Sie glaubt es mir ja doch nicht«, sagte sie zu Douwa. Als das Wasser zuerst mit scharfem Zischen und dann donnernd unten an dem Boot vorbeitobte, hielt sie die Hand des alten Mannes fest umklammert. Die See umgab das Boot jetzt von allen Seiten, und die Wellen schlugen gegen den runden Bootsleib.

»Ist es nicht aufregend?« flüsterte Lina und hielt sich fest an Douwas Hand.

Der Reifen des Rades

Triefend vor Nässe kamen Eelka und Jella in Shora an. Sie hatten es eilig, ihre Ladung Speichen und Holzteile in der Schule abzuliefern. »Weißt du, ob in Shora jemand einen Rechen hat?« fragte Eelka. »Da wir keine Gärten und Bäume haben, gibt es wenig zu rechen. Vielleicht hat der Lehrer einen für sein Gärtchen«, sagte Jella. Aber die Worte blieben ihm im Munde stecken. Er stieß Eelka an. In der offenen Tür zu Janus' Hof standen Pier und Dirk im eifrigen Gespräch mit Janus. »Sieh dir das nur an!« flüsterte Jella, als könne er seinen Augen nicht trauen.

»Hier scheint ja was los zu sein«, sagte Eelka und rannte geradewegs durch die offene Tür. Er stellte sich zu Dirk, Pier und Janus und versuchte ihnen klarzumachen, wo die ganzen Speichen herkamen. Jella blieb auf der Straße. Eelka flüsterte Janus etwas zu und rief dann laut: »Jella, komm mal rein, Janus will die Holzteile sehen!«

Jella rührte sich nicht.

Janus fuhr mit seinem Rollstuhl zur Tür. »Komm nur rein, Junge, ich beiße nicht.«

»Nein«, sagte Jella zögernd, »aber fürchterlich hauen kannst du.«

»Natürlich, du bist der große Kerl, den ich letztes Jahr vertrimmt habe«, sagte Janus. Er wandte sich ein wenig zur Seite zu den drei anderen Jungen: »Vielleicht habe ich ein bißchen zu fest gehauen, wenn er es sich ein ganzes Jahr gemerkt hat.«

Da ihn alle ansahen und alle auf ihn warteten, mußte Jella doch kommen. Er kam auch, aber über seinen beladenen Arm weg ließ er Janus nicht aus den Augen, bereit, wie ein Wiesel zu rennen, wenn es nötig sein sollte. Jella befürchtete eine Falle. Es war einfach unnatürlich, daß Janus hier saß und sich mit den Jungen unterhielt. Jeden Augenblick mußte etwas geschehen.

»Janus will nur sehen, ob man die Holzteile wieder zusammenleimen kann«, versicherte Eelka.

Jella trat vor, lud seine ganze Ladung vor Janus' Rollstuhl ab und ging eilig wieder außer Reichweite. Janus machte keinen Versuch, ihn zu packen, und kramte in den Speichen herum. Er sortierte aus und paßte die einzelnen Teile zusammen. Die anderen Jungen schauten neugierig zu. »Will Janus das Rad wieder flicken?« flüsterte Jella. Er konnte das immer noch nicht glauben.

Janus hörte, was Jella sagte. »Könnte klappen, aber das braucht seine Zeit. Ein paar Schrauben, etwas Leim, ein paar kleine Nägel.«

»Aber ohne Eisenreif wird es nicht zusammenhalten, was?« fragte Jella. Jetzt, da eine Möglichkeit bestand, das Rad wieder zusammenzusetzen, hatte er seine Angst vergessen. Er drängte sich zu Pier und Dirk und wollte sehen, was Janus mit den Holzscheiten anstellte. Als Janus sie plötzlich zu Boden fallen ließ, sprang Jella zurück. Aber Janus sagte nur: »Recht hast du, Junge! Du hast noch etwas anderes als nur Stroh in deinem Kopf. Wir verschwenden bloß die Zeit. Los, laßt uns den Reifen fischen!«

»Wir brauchen aber einen langen Rechen, den wir in den schlammigen Kanal hinunterlassen können«, sagte Eelka.

»Einen Rechen«, überlegte Janus. »Wer in Shora könnte einen Rechen haben?«

Pier sagte: »Der Lehrer hat einen, Janus. Ich weiß es. Ich mußte ihm einmal im Garten helfen – als Strafe, statt Nachsitzen.«

»Auf zum Lehrer!« kommandierte Janus. »Los, gehen wir!« Er packte die Räder zu beiden Seiten des Stuhls und drehte sie. »Auf in die Schule!« rief er. Er schien bester Laune zu sein. »Ich schiebe dich, Janus«, bot sich Pier an. »Ich auch«, sagte Dirk.

Eelka legte die Radspeichen zu den anderen Holzstücken und sprang hinzu, um zu helfen. »Darf ich, Janus? Janus, darf ich schieben?«

»Mal sehen…!« Janus betrachtete die vier prüfend, als müsse er sehr überlegen. Dann deutete er auf Jella. »Du großer Bursche, du kannst schieben. Vielleicht hast du dann keine Angst mehr vor mir.«

Jella schob, und alle setzten sich in Richtung Schule in Bewegung. Auch die anderen drei konnten die Hände nicht von dem Rollstuhl lassen. So etwas gab es ja nicht alle Tage. Die Fahrt hatte ganz gemächlich begonnen, aber als alle vier zugleich schoben, Jella und Pier von hinten und Dirk und Eelka an beiden Seiten, hatten sie bald ein gutes Tempo. Der Rollstuhl hüpfte und sprang auf der holperigen Straße. Janus mußte sich festhalten, aber er schien nichts dagegen zu haben. Und da er nichts sagte, liefen die Jungen immer schneller. »Bahn frei!« schrie Janus die leere Straße entlang. »Aus dem Weg, ihr Sterblichen! Hier kommt Janus.«

Die Jungen rannten immer schneller.

»So ist's recht, Jungs! Wie der alte Rollstuhl läuft! Wußte gar nicht, daß er so schnell ist.« Janus war einen Augenblick still. »He, Pier«, rief er dann über die Schulter, »das ist beinahe so toll wie damals, als der Hai mir die Beine abbiß.«

Schreiend und lachend kamen sie mit dem klappernden Rollstuhl vor der Schule an. Bei diesem Lärm kam der Lehrer aus dem Klassenzimmer gelaufen. Er war noch nicht zur Tür hinaus, als die Buben den Rollstuhl schon zum Schultor hereinschoben. Der Lehrer und Janus wären beinahe zusammengestoßen.

»Ist etwas passiert?« fragte der Lehrer erschrocken. »Was ist los?«

»Folgendes: Diese Burschen haben ein Rad gefunden, aber den

Reifen in den Kanal rollen lassen. Sie sagen, Sie hätten einen Rechen, und den wollten wir uns ausleihen.«

»Das Rad fiel auseinander«, erklärte Eelka. Plötzlich schrien alle durcheinander, und da hielt der Lehrer die Hand hoch: »Ihr braucht also einen Rechen, ich will ihn gleich holen. Dann gehen wir an den Kanal, und alles andere könnt ihr mir unterwegs erklären.« Schon war er aus der Tür verschwunden.

»Ich glaube, den mag ich leiden«, sagte Janus nachdenklich. »Seit meiner Schulzeit habe ich nichts mehr mit einem Lehrer zu tun gehabt; aber der ist richtig. Ich dachte immer, die Lehrer könnten nur Worte machen, aber der packt zu.«

Die Buben drehten den Rollstuhl so herum, daß sie ihn wieder zum Tor hinausschieben konnten. In diesem Augenblick sah Janus das Glockenseil. »He, ein Seil!« sagte er. »Ich hätte daran denken sollen, daß wir ein Seil brauchen! Der Schlamm im Kanal ist an manchen Stellen sehr tief; vielleicht müssen wir den Rechen an ein Seil binden.« Er griff nach dem Glockenstrang.

»Lieber nicht«, warnte Pier, »sonst läutet die Glocke! Und dann kämen alle in die Schule gelaufen. Es war nämlich ausgemacht, wenn die Glocke läutet, hat einer ein Rad gefunden.«

»Nun, eigentlich habt ihr doch ein Rad gefunden, was?« sagte Janus ungeduldig. »Mindestens neun Zehntel von einem Rad. Habt aber keine Angst! Wenn ich es richtig mache, kriege ich das Seil, ohne daß die Glocke anschlägt.« Er griff nach oben und riß blitzschnell. Das Seil löste sich irgendwo in der Höhe und fiel auf Janus' Kopf herunter. »Pier«, sagte er, »jetzt haben wir ein Seil.« Und er begann es in aller Ruhe aufzuwickeln.

Janus konnte einfach alles. Er hatte nicht einmal den Lehrer um Erlaubnis gefragt. Die Jungen sahen ihn bewundernd an und hinauf zur leeren Stelle in der Decke, von wo früher der Glockenstrang herunterhing.

Jetzt erschien der Lehrer im Eingang. Er hatte den Rechen, bemerkte aber sofort, daß das Glockenseil nicht mehr an seinem Platz hing. Auch er sah zu dem leeren Platz an der Decke hinauf.

»Ich dachte, wir brauchen auch ein Seil«, erklärte Janus.

»Oh, deshalb«, sagte der Lehrer mit schwacher Stimme. »Na ja.«

»Können wir gehen?« fragte Janus. »Dann los!« Draußen nahm er dem Lehrer den Rechen ab und legte ihn über den Rollstuhl. »Wie Sie sehen, fahre ich«, sagte er mit einem Grinsen. »Würden Sie mir vielleicht, bitte, das Seil um die Brust legen und mich an der Leine festbinden, damit ich nicht herausfalle, wenn diese verrückten Jungen mit mir die Straße hinunterrasen.«

Der Lehrer legte wunschgemäß das Seil um Janus' Brust und Stuhllehne. »Können Sie gut laufen?« fragte Janus den Lehrer. »Die Jungen sind nämlich schnell!«

Die vier Jungen kicherten. Der Lehrer war für sie eine Respektsperson, und Janus fragte ihn, ob er laufen könne!

Zu ihrem Erstaunen lachte der Lehrer nur. »Nun, ich glaube schon, daß ich es mit einem Rollstuhl aufnehmen kann, und wenn nicht, dann tauschen wir besser die Plätze.«

Das hörte Janus gern, und er lachte laut. »Sie sind in Ordnung!« sagte er. Der Rollstuhl fuhr für seinen Geschmack aber zu langsam. Er sah sich um. »Nun, Jungs, was ist mit euch? Weil euer Lehrer dabei ist, tut ihr, als wäre ich ein Wickelkind. Vorwärts, los!«

Mit einem fragenden Blick auf ihren Lehrer wurden sie ein wenig schneller. Erst als der Lehrer keinen Einwand erhob, nahmen sie Fahrt auf. Jetzt mußte er neben dem Rollstuhl schon laufen, wenn er mitkommen wollte; sein Gesicht blieb aber freundlich.

»Bahn frei!« warnte Jella, und »Aufgepaßt, ihr Sterblichen von Shora«, schrie er und versuchte Janus nachzumachen.

Janus lehnte sich eifrig nach vorn. Die Jungen schoben ihn jetzt

mit aller Kraft. In größter Geschwindigkeit sausten sie dahin.
Dirk und Pier hatten alle Hände voll zu tun, den auf- und nieder-
springenden Stuhl im Gleichgewicht zu halten. Am Ausgang von
Shora fiel Eelka aus. Er konnte nicht mehr und lief langsamer
hinterher.

Atemlos erreichten sie die Stelle am Kanal, wo der Reifen untergegangen war. Janus wollte sofort anfangen zu suchen, aber der
Lehrer war dagegen. »Denken Sie daran, daß wir den ganzen
Weg gelaufen sind, jetzt müssen wir erst verschnaufen«, sagte er.
»Verschnauft, solange ihr wollt«, gestattete Janus großmütig.
»Ich will mir inzwischen die Sache mal ansehen.« Er bugsierte
seinen Rollstuhl so nah an das Ufer, daß der Lehrer erschrocken
aus dem Gras hochfuhr, um ihn festzuhalten. Auch Jella griff
eilig nach einem Rad, und Dirk und Pier hielten das andere. Jetzt
kam auch Eelka angekeucht und hängte sich noch daran.

Janus kümmerte sich nicht darum und fing an, mit dem Rechen
das Wasser zu durchpflügen. Da alle an seinem Stuhl hingen,
konnte er sich weit vornüberlehnen. Nachdem er den Rechen
etwa zehnmal durchs Wasser gezogen hatte, machte er ein nach-
denkliches Gesicht. »Der Schlamm ist hier anscheinend bo-
denlos. Ich weiß nicht, Herr Lehrer, ob Sie nicht besser ein
Telegramm nach China schicken sollten: ›Habt ihr Chinesen
vielleicht einen Eisenreif gefunden?‹«

Keiner der Jungen lachte. Sie schauten ernsthaft in den Kanal,
und Eelka kam hinter dem Stuhl hervor und blickte scharf ins
Wasser. »He, da ist die Nabe, ganz dicht am Ufer.« Er zeigte
Janus die Stelle.

»Dazu brauchen wir den Rechen«, sagte Janus und zog den Rechen wieder durch das Wasser.

Beim nächsten Zug stieß er auf etwas Hartes und arbeitete
mächtig, um den Fund herauszubekommen. »Hab ihn«, sagte er
schließlich. Was er aber an die Oberfläche zog, war ein alter

Topf voll Schlamm. Ärgerlich schleuderte er ihn zur Seite. »Wenigstens ist er uns jetzt aus dem Weg.« Und zu Eelka sagte er: »Da, Junge, hol mal erst die Nabe heraus. Wir müssen etwas anderes versuchen.«

»Laß mich das machen, Eelka!« sagte der Lehrer und nahm den Rechen. »Ich habe sonst gar nichts zu tun.« Er lief ein Stück den Kanal entlang.

Die Jungen zogen inzwischen den Rollstuhl etwas vom Ufer zurück, und Janus ergriff das Seil. »Wenn der Lehrer zurückkommt, binden wir das Seil an den Rechen und versuchen es noch einmal. Wir müssen tief hinunterreichen. Wenn das Seil lang genug ist, kriege ich diesen Reifen heraus. Er muß doch zu finden sein. Werde ihn auch finden. Jungs, ich habe nie so viel Spaß gehabt, seitdem der Hai mir die Beine abgebissen hat!« Dazu machte er ein ganz harmloses Gesicht.

Jella riß den Mund auf, und Eelka starrte Janus an. »Beide Beine auf einmal?« fragte er ehrfürchtig.

Janus zuckte die Schultern. »Weiß ich's, wie oft er gebissen hat?«

»Was hast du denn getan?« fragte Jella.

»Ich habe ihn in die Zähne getreten.«

Pier lachte sich über ihre erstaunten Gesichter kaputt. Er konnte sich nicht mehr halten: »Du hast aber doch gesagt, daß er dir beide Beine abgebissen hat«, sagte er zu Janus.

»Hab ich gesagt, beide auf einmal?« fragte Janus zornig. »Er sägte eben gerade an einem meiner Stiefel herum, und da habe ich ihm mit dem andern in die Zähne getreten. Das war mein Fehler. Denn nun wurde er so wütend, daß er mir auch noch das andere Bein abbiß. Jetzt konnte ich ihn nicht mehr treten, denn ich hatte kein Bein mehr.«

»Hoffentlich hat er von den Stiefeln Bauchschmerzen bekommen wie von grünen Kirschen«, sagte Pier ganz ernst.

»Das hoffe ich auch«, sagte Jella eifrig.

Eelka stand unschlüssig dabei und kaute an einer Frage, die er Janus zu gern wegen des Hais gestellt hätte. Aber Janus sah den Lehrer mit der Nabe zurückkommen, und da wollte er sofort an das Ufer zurückgeschoben werden. Er war wieder viel zu beschäftigt, als daß er noch mehr Fragen beantwortet hätte. Er band das Seil um den Rechenstiel, warf den Rechen weit in den Kanal hinaus und ließ ihn absinken. Ganz langsam holte er ihn zurück. Plötzlich hakte der Rechen an. »So, jetzt haltet meinen Rollstuhl! Das ist der Reifen, und jetzt kommt er heraus, oder ich will nicht mehr Janus heißen.« Seine mächtigen Arme schwollen an und zitterten vor Anstrengung. Er zog an dem Seil, und die Muskeln an seinem Nacken traten dick heraus. Plötzlich gab es einen Ruck. Sie hatten alle kräftig an dem Rollstuhl gezogen, um ihn am Ufer festzuhalten. Und nun machte der Rollstuhl mit Janus und den Jungen einen großen Satz vom Ufer weg. Der Rechenstiel, den Janus am Seil hatte, schwamm allein auf dem Wasser. »Shoras einziger Rechen ist dahin«, sagte Janus düster. Niemand sprach ein Wort. Alle sahen bestürzt auf den einsamen Rechenstiel. »Wir müssen uns eben etwas anderes überlegen«, sagte Janus schließlich. Seine Stimme klang etwas zu heiter. »Laßt uns nach Shora zurückgehen, mir wird schon was einfallen.«
Noch immer sagte keiner ein Wort. Plötzlich hob Janus den Kopf. »Habt ihr das gehört?« Er hob die Hand und horchte. Jetzt kam es wieder. Der Wind trug es den Kanal entlang. Es klang wie ein Schrei, wie der Schrei einer Frau. Es klang, als käme er vom Deich. Er war über dem stillen Kanal deutlich zu hören.
Janus faßte in seine Räder und steuerte den Rollstuhl herum. »Das sind die Frauen. Da stimmt etwas nicht.« Er warf einen schnellen Blick auf die Wetterfahne auf dem Kirchturm und auf die Sonne, um Zeit und Windrichtung zu bestimmen. »Ah«, sagte er, »die Flut ist da. Vielleicht sind ein paar Schafe am Deich

in die Flut geraten, und jetzt stehen sie da wie Schafe und ersaufen. Wir wollen mal sehen. Den Reifen können wir später holen.«

Sie sprangen hinzu, um Janus auf die Straße zu schieben, da hielt er wieder die Hand hoch. »Horcht!« sagte er. Einen Augenblick war nichts zu hören, aber dann konnten sie ein schwaches Klappern und Klingeln unterscheiden. Es kam aus einer andern Richtung.

»Oh, das ist nur der Kesselflicker«, sagte Jella.

Sie schoben Janus auf die Straße. »Haltet!« sagte er dann. »Wir wollen auf den Wagen warten. Damit kommen wir schneller zu den Frauen als zu Fuß.«

Um eine Biegung kamen jetzt Pferd und Wagen in vollem Galopp in Sicht. Die Töpfe und Pfannen tanzten und schlugen klappernd aneinander.

»He, guckt mal!« rief Pier. »Ist das nicht Auka? Er sieht aus, als wollte er uns etwas zurufen.«

Auka hatte zwischen dem Kesselflicker und dessen Frau auf dem Bock gesessen, und die Kinder hatten es sich zwischen den Töpfen und Pfannen im Wagen bequem gemacht. Der Kesselflicker hatte darauf bestanden, auf einem Umweg nach Shora zu fahren, nicht auf dem kürzesten Weg am Deich entlang. An diesem Samstag hatte jeder eine Spazierfahrt verdient. Sie waren dann auf der Kanalstraße am andern Ende von Shora herausgekommen.

Als sie um die Biegung und auf die Kanalbrücke kamen, erspähte Auka die kleine Gruppe. »Schaut!« schrie er. »Da ist etwas passiert. Es muß jemand ertrunken sein. Sogar Janus mit seinem Rollstuhl ist da.« Er sprang von seinem Sitz hoch. »Kann das Pferd bis dahin noch laufen?« fragte er ängstlich.

»So weit schon«, sagte der Mann. Er klatschte dem Pferd die

Zügel auf den Rücken, und das alte Tier machte einen Satz nach vorn. Das Geschirr klapperte wie verrückt, und so fuhr der schwankende Wagen auf die Gruppe Menschen zu, die an der Straßenseite wartete.

Ein Wagen im Meer

Ist etwas passiert?« rief Auka von dem lärmenden Wagen herunter. Der Wagen hielt bei der kleinen Gruppe von Menschen, die um den Rollstuhl am Straßenrand versammelt war. Das Geschirr hörte auf zu klappern.

»Ja, irgend etwas da draußen ist wohl nicht in Ordnung«, sagte Janus. »Wir haben vom Deich her auf der andern Seite des Dorfes eine Frau schreien hören. Wir wollen gerade hin.«

»Los, steigt ein!« sagte der Kesselflicker. »Wir bringen euch so schnell hin, wie unser alter Gaul es schafft. So ist's recht! Der im Rollstuhl kann aber wohl nicht aufsteigen. Vielleicht können wir ihn alle zusammen hochheben und...«

»Steh hier bloß nicht herum und halte Reden!« unterbrach ihn Janus. »Mach, daß du zum Deich kommst! Seht nur zu, daß ich mich hinten am Wagen festhalten kann; ich komme schon mit.«

Es war eine verrückte Gesellschaft, die da durch Shora und auf die Deichstraße stürmte. Das alte Pferd versuchte sein Bestes, aber die größere Last machte sich bemerkbar. Trotzdem schien es, als führe der alte Karren wie der Blitz. Als er über die vielen Löcher und Steine holperte, schwankte er bedrohlich, und das

Geschirr machte einen Höllenlärm. Die Töpfe schaukelten wild an ihren Drähten. Und Janus im Rollstuhl fuhr hinterher.

Er hielt sich mit starkem Griff fest, und das Seil um die Brust bewahrte ihn vor dem Herausfallen. Er fuhr manchmal beinahe unter dem Wagen; nur Kopf und Schultern waren dann noch zu sehen. Der Lehrer und Jella rannten neben dem Rollstuhl her und bemühten sich keuchend, ihn im Gleichgewicht zu halten.

»Wenn nur die Räder nicht abgehen«, japste der Lehrer.

Janus war wieder bester Stimmung; er machte sich keine Sorgen um seine Räder. Er versuchte aber immer wieder, das Pferd anzutreiben. »Holla, holla, holla!« rief er in einem fort.

»Sagt dem dahinten mal, er solle nicht immerzu ›holla‹ rufen!« schrie der Kesselflicker.

»Dem Janus getraut sich keiner etwas zu sagen«, bemerkte Auka. Das Pferd aber schien Janus' aufgeregter Stimme zu gehorchen. Seine breiten Hufe schlugen laut auf das Pflaster. So schnell es konnte, zog es seine Ladung durch das Dorf.

Die Frauen blickten stumm und ungläubig vom Deich hinunter auf den voll beladenen Wagen des Kesselflickers, der mit lautem Getöse heranstürmte. Irgendwo hinter dem Wagen hörten sie die Stimme von Janus. Die Frauen waren wieder alle auf dem Deich versammelt. Weiter hinten kam ein Bauer mit Pferd und Wagen angefahren, um Lina und Douwa zu retten. Die Frauen hatten nicht gewartet, bis er angespannt hatte, sondern waren gleich wieder auf den Deich zurückgelaufen.

Linas Mutter war die erste, die sich faßte. Sie rannte hinunter und öffnete die Pforte, durch die man auf den Deichweg kam. Der Deichweg war ein schmaler Fahrweg, der in den sanft abfallenden Hang des Deiches gebaut war. Auf diesem Weg konnte ein Wagen allmählich den steilen Deich hinauffahren. Der Wagen fuhr durch das kleine Tor. Die Steigung verlangsamte sofort das Tempo des alten Pferdes. In einem völlig flachen Land war es nicht gewöhnt, Höhen zu ersteigen. Es keuchte und zitterte und zog aus Leibeskräften, aber die Wagenräder drehten sich kaum noch.

Janus schrie wieder: »Holla, holla, holla!« Es half aber nichts. Das Pferd hatte sein Äußerstes getan. Es war alt und vernünftig und versuchte nicht das Unmögliche. Es ließ Janus schreien.

Das war zuviel für Janus. »Alles aussteigen bis auf den Kutscher und die kleinen Kinder!« kommandierte er. »Alles schiebt! Der alte Klepper hat getan, was er konnte, man muß ihm helfen.«

Janus versuchte, vom Rollstuhl aus den Wagen zu schieben, und alle Jungen sprangen vom Wagen herunter. Sogar der Kesselflikker verließ seinen Sitz, und seine Frau ergriff die Zügel.

Oben auf dem Deich stand Jana wie angewurzelt; sie war vor Überraschung sprachlos und konnte nur noch die Augen aufreißen. Als der Wagen aber die Höhe erklommen hatte, fand sie ihre Stimme wieder. »War das mein Janus? War das Janus' Stimme?«

Der Wagen rollte jetzt auf die Frauen zu und hielt. Und Janus kam auf dem Rollstuhl hinter dem Wagen hervor und fuhr stolz zu seiner Frau. Er triumphierte. »Klar ist es Janus! Wer sonst – vielleicht der Nikolaus?«

»Nein, aber das ist noch schöner als der Nikolaus«, sagte die Frau leise.

Janus wandte sein Gesicht ab und steuerte den Rollstuhl herum, daß er auf die See schauen konnte. Er sah Lina und Douwa knietief im Wasser auf dem umgestürzten Boot. Noch einmal blickte er auf das Meer. Er zitterte beinahe. Er atmete tief die salzige Seeluft ein. Hier war er auf dem Deich, und unter ihm war die donnernde See. Hier stand er endlich wieder mitten im Geschehen.

Er schüttelte den Kopf, wie um seine Gedanken loszuwerden, und übernahm das Kommando. »Herunter jetzt vom Wagen mit all den Kindern und den Töpfen. Die Töpfe dürfen nicht naß und rostig werden, und wir brauchen den Wagen, um den alten Mann und das Mädchen rauszuholen. Alle können helfen. Aber gebraucht auch euren Kopf! Wenn ich das Meer recht kenne, haben wir noch ungefähr eine halbe Stunde Zeit, bis die beiden da draußen unter Wasser sind. Stapelt die Ware ordentlich auf einen Platz, und stoßt keine Beulen in die Töpfe!«

Alle Frauen und Jungen machten sich daran, den Wagen zu entladen. Doch eine der Frauen dachte auch an den Bauern. Sie lief davon und sagte ihm, daß er nicht mehr gebraucht würde.

»He, Kesselflicker!« rief Janus. »Wird dein Gaul ins Wasser gehen, oder fürchtet er sich davor?«

»Nein, nein«, antwortete der Mann sofort, »er ist an das Wasser gewöhnt. Ich führe ihn fast jeden Nachmittag ins Salzwasser, damit die Schwielen an seinen Beinen besser heilen. Er hat es gern.«

»Schön«, sagte Janus und betrachtete die breiten Hufe des Pferdes. »Sehe schon, was los ist. Er ist ein williger alter Gaul. Tut sein Bestes. Seine breiten Hufe werden ihm helfen. Er wird nicht zu tief in den Schlamm einsinken, wenn er den Wagen herauszieht.«

Inzwischen hatten die Frauen und Jungen den Wagen entladen. In ordentlichen Reihen standen die Töpfe, Pfannen und Kessel oben auf dem Deich. Dahinter kamen wie Soldaten ausgerichtet die Kaffeekannen, dann die Zinnklumpen, mit denen der Kesselflicker alte Töpfe flickte, und zuletzt der Werkzeugkasten.

Janus überzeugte sich, daß alles in Ordnung war. »Schön«, sagte er, »und jetzt in die See! Nur du allein«, sagte er zum Kesselflicker. »Keine unnötige Belastung! Es ist besser für das Pferd, wenn der Wagen schwimmt. Und ihr beide seid aneinander gewöhnt.«

Der Wagen fuhr langsam den Deich hinunter auf das Wasser zu.

Jetzt merkten sie erst, daß Lina ihnen vom Boot aus aufgeregt zuwinkte. Douwa stand neben ihr und hielt sie fest. Er schien ihr eine Anweisung zu geben.

»Seid mal alle still!« sagte Janus. »Sie wollen uns etwas sagen.« Der Kesselflicker hielt den Wagen an, und jeder lauschte angestrengt auf die langgezogenen Worte, die die donnernde Flut übertönten. Lina hörte jetzt auf zu rufen und schien den alten Mann etwas zu fragen. Dann rief sie jedes einzelne Wort noch langsamer und schriller.

Janus winkte mit beiden Händen. »Schon recht, kleines Mädchen«, schrie er über die Wellen, »habe verstanden. Janus macht das schon.«

»Hör zu«, hatte Lina gerufen, »hör zu, Janus: Nicht nur Douwa und mich müßt ihr holen, sondern auch ein Wagenrad. Man muß es durch das Loch raufziehen. Der Wagen muß auf das Boot kommen. Deshalb müßt ihr die Räder abmachen.«

Janus winkte fröhlich mit der Hand. »Schon recht, kleines Mädchen«, rief er, so laut er konnte. »Hab keine Angst! Janus wird die Räder abmachen.«

Lina und der alte Mann winkten zurück zum Zeichen, daß sie verstanden hatten.

Einen Augenblick war nur das aufgeregte Durcheinanderreden der Menschen auf dem Deich zu hören. »Lina hat ein Rad!« sagten die Jungen erstaunt. »Lina hat in dem Boot ein Rad gefunden! Sie hat in dem Boot nach einem Rad gesucht.«

»Einfach verrückt«, sagte Jella.

Da fuhr Janus sie an: »Was seid ihr eigentlich? Elstern? Laßt das Schwätzen! Kesselflicker«, rief er dem Wagen am Abhang des Deiches nach, »hast du einen Wagenheber?«

»Sicher habe ich einen«, rief der Mann zurück. »Bei einem Wagen wie meinem hat man einen Wagenheber so nötig wie das Pferd. Aber jetzt brauchen wir ihn nicht. Die Räder gehen ganz leicht ab – sie sind schon allzuoft abgegangen. Wenn ich in die Flut hineinfahre, werden das Pferd und das Wasser den Wagen weit genug hochhalten, daß ihr die Hinterräder abmachen könnt. So geht es am schnellsten.«

»Gut«, sagte Janus, »was am schnellsten geht, wird gemacht. Wir dürfen keine Zeit verlieren. Da die Flut steigt und die Strömung schon ihre Beine erreicht hat, werden die beiden da oben nicht mehr lange auf dem schlüpfrigen Boot aushalten. Dann sind sie schnell weggespült.«

Janus gab keine Ruhe, bis jeder außer den Frauen an den Rädern half. Der Lehrer bekam den Befehl, bis zur Brust ins Wasser zu waten und dem Kesselflicker bei den Vorderrädern zu helfen. Die beiden waren die einzigen, die groß genug waren, daß sie so weit draußen im Wasser stehen konnten. Die Jungen arbeiteten an den Hinterrädern. Als alle beschäftigt waren, warf Janus wieder einen prüfenden Blick auf die See und die Gestalten des alten Mannes und des Mädchens, die im Wasser standen. »Seht euch das mal an«, sagte er zu den Frauen, »da steht nun dieses kleine Krott von Mädchen in dem kalten Wasser und hat keine Angst. Wer hat eigentlich so geschrien, bevor wir kamen?«

»Dieses Krott von einem Mädchen ist meine Tochter«, sagte Linas Mutter, »und wir Frauen haben geschrien. Sie hat keine Angst, weil der alte Douwa bei ihr ist, und wir haben auch keine mehr, wie du vielleicht bemerkt hast! Wir waren verzweifelt, weil wir nicht wußten, was wir tun sollten. Aber jetzt bist du da und ein Wagen, und anscheinend weißt du genau, was zu tun ist. Jetzt habe ich keine Angst mehr.«

Janus bekam vor Freude einen roten Kopf. »Das hast du aber mal nett gesagt, Lena«, sagte er mit belegter Stimme. »Du weißt gar nicht, wie nett.« Er sah sich nach seiner Frau um. Da sah er, daß alle Räder abgemacht waren. Die Jungen rollten sie gerade auf den Deich. Das Hinterteil des Wagens saß bereits auf dem

Abhang des Deiches auf. Das Pferd stand bis zu den Flanken im Wasser.

»Jetzt herunter mit der rückwärtigen Klappe!« rief Janus dem Lehrer zu. Und schon brachte er seinen Rollstuhl am Abhang des Deiches in Stellung und fuhr durch die offene Klappe auf den Wagen. »Steigt ein!« rief er. »Außer den Frauen und den ganz Kleinen kommt alles mit. Wir brauchen Gewicht in dem Wagen, wenn wir ihn auf dem Boot festhalten und das Rad einladen wollen. Schnell!«

Seine Frau trat an den Wagen. »Janus, denkst du wirklich...?« Sie biß sich auf die Zunge und war still. Man merkte richtig, wie sie sich zurückhalten mußte. Die Jungen drängten sich in den Wagen. Der Lehrer schloß die Klappe. Der Kesselflicker saß schon auf dem Bock und schnalzte mit der Zunge. Das Pferd wollte anziehen, aber die hintere Achse schleifte auf dem Boden. Die Frauen eilten herbei, und indem sie den Wagen halb stießen, halb hoben, bekamen sie ihn frei. Das Pferd zog ihn ins Wasser. Er schwamm und schwankte hinter dem Pferd hin und her durch die Flut. Wortlos stand Jana auf dem Deich und blickte dem schaukelnden Wagen nach. Mit unruhigen Fingern kramte sie in ihrer Schürzentasche. Janus war aufgeregt und glücklich. Wie ein König saß er unter den Jungen und unterhielt sich mit ihnen. Janas Finger wühlten unter den Steinen, die sie auf ihrem langen Weg gesammelt hatte. Es waren besonders glatte, flache, gut geeignet für Vögel und Jungen. Sie zog einen heraus und schaute ihn an. Dann warf sie einen nach dem andern auf die Erde. Sie sah dem schwimmenden Wagen nach. »Bring sie nur alle sicher zurück, Janus – das Rad und alle!« rief sie ihm zu.

»O ja, bestimmt, Jana!« antwortete Janus. »Hab nur keine Angst, Janus macht's schon!«

Jana lächelte unsicher und stieß mit dem Fuß nach den Steinen. Linas Mutter sah voll Angst dem Wagen auf dem Wasser nach.

Jana wandte sich zu ihr. »Er holt dir deine Lina schon«, versicherte sie ihr mit ruhigem Stolz.

Draußen im Meer verlor das alte Pferd plötzlich den Grund unter den Hufen. Die Flut nahm ihm den Halt, es schlug um sich, schnaubte und pustete. Dann schwamm es. Es hustete noch einmal, warf den Kopf zurück und schwamm weiter. Es zeigte nicht die mindeste Furcht. Janus blickte bewundernd auf den alten Klepper. »Weißt du was, Kesselflicker? Wenn alles vorbei ist, ist Shora deinem Roß eine Extraportion Hafer schuldig. Meint ihr nicht, Jungs?«

»Zwei«, riefen sie zurück.

»Na, vergeßt es nicht!« sagte Janus. »Denken Sie auch daran, Herr Lehrer?«

»Ja, Janus.«

Sie näherten sich dem überfluteten Boot. Das Wasser reichte Lina bis zur Brust. Sie und Douwa hatten sich aneinandergeklammert, um sich auf den Beinen zu halten. Glücklicherweise brach das Heck des Bootes die Gewalt der heranströmenden Flut. Die volle Wucht der Strömung ergoß sich zu beiden Seiten des Bootes. Auf dem schlüpfrigen Boot fanden die Füße aber nur unsicheren Halt. Die beiden ließen kein Auge von dem herannahenden Wagen.

»Lina, hast du wirklich ein Wagenrad gefunden?« rief Auka hinüber. In ihrem Stolz vergaß Lina einen Augenblick ihre Lage.

»Ja«, rief sie zurück, »ein ganz großes, gutes. Im Salzwasser hat es sich gut gehalten. Aber es hat sich so voll Wasser gesogen, daß Großvater Douwa und ich es nicht von der Stelle bringen.«

Der Wagen war nun so nahe am Boot, daß sie hören konnten, wie der alte Mann zu Lina sagte: »Von wegen Großvater! Was habe ich dir gesagt?«

Lina kicherte.

Die Jungen bestürmten sie mit Fragen. Janus aber rief sie zur

Ruhe. »Dazu ist Zeit genug, wenn wir wieder zurück sind. Jetzt halte mal eure Elsternschnäbel! Laßt lieber das Pferd und den Wagen am Boot vorbei und dann den Wagen von rückwärts auf das Boot!« sagte er zum Kesselflicker. »Wenn unser Gewicht ausreicht, können wir den Wagen vielleicht so lange mit der Achse auf das Boot drücken, bis das Rad herausgezogen ist.«

Der Kesselflicker nickte und zog am Zügel, um das schwierige Manöver in dem strömenden Wasser auszuführen. Jetzt wandte Janus seine Aufmerksamkeit dem alten Douwa zu. »Wenn der Wagen herankommt, dann seht zu, daß ihr beide euch festhaltet und hineinklettert. Wir helfen euch dabei. Aber paßt auf, daß ihr nicht in das Loch tretet. Hör, Douwa, weißt du genau, wo das Loch ist, damit wir den Wagen scharf an seinem Rand anhalten können und nicht zu weit darüberkommen? Wir müssen genau am Rand halten, damit wir das Rad senkrecht hochziehen können.«

»Hab schon daran gedacht, Janus, und die Stelle mit einer Boje markiert.« Douwa zeigte vergnügt auf seinen Spazierstock, der auf dem Wasser schwamm. »Den habe ich mit an das Seil gebunden, an dem das Rad festgemacht ist.«

Janus lachte. »Gut gemacht!« sagte er anerkennend.

Auf einmal waren alle still vor Erwartung. Der Wagen schwamm nun am Ende des Bootes, aber der Kesselflicker hatte Schwierigkeiten, das Pferd so rechtzeitig anzuhalten, daß die Strömung den Wagen rückwärts auf das Boot und zu Lina und Douwa treiben konnte. Sein Instinkt sagte dem Tier, daß es mit aller Macht gegen die Strömung anschwimmen mußte. Es schnaubte und kämpfte und wollte sich nicht hilflos von der Strömung zurücktragen lassen. Der Kesselflicker sprach ihm ununterbrochen gut zu und schnalzte mit der Zunge. Die beiden kannten sich seit vielen Jahren und verstanden sich. Das alte Pferd merkte, was es sollte, und widerstrebte nicht länger. Der

Wagen begann rückwärts auf Lina und Douwa zuzuschwimmen. Die beiden beugten sich nach vorn und griffen nach dem Seitenbord. Und eifrige Hände streckten sich ihnen entgegen und zogen sie herein.

Hinten im Wagen, dicht an der Türklappe, saß Janus und sah auf den Spazierstock. Jetzt näherte sich ihm der Wagen. »Alle Mann nach hinten!« rief er. »Wir müssen das hintere Ende beschweren und versuchen, daß sich die Achse fest auf den Kiel des Bootes setzt, damit der Wagen steht.«

Alle drängten sich um Janus, und ihr Gewicht genügte. Plötzlich hielt der Wagen an und setzte auf dem Kiel des Bootes auf. Das Pferd schwamm noch immer. »Laß es nur so schwimmen, daß es den Wagen waagerecht hält!« rief Janus.

»Das tun wir ja gerade«, rief der Kesselflicker zurück. »Aber macht schnell, das Pferd wird müde!«

»Du, Jella, versuchst jetzt den Spazierstock zu fassen«, sagte Janus zu Jella. »Nein, überleg nicht lange! Leg dich auf den Bauch ins Wasser und greif ihn!«

Pustend kam Jella in die Höhe und hielt den Stock in der Hand. Janus ergriff ihn. »Jetzt hängen sich alle an meinen Rollstuhl, und dann herauf mit dem Rad!« Janus zog, während er sprach, bereits an dem Seil. Als sich das Seil straffte, packte er es fester. Der Rollstuhl ächzte in allen Fugen. Janus' mächtige Armmuskeln schwollen an. Außer dem Ächzen des Rollstuhls war nur die brausende Flut zu hören. Das Rad kam langsam hoch. Plötzlich blieb es am Rand des Loches hängen. Janus murmelte etwas. Er bekam ein rotes, zorniges Gesicht, aber schon riß er das Rad mit einem mächtigen Ruck los. Der Rand sah bereits aus dem Wasser.

Janus' heftige Bewegung hatte die Wagenachse aber von dem Bootskiel gelöst. Der Wagen rutschte plötzlich weit über das Loch hinaus, und das Rad verschwand beinahe unter dem Wagen.

»Herr Lehrer, Douwa, haltet das Seil!« schrie Janus. »Haltet es fest! Haltet das Rad, daß es nicht untergeht! Kesselflicker, laß das Pferd ziehen, soviel es kann! Jungs, laßt meinen Rollstuhl nach vorn ins Wasser! Los! Ich falle nicht heraus, ich bin ja festgebunden. Laßt ihn nach vorn!«

Sie gehorchten. Janus und sein Rollstuhl neigten sich dem Wasser entgegen. Er warf sich mit aller Kraft gegen das Seil um seine Brust und griff, so weit er konnte, unter dem Wagen ins Wasser. »Gerade mit einem Finger fühle ich es«, keuchte er. Aber dann hatte er es und hielt es mit beiden Händen. Seine Arme schwollen an. »Zieht mich zurück!« befahl er. Die Jungen zogen, der Lehrer warf die Arme um Janus' Brust, und Douwa, ja sogar Lina hängten sich an den Rollstuhl. Der Stuhl rutschte langsam nach hinten, und herauf kam das Rad, das Janus eisern festhielt. Als der Stuhl wieder gerade stand, schwang er das Rad über seinen Kopf und hielt es triumphierend hoch. »Ha«, murmelte er zwischen den Zähnen, »es scheint, man kann ab und zu auch ohne Beine etwas ausrichten.« Dann ließ er das Rad sinken, und die andern nahmen es und legten es auf den Boden des Wagens.

»Fertig«, rief Janus dem Kesselflicker zu. »Erledigt! Nun laßt dem alten Klepper die Leine. Jetzt kann er mit dem Strom schwimmen, und der Wagen schiebt ihn ans Ufer. Braver alter Gaul!«

Das Pferd warf sich herum, und der Wagen schwang herum, und beide wurden von der Flut dem Deich entgegengetragen. Das alte Pferd brauchte nur noch die Beine zu bewegen, damit es nicht unterging. Vom Deich klangen die aufgeregten Stimmen der Frauen herüber. Sie standen dichtgedrängt am Rand des Wassers. Sie schwenkten die Arme und riefen dem Wagen zu. Immer näher kam er dem Deich. Die Flut trieb ihn schnell voran. Der Deich stand wie eine Mauer über der donnernden See.

In der Nacht zum Sonntag brach der Sturm los. Tief in der Nacht raste er gegen den Deich und über die Dächer von Shora hin. Der Wind heulte von der Nordsee her durch die engen Straßen von Shora, ächzte unter den schweren Dachziegeln und brüllte in den engen Schornsteinen, wie ein Riese brüllt. Aber die Kinder von Shora schliefen.

Lina schlief allein in einem Zimmer auf dem Boden direkt unter dem Dach. Ein Windstoß fuhr unter die Ziegel und riß einige wie dünnes Papier hoch. Sie fielen auf das Dach zurück, zerbrachen und sprangen in tausend Stücken über das steile Dach auf das Straßenpflaster. Die Balken auf dem Dachboden stöhnten. Durch den Schornstein heulte es wie von klagenden Wölfen in das ganze Haus. Lina wachte plötzlich auf. Einige Zeit lag sie ganz still da und versuchte herauszukriegen, was das für schreckliche Laute waren, die den Dachboden erfüllten. Noch schlaftrunken, verstand sie erst gar nichts. Sie konnte nicht richtig denken.

Plötzlich zitterte sie. Es war wie ein Tropfen und Fließen. Kam etwas Lebendiges über den Dachboden gelaufen? Eine Gänsehaut lief ihr über den Körper. Sie wagte nicht, sich nach dem Geräusch umzudrehen, aus Furcht, die geringste Bewegung könne sie verraten. Sie blickte mit großen, schreckerfüllten Augen starr vor sich hin. Schließlich kehrte trotz der Angst das Erinnern zurück und sagte ihr, daß es regnete. Durch die Stellen, wo die Dachziegel weggerissen waren, peitschte der Wind schwere Regentropfen.

Sie hörte in dem Sturm Stimmen von draußen. Der Wind trug sie über die Dächer. Sie drangen bis zu Lina auf den Dachboden, aber sie waren ohne Sinn und Bedeutung. Wieder heulte der Wind durch den Schornstein, rüttelte an den Ziegeln und verschlang die Geräusche der Nacht.

Allmählich verstand Lina, daß der Sturm, den der alte Douwa angesagt hatte, endlich gekommen war. In der pechschwarzen Nacht klang vom Deich her ein Schreien. Menschen riefen sich etwas zu und versuchten, die donnernden Wellen und den Sturm zu übertönen. Die Stimmen klangen verloren und hilflos, wie das Jammern eines wunden Tieres.

Lina hielt es im Bett nicht mehr aus. Der Dachboden war kalt, zugig und voll Regen. In dem Augenblick, als sie ihr hohes Wandbett verließ, fror sie entsetzlich. Trotzdem rannte sie auf bloßen Füßen zu dem kleinen Dachfenster. Lina sah hinauf. Durch das Fenster und die Lücken im Dach drang ein bleiches, wechselndes Licht. Und Regen fiel auf Lina nieder.

Sie hörte jetzt keine Stimmen mehr. Aber auf dem Deich erblickte sie flackernde Lichter, die sich hin und her bewegten. Laternen! Auf dem Deich liefen also Menschen mit Laternen umher. Jetzt trug der Wind die schrille Stimme einer Frau deutlich zu ihr herauf. Die Laternen schwangen, von unsichtbaren Händen gehalten, auf und ab.

Im nächsten Augenblick trat eine so vollständige Stille ein, daß es schien, als wäre der Wind plötzlich wie mit einem Messer abgeschnitten oder als hätte sich ein schweres Tor geschlossen. Und jetzt hörte Lina auch die Stimmen von Männern. Es mußten Männer auf dem Deich sein, die einander etwas zuriefen. Nun wußte sie auch, was da war: die Fischer waren zurückgekommen. Bevor der Sturm richtig ausbrach, war die Fischereiflotte also nach Hause gekommen, und jetzt luden die Fischer ihre Boote aus und machten sie sturmfest. Die Frauen von Shora halfen ihren Männern dabei. Lina sah aber nicht mehr als das schwache Licht wandernder Laternen.

Genau unter ihrem Fenster rief in der dunklen Straße jemand so plötzlich und unerwartet, daß Lina entsetzt zurückfuhr. Sie erkannte die Stimme ihres Vaters. Ihr Vater stand da unten und rief: »Ja, alle sind gut hereingekommen, aber es war keinen Augenblick zu früh.«

Er hatte das wohl Douwa zugerufen, denn sie hörte jetzt noch klarer die Stimme ihrer Mutter, die dem alten Douwa sagte, er solle in sein Haus gehen, aber nicht zum Deich. »Der Wind wirft dich um. Ich bin auf Händen und Füßen über den Deich gekrochen, und wenn ich nicht einen schweren Korb mit Fischen hinterhergezogen hätte – nun, der hat mich festgehalten. Riskiere du nicht deine alten Knochen, Douwa!«

Einen Augenblick standen die Worte ihrer Mutter klar und deutlich in der Dunkelheit, dann brach der Sturm von neuem los und heulte über den Dachboden, daß er zitterte. Von unten drang nur noch ein schwaches Gemurmel bis hier herauf. Vater und Mutter waren jetzt im Haus. Lina wollte schnell die Leiter hinunter und ihren Vater begrüßen, aber sie war ganz durchfroren und naß, sogar ihr Haar triefte vom Regen.

Zuerst wollte sie wieder warm und trocken werden. Von unten war noch immer das Murmeln der Stimmen zu hören.

Lina lief zum Bett zurück und gab acht, daß sie nicht in die Wasserpfützen auf dem Boden trat. Sie war so steif vor Kälte, daß sie sich nur mühsam auf das hohe Bett hinaufziehen konnte. Mit klappernden Zähnen kroch sie hinein.

Im Bett war es so warm und mollig, daß sie mit Behagen dalag, als die letzten Kälteschauer über ihren Körper liefen. Sie griff nach ihrem nassen Haar; es war wohl besser, wenn sie unter die Decke kroch, bis es trocken war.

Als Lina aufwachte, steckte sie immer noch mit dem Kopf unter der Decke. Sie befühlte ihr Haar, es war trocken. Und als sie die Decke zurückschlug, war es auf dem Dachboden hell. Es war das merkwürdig fahle Licht eines dunklen, stürmischen Tages. Sie hatte den ganzen Sturm verschlafen. Sie war nicht zu ihrem Vater hinuntergelaufen, sie war wieder eingeschlafen. Es regnete noch immer, und der Wind fegte über die Häuser und heulte in den Kaminen. Noch tobte der Sturm, aber bei Tageslicht war er doch anders. Sie hatte keine Angst mehr; sie glaubte sogar, er ließe schon etwas nach. Wenn er heute noch anhielt, konnten sie vielleicht morgen, am Montag, das Rad auf das Schuldach bringen.

Lina sprang aus ihrem hohen Bett, sie wollte zu ihrem Vater hinunter. Sie schrie auf, als sie mit den bloßen Füßen auf den nassen, kalten Boden trat. Einen Augenblick stand sie auf einem Bein und rieb daran die Sohle des andern. Durch das Dachfenster konnte sie große schmutzige Schaumwellen über den Deich fegen sehen. Schaumfetzen flogen sogar in der Luft. Hinter dem Deich türmten sich die Wellen, und wo man früher die Inseln sah, war nur noch schwarzer Himmel. Von den Inseln keine Spur mehr. Es war ein richtiger Sturm. Schaudernd ergriff Lina ihre Kleider und kletterte im Nachthemd die Leiter hinunter.

Lina bekam ihren Vater erst zu sehen, als es Zeit war, in die Kirche zu gehen. Sie hatte einen flüchtigen Blick auf sein Gesicht geworfen, als er noch in seinem hohen Wandbett im Wohnzimmer schlief. Auf den Teil seines Gesichtes, der zwischen der Decke und der Nachtmütze mit der langen, baumelnden Troddel freiblieb. Die Troddel hing ihm über den Mund. Sie zitterte bei jedem Atemzug. Auf Zehenspitzen ging Lina aus dem Wohnzimmer und in die Küche, aus der ein angenehm brutzelndes Geräusch drang.

Der Wind, der den Schornstein herabfegte, machte Lärm im Herd. Es klang wie das Bellen eines großen Hundes. Linas Mutter hörte gar nicht, daß sie hereinkam. »Vater wird wohl nicht in die Kirche gehen?« fragte Lina laut. »Er sieht aus, als könnte er eine Woche lang schlafen.«

Ihre Mutter wandte sich um. »Oh, er wird schon gehen, allein aus

Dankbarkeit dafür, daß er bei diesem Sturm heil zurückgekommen ist. Das kannst du glauben. Sie hatten eine schlimme Nacht auf See. Ich lasse ihn bis zur letzten Minute schlafen...«

Der Wind heulte so laut im Kamin, daß ihre letzten Worte nicht mehr zu hören waren. Aber deutlich drang der schrille Schrei einer Möwe durch den Schornstein.

»Sogar die Möwen hat es landeinwärts gejagt, und das bedeutet einen schlimmen Sturm«, sagte Linas Mutter, während sie aufmerksam lauschte.

Jetzt war das Schreien vieler Möwen zu hören, hoch, schrill und vom Wind zerrissen. »Hör nur!« sagte Lina. »Es klingt, als hätten sie Angst. Aber, Mutter, wenn sogar die Möwen es im Sturm nicht mehr aushalten können, was geschieht dann erst mit den Störchen? Sie sind so groß, daß der Wind sie schrecklich treffen kann.«

»Ich nehme an, sie warten erst einmal den Sturm ab. Sie sind ja so klug.«

»Aber was machen sie über der See? Was wollen sie tun, wenn sie über dem Wasser sind?« fragte Lina.

Linas Mutter zuckte die Achseln und wandte ihre Aufmerksamkeit wieder dem Fisch zu, der auf dem Herd briet. »Wir beide werden jetzt frühstücken. Ich lasse Vater noch schlafen und schicke ihn nach einer Tasse Tee zur Kirche. Er wird ohnehin zum Essen zu müde sein. Und deine kleine Schwester lasse ich zu Hause. Linda ist noch zu klein, um durch diesen Wind zu gehen.«

Lina dachte, daß ihre Mutter ihr gar nicht zugehört hatte. Und als Lina vor ihrem Frühstück saß, merkte sie nicht, was sie aß.

»Warum hast du es denn so eilig, woran denkst du?« fragte ihre Mutter.

»Mutter, ich mache mir Sorgen um die Störche. Ich möchte früh in die Kirche. Ist es dir recht, wenn ich nicht auf dich warte?

Vielleicht sind einige von den Jungen da, dann können wir uns wegen des Rads besprechen. Wenn nun die Störche von dem Sturm ganz und gar auseinandergetrieben werden?«

»Lina, ich muß dir sagen, daß ich mir in diesem Augenblick keine Gedanken um die Störche machen kann. Ich denke nur daran, wie ich dem lieben Gott dafür danken kann, daß dein Vater und alle anderen heil zurückgekommen sind. Diese Störche besitzen ja Instinkt und wittern die Gefahr. Ohne Zweifel fühlen sie es lange vorher, wenn ein Sturm aufkommt. Sie tun sicherlich alles, was nötig ist, damit sie mit ihm fertig werden. Ich weiß das auch nicht so genau. Geh nur schnell in die Kirche zu deinen Freunden!«

Lina schlüpfte schnell in ihr Sonntagskleid, aber die Mutter bestand darauf, daß sie den Wettermantel darüberzog und die Pudelmütze aufsetzte. »Draußen peitscht ein kalter Regen durch die Straße. Du wärst in einer Minute naß bis auf die Haut, und das einzige, was dir nicht vom Kopf gerissen wird, ist die Pudelmütze.«

Lina brummte, widersprach aber nicht; sie hatte es eilig, in die Kirche zu kommen. Als sie vor die Tür trat, warf der Wind sie fast um. Er riß ihr die Tür aus der Hand und schlug sie mit einem solchen Knall hinter ihr zu, daß das Haus zitterte. Sie mußte sich beim Gehen weit nach vorn legen. Gebückt wie eine alte kleine Frau, arbeitete sie sich mühsam um die Hausecken und durch die engen Gassen, durch die der Sturm heranfegte. Jetzt war sie froh, daß sie den Wettermantel und die Pudelmütze anhatte. Der Wind hätte ihr sicher das Kleid vom Leib gerissen.

Als Lina die Kirchenstufen hinaufstolperte, blickte ihr ein ängstliches Gesicht entgegen. Es war Eelka. Lina erklomm mühsam die beiden Stufen. Alle Jungen waren bereits versammelt und standen eng zusammengedrängt in einer geschützten Ecke des Eingangs. Lina mußte einen Augenblick verschnaufen.

»Wir haben schon gewartet«, sagte Eelka. »Hast du daran gedacht, was der Sturm unter den Störchen anrichten wird? Sie sind bereits alle auf dem Weg von Afrika her, und wenn sie in diesen Sturm geraten, jagt er sie über ganz Europa.«

»Das heißt, wenn sie nicht ins Wasser fallen«, sagte Jella.

»Ich weiß«, sagte Lina hoffnungslos. »Nicht einmal die Möwen halten es aus. Es ist schrecklich.«

»Ja, aber was können wir machen?« fragte Pier. »Morgen wird es nicht mehr so schlimm sein. Jungs, da jetzt die Fischer hier sind, könnten uns unsere Väter helfen, das Rad auf das Schuldach zu bringen. Wenn wir sie dazu bewegen können, uns morgen zu helfen, dann wäre wenigstens das Rad bereit, falls ein Storch aus diesem Sturm entkommt.«

»Ja, Pier«, sagte Auka eifrig, »das ist eine gute Idee! Jeder bittet seinen Vater, uns zu helfen. Das Rad wiegt ja mindestens eine Tonne. Ich glaube nicht, daß wir es zu fünft die Leiter raufkriegen. Ich weiß das nämlich. Ich habe in Nes dabei geholfen. Und da war's ein altes, trockenes Rad.«

»Das machen wir«, sagte Lina voll Eifer. »Wir bitten alle unsere Väter. Die helfen uns ganz bestimmt, wenn sie hören, was wir vorhaben. Solange der Sturm anhält, haben sie sowieso nichts anderes zu tun. Sie sind bestimmt froh, wenn sie eine Beschäftigung haben.«

»Wenn es bloß nicht so stürmt, daß keiner aufs Dach klettern kann«, sagte Jella ahnungsvoll. »Ihr wißt, wie das mit unseren Vätern ist. Vielleicht hört der Sturm über Nacht auf. Und wenn es erst ruhig ist, sind sie auch schon wieder draußen auf See. Wir müssen sie morgen dazu bringen, selbst wenn es dann noch stürmt.«

»Dem Lehrer wäre es auch recht«, sagte Dirk. »Er hat gestern gesagt: ›Sobald das Rad auf das Dach kommt, ist schulfrei!‹ Er hat aber sicher nicht an den Sturm gedacht.«

»Er hat das Rad sogar in die Schule bringen lassen«, berichtete Pier Lina. »Damit es ein bißchen trocknen kann und weil Auka fürchtete, es könnte gestohlen werden.«

»Wann?« fragte Lina und ärgerte sich, daß sie von alldem nichts wußte. Schließlich hatte ja sie das Rad gefunden.

»Das haben wir alles gemacht, nachdem deine Mutter dich mit nach Hause genommen hatte, weil du so lange im kalten Wasser gestanden hast«, sagte Pier. »Nachdem du mit deiner Mutter weg warst, mußten wir noch die Räder an den Wagen machen und das Geschirr aufladen. Aber jeder hat dem Kesselflicker zum Dank, daß er uns so geholfen hat, etwas abgekauft. Dirk und ich haben ihm sogar ein bißchen Hafer aus der Scheune, in der wir das Heu gefunden hatten, besorgt. Auch zum Dank.«

»Besorgt«, sagte Lina vorwurfsvoll, »du meinst wohl gestohlen.«

»Ach was!« sagte Pier. »Und außerdem waren es nur ein paar Handvoll.«

Lina war mit ihren Gedanken schon wieder bei dem Rad in der Schule. »Sollen wir den Lehrer fragen, ob wir ein Feuer im Ofen machen dürfen, damit es schneller trocknet? Über achtzig Jahre hat es im Wasser gelegen. Deshalb ist es auch so schwer. Douwa hat mir eine Menge erzählt, während wir zusammen auf dem Boot gewartet haben.«

»Douwa hat mir gesagt, daß wir es nicht zu rasch trocknen sollten, weil es sonst zu sehr schrumpft und auseinanderfällt, wie das von Eelka«, sagte Jella. »Douwa und ich haben gestern viel über das Rad gesprochen.«

Jella ließ sich von Lina nicht ausstechen.

Lina wollte eben mit ihren Geschichten vom alten Douwa loslegen, aber da mußten sie vom Eingang weg auf ihre Plätze gehen. Die Küstersfrau erschien. Es war Douwas Enkelin Janka. Sie hatten sich so eifrig unterhalten, daß sie die Frau nicht hatten kommen sehen. Janka schloß das Tor auf, und sie betraten hinter ihr die feuchte, leere Kirche und gingen auf ihre Plätze.

»Ich weiß nicht«, sagte Janka, »aber mir scheint, heute sind die Kinder die einzigen Kirchenbesucher. Nur Möwen und Kinder können gegen diesen Sturm angehen. Ich weiß selbst nicht, wie ich es geschafft habe.«

»Mein Vater kommt auch, wenn meine Mutter ihn aufwecken kann«, sagte Lina.

»Alle unsere Väter wollen kommen«, sagte Jella. »Mein Vater sagt, wenn man aus solch einem Sturm von See wieder ans gute feste Land kommt, möchte man gleich auf der Stelle in die Kirche gehen. Sie kommen sicher.«

»Das glaube ich auch«, sagte Janka. »Die Männer werden mit ihren Frauen kommen. Ich habe mir fast die Seele aus dem Leib geredet, daß mein Großvater Douwa daheim bleiben soll.« Sie ging weiter ins Innere der Kirche, aber bevor sie hinter einer Tür verschwand, rief sie zurück: »Seid jetzt leise, ihr seid in der Kirche.«

Es gab da ja eine große Versuchung. Zu jeder andern Zeit wäre es verlockend gewesen, in der leeren Kirche herumzulaufen und Verstecken zu spielen, sobald keiner auf sie aufpaßte. Aber heute waren sie ganz erfüllt von ihrer Sorge um die Störche im Sturm und von dem Gedanken, wie das Rad auf das Dach gebracht werden konnte. Plötzlich hielten sie es auf ihren Plätzen in der stillen, kalten Kirche nicht mehr aus. Auka stand als erster auf und ging wieder an die Tür zurück. Und alle machten es ihm nach. Sie steckten die Köpfe zur Tür hinaus und versuchten, an den Pfeilern vorbei auf die Straße zu schauen.

Endlich kamen auch die Erwachsenen, zuerst die Frauen. Sie gingen gebeugt im Wind. Alle Frauen trugen hölzerne Fußöfen, mit kleinen glühenden Kohlenbecken, um sich in der kalten Kirche die Füße zu wärmen. Der Wind blies in die glühenden Kohlen und verstreute einen Funkenregen auf die Straße. Eine Frau setzte gerade hastig ihren Fußofen auf die Straße und schlug mit dem Gesangbuch einen Funken aus, der sich in ihrem wollenen Umschlagtuch verfangen hatte. Der Wind zerrte an den weiten Röcken der Frauen.

Weiter hinten kamen die Fischer. Sie waren bereits am Deich gewesen, um sich davon zu überzeugen, daß ihre Boote sicher festgemacht waren. Sie hatten auch schon Himmel und Meer studiert, bevor sie in der Kirche verschwanden.

Jella hielt den Frauen mit ihren Öfchen die Kirchentür auf. Atemlos wurden die Frauen von dem Wind in die Tür geschoben. Sie waren froh, als sie hinter der Tür verschwinden konnten, und dankten Jella mit einem Blick.

Jetzt näherten sich die Männer. Die Jungen und Lina betrachteten aufmerksam ihre ernsten Gesichter. »Wird der Sturm noch lange anhalten?« fragte Auka.

»Noch einige Tage«, sagte ein Mann, und die andern nickten dazu. »Vielleicht eine Woche lang.« Sie eilten in die Kirche, zu keiner Unterhaltung aufgelegt.

Nun gab es nichts mehr, worauf die Kinder warten konnten. Die Kirchenbesucher waren alle da. Nur noch der einsame, durchdringende Schrei einer Seemöwe ertönte auf der vom Wind gepeitschten Straße. Dirk sah noch ein letztes Mal aus der Tür. »Ich glaube, der Lehrer kommt nicht. Ich wollte ihn wegen Montag fragen... He!« wisperte er aufgeregt. »Wißt ihr, wer da kommt? Janus! Der ist doch nicht mehr in der Kirche gewesen seit – aber Jana schafft es beinah nicht mit dem Rollstuhl. Kommt, helfen wir ihr!« Lina und die Jungen rannten auf die Straße. »Wir helfen«, riefen sie Jana zu.

Aber Jana wollte sich nicht helfen lassen. »Diesmal nicht!« sagte sie atemlos. »Nein, heute nicht! Dieses erste Mal will ich ihn allein hinbringen.«

Die Jungen halfen dann, den Rollstuhl über die beiden Stufen zu heben. »Nicht zu weit nach vorn«, sagte Janus zu Jana, »nicht bis zur Kanzel! Ich will nicht predigen. Laß mich hier hinten bleiben! Ich will nicht, daß alle der Schlag trifft, weil Janus in der Kirche ist!«

»Stell den Rollstuhl neben die Kinderbank!« bat Lina. »Das ist ganz hinten.«

»So ist's richtig«, sagte Janus.

Jana mußte auf die Seite der Frauen, aber die Kinderbank war die letzte auf der Männerseite. Die Jungen nahmen Jana den Rollstuhl ab. Sie schoben ihn geschickt bis zu ihrer Bank, aber dann versuchte jeder, sich neben Janus zu setzen. Der große Jella gewann. Lina bekam den Platz, der am weitesten von ihm entfernt an der feuchten, kalten Wand war. »Fragt Janus«, flüsterte sie, »fragt ihn, ob er meint, daß der Sturm anhält, und ob überhaupt noch Störche kommen.«

Von Mund zu Mund lief die Frage die Reihe entlang. Jella erklärte sie Janus. Janus sah Jella ungehalten an. »Was für ein Blödsinn!« sagte er laut, erinnerte sich aber schnell daran, daß er in der Kirche war. »Blödsinn!« flüsterte er heiser. Alle Kinder beugten sich vor, daß ihnen kein Wort entging. »Was zerbrecht ihr euch eigentlich die Köpfe«, fuhr er fort. »Die paar Störche, die ihr bis jetzt gesehen habt, waren nur die Vorhut – die Großväter, die schon alt und langsam sind und deshalb früh auf die Reise müssen. Die Jungen kommen erst. Die meisten sind noch nicht da. Sie werden zu Hunderten kommen.«

»Ganz bestimmt, Janus?« flüsterte Lina vom Ende der Bank her. Es klang zu schön, als daß es wahr sein konnte.

»Bestimmt«, zischte Janus aufgeregt. »Wozu, glaubt ihr, habe ich jahrelang die Vögel beobachtet? Ich müßte wirklich jeden Storch kennen, der vorbeifliegt, wenn sie nicht so komische afrikanische Namen hätten.«

Die ganze Bank kicherte. Viele Leute wandten sich unwillig um und waren erstaunt beim Anblick von Janus. Janus merkte, wie die Leute ihn anstarrten. Er wurde rot. Hastig griff er nach seiner Mütze und hielt sie vors Gesicht, wie es auch die andern Männer machten, wenn sie beteten. Die Leute stießen einander an und machten eine Kopfbewegung nach hinten. »Janus ist in der Kirche!« Einer nach dem andern drehte sich ein zweites Mal um, weil er ganz sicher sein wollte. Überall wurde geflüstert.

Janus schaute hinter seiner Kappe hervor und sah, wie sich die Leute nach der Kinderbank umdrehten. Unvermittelt packte er Jella bei den Schultern und schüttelte ihn. »Wollt ihr wohl still sein, ihr Bengels!« sagte er zornig. »Könnt ihr euch nicht benehmen? Still, sage ich... aber es werden noch viele Störche nach dem Sturm kommen. Still...«

Seine Frau, die drei Bänke weiter vorne saß, drehte sich um und warf ihm einen warnenden Blick zu, aber er war zu sehr mit den Kindern beschäftigt, als daß er ihn bemerkt hätte. »Janus! Sei jetzt leise!« zischte ihm Jana zu. »Der Pfarrer geht schon auf die Kanzel.«

Janus ließ Jellas Schulter los und blickte artig auf den Pfarrer. Jella rieb seine Schulter, und dann saß auch er wie die andern Kinder in der Reihe still. Alle waren jetzt beruhigt, weil Janus ihnen versprochen hatte, daß noch mehr Störche kommen würden.

Das Rad auf der Schule

Am Montag morgen hatte der Sturm noch nicht aufgehört. Wütend tobte er gegen den Deich. Die See war aufgewühlt. Graue Schaumfetzen flogen in der Luft und landeten in schmutzigen Flecken auf Straßen und Dächern. Der Sturm war sogar noch heftiger geworden. Zwischen seinem Heulen und Ächzen entstanden seltsame Pausen einer plötzlichen Stille, obwohl die See hinter dem Deich immer weiter tobte. Ungeheure Brecher rasten heran und erreichten beinahe den Scheitel des Deiches. Hier und da schlug ein Ausläufer einer riesigen Welle bereits über den Deich.

In den Häusern saßen die Fischer untätig in der Küchenecke und möglichst hinter dem Ofen, damit sie ihren geschäftigen Frauen, die die Kinder zur Schule fertig machten, nicht im Weg waren. Die Männer hatten dennoch keine Ruhe. In ganz Shora lagen die Kinder den Fischern in den Ohren. Das Rad mußte auf die Schule, gleichgültig, ob Sturm war oder nicht.

»Angenommen, morgen kämen Störche«, drang Lina in ihren Vater.

»Angenommen, angenommen«, gab ihr Vater unwillig zurück.

»Angenommen, du läßt mich mal nett und behaglich in meiner Ecke. Es ist ganz angenehm, zur Abwechslung einmal trocken und warm zu sitzen und nichts zu tun.«

»Ja, wenn aber der Sturm plötzlich aufhört, gehst du gleich wieder auf See, und wir kriegen das Rad nicht aufs Dach. Es ist dann keiner da außer Janus und dem alten Douwa, und die können beide nicht aufs Dach.«

»Da hast du Glück!« sagte ihr Vater ungeduldig. »Der Sturm wird noch lange dauern. Es ist also genug Zeit. So einen Sturm kann man nicht abstellen wie einen Wasserhahn. Kann ich nicht wenigstens einen ruhigeren Tag abwarten?« Damit verschwand er hinter einer Wochen alten Zeitung, die für ihn jedoch die letzten Neuigkeiten enthielt, weil er mehrere Wochen lang auf See gewesen war.

Er sollte aber nicht dazu kommen, sie zu lesen. Linda, Linas kleine Schwester, bestand darauf, auf seinen Schoß zu klettern, und auf der andern Seite der Zeitung stand noch immer Lina, um mit ihm zu verhandeln. »Der Lehrer hat am Samstag gesagt, wir hätten heute keine Schule, wenn das Rad aufs Dach käme. Deshalb könnten wir dir alle helfen«, sagte sie zur Zeitung. »Und wenn wir alle helfen, dauert es bestimmt nicht lange.«

»Was weiß denn dieser Lehrer von Sturm und Wind? Soll er doch selber aufs Dach! Und du machst jetzt, daß du in die Schule kommst! Es wird noch ein ruhigerer Tag kommen, bevor wir wieder hinausfahren, und dann wollen wir sehen. Aber jetzt fort mit dir, damit ich meine Ruhe habe!«

Das war endgültig. Betrübt schlüpfte Lina in ihre Holzschuhe. Sie wußte, daß es keinen Sinn mehr hatte, noch länger auf ihren Vater einzureden. Sie war so weit gegangen, wie sie es wagen konnte. Sie knöpfte ihre Jacke am Hals fest zu und stapfte aus dem Haus.

»Hör mal, Jella, wie oft muß ich es dir noch sagen? Ich gehe heute keinen Schritt vor das Haus, und dabei bleibt's. Ein Mann hat nach so vielen Wochen auf See wohl verdient, daß er einen ruhigen Tag hat, ohne auf das Schuldach klettern zu müssen. Oder nicht? Geh in deine Schule und lern etwas, anstatt auf ihr herumzuklettern!«

»Aber der Lehrer hat gesagt, heute ist keine Schule, wenn das Rad aufs Dach kommt.«

»Aber bei diesem Sturm doch nicht! Deshalb gehst du jetzt in die Schule, sage ich. Oder muß ich dich mal kurz am Hosenboden hochheben?«

Jella schlüpfte unzufrieden in seine Holzschuhe und warf die Tür hinter sich ins Schloß.

»Also paßt mal auf, Dirk und Pier – das hat man nun von Zwillingen, von allem kriegt man die doppelte Portion ab –, noch ein Wort, und ich stoße euch die Köpfe zusammen, daß ihr glücklich seid, wenn ihr zusammen noch einen behaltet. Verstanden? Meine Antwort lautet: Nein, nein, nein! Kein Rad auf keine Schule in keinem Sturm!«

»Aber wir helfen euch doch alle. Der Lehrer hat gesagt, es ist keine Schule, wenn...«

»Und ich sage, es ist Schule, und ihr geht beide hin, und jetzt will ich kein Wort mehr von Störchen hören. Marsch!«

Pier und Dirk sahen einander an. Mit finsteren Gesichtern schlüpften sie in ihre Schuhe, gingen auf die Tür zu und flüsterten miteinander. Ihr Vater grinste hinter seiner alten Zeitung.

»Paßt schön auf!« neckte er sie. »Ich habe gehört, ihr lernt heute etwas über die Störche.«

»Jedenfalls nicht über dickköpfige Fischer!« maulte Pier wild. Damit drückte er sich eilig mit Dirk aus der Tür, denn der Vater raschelte mit der Zeitung. Dirk stieß Pier durch die Tür und wäre in der Eile fast über ihn gefallen. Die Tür fiel zu.

»Hör zu, Auka, willst du mich jetzt nicht lieber in Ruhe lassen? Wenn ich noch ein Wort von Störchen höre, werde ich... ziehe ich dir den Kragen lang, daß du selber wie ein Storch aussiehst. Dann kannst du dich auf das Rad auf dem Dach setzen. Die Störche tun das nämlich nicht, die haben mehr Verstand als du. Wie sollte man denn bei diesem Wetter ein Rad auf das Dach bringen? Habe ich vielleicht Flügel? Und wenn ich auf dem nassen Dach ausrutsche und herunterfalle, wer verdient dann das Geld, daß du zur Schule gehen und über Störche spinnen kannst? Ab mit dir!«

»Wenn wir das Rad festmachen, ist aber keine Schule.«

»Kein Mensch macht heute das Rad fest, also habt ihr auch Schule. Auf Wiedersehen, Auka!«

Es blieb Auka nichts anderes übrig, als seine Schuhe anzuziehen und sich leise zu verdrücken. Sein Vater beobachtete ihn. »Wenn du deine Unterlippe noch ein bißchen weiter vorschiebst, dann könnt ihr euer Wagenrad darauflegen.«

Auka fluchte vor sich hin und blickte eisig auf seinen Vater, als er die Tür langsam schloß, um möglichst viel Wind hereinzulassen.

Eelkas Vater saß gemütlich in der Herdecke der Küche und beobachtete hinter seiner Zeitung, wie Eelka langsam die Schuhe anzog, seine Jacke zuknöpfte und den Kragen hochklappte.

»Wohin willst du, mein Sohn?«

»In die Schule«, sagte Eelka. »Es ist zwar heute Montag, aber es ist viel zu stürmisch, als daß man das Rad aufs Schuldach bringen könnte. Deshalb werden wir wohl Schule haben.« Er seufzte. »Ich habe auch nie Glück. Wiedersehn, Vater!«

Eelka duckte sich ein wenig, als er dem Wind entgegentrat, der die Straße herunterbrauste. Vor ihm gingen vornübergebeugt die andern Schulkinder und stemmten sich gegen den Wind. Verdrossen, ärgerlich und geschlagen trottete jeder für sich allein dahin. Keiner versuchte den andern einzuholen. Keiner wollte zugeben, daß er nichts erreicht hatte. Eelka trabte langsam hinter den andern her.

Gestern nach der Kirche hatten sie ihren Plan ausgeheckt. Pier und Dirk hatten versprochen, ihrem Vater so lange zuzusetzen, bis er nachgab. Wenn alle Kinder es ebenso machten – wenn sie bei ihren Vätern bettelten und sie quälten... Oh, die Väter würden gewiß ein wenig brummen und schimpfen, aber so waren sie einmal. Ganz anders als die Mütter. Man kannte die Väter nicht allzu gut. Immer waren sie auf See. Aber so mußte man es anstellen. Ein bißchen betteln, ein bißchen quengeln und dann abwarten! Trotz allem taten die Väter nach einiger Zeit doch immer, was man von ihnen wollte.

Einige hatten Bedenken, besonders Eelka. Er hatte gemeint, sein Vater würde sagen: ›Oh, sicher, Eelka‹ und es dann doch nicht tun. Aber Pier und Dirk versicherten übereinstimmend, daß bei den Vätern alles viel einfacher ginge als bei den Müttern. Von der Mutter bekam man höchstens eine Ohrfeige.

Aber die Mütter hatten eben weniger Geduld, weil man ständig um sie war.

Alle außer Eelka hatten sich leicht überzeugen lassen, weil es sich nicht nur darum handelte, das Rad auf die Schule zu bringen, sondern weil auch ein schulfreier Vormittag auf dem Spiel stand. Das war einen Versuch wert. Aber Eelka hatte gemeint, sein Vater sei einfach zu gutmütig und ihm dürfe er nicht so zusetzen.

Der Plan war aber elend ins Wasser gefallen, und das wollte keiner vor den andern zugeben.

Der Sturm dachte nicht daran, aufzuhören, das war völlig klar. Und nach dem Sturm würde kein Storch mehr übrig sein. Es war also alles nutzlos. Man konnte ruhig alle Hoffnung begraben. Selbst wenn der eine oder andere Storch den Sturm überlebte, was würde es ihnen nützen? Sie hatten ja kein Rad auf der Schule, und schuld daran waren nur die Väter.

Unter der Schultür trafen sie zusammen. Es war kalt, aber hier waren sie wenigstens vor dem scharfen Wind geschützt. Sie taten alle, als wären sie ganz damit beschäftigt, den Regen abzuschütteln und mit den Armen um sich zu schlagen, um warm zu werden.

Außer Atem waren alle. »Hu, was für ein Wind!« sagte einer. Die andern waren still. Verstohlen sahen sie einander an.

Endlich wandte sich Jella an Pier und Dirk, die Erfinder des großen Planes. »Na«, fragte er, »kommt euer Vater?« Pier und Dirk sahen sich an. »Nein«, gab Pier zögernd zu, »ich glaube nicht.« Das reinigte die Luft. »Meiner auch nicht. Den hättet ihr hören sollen!« »Meiner auch nicht. Der mag überhaupt nicht. Er sagte, er könnte ebensogut in einem Strohkorb zur See fahren wie in einem solchen Sturm auf einem steilen Dach sitzen. Vielleicht, wenn wir einen Sattel hätten, hat er gesagt. Und was sei schließlich ein Fischer wert, der auf einem spitzen Dach vom Wind in zwei Teile gerissen wird? Er glaubt jedenfalls nicht, daß seine zwei Hälften die doppelte Portion Fische fangen würden.«

Trotz ihres Ärgers mußten sie alle lachen. Jetzt, da sie ihr Mißgeschick zugegeben hatten, versuchten sie sich gegenseitig mit den Aussprüchen ihrer Väter zu übertrumpfen. Jetzt konnten sie auch darüber lachen. Und Eelka sagte auch nicht: »Hab ich's nicht gleich gesagt?« Er lachte selbst am allermeisten.

Jella sprach für alle, als er sagte: »Ich glaube, es ist zu windig für alte Männer wie unsere Väter.«

Plötzlich stand der Lehrer unter der Tür.

Lina platzte gleich heraus: »Kein Vater, nicht ein einziger, will kommen. Nicht einer will hinter dem Ofen hervor. Da sitzen sie und braten.«

»So«, sagte der Lehrer, »das ist also der Kummer. Kluge Leute, sage ich. Das werdet ihr früher oder später auch noch lernen: Gegen einen Sturm kommt man nicht an, und eine Wand kann man nicht mit dem Kopf einrennen. Wir wollen hineingehen und gleich mit dem Unterricht anfangen, damit ihr auf andere Gedanken kommt. Eure Väter kommen schon noch. Das wißt ihr. Wenn nicht heute, dann, sobald es möglich ist. Bevor sie wieder auf See gehen, werden sie das Rad auf die Schule setzen.«

»Haben sie Ihnen das gesagt?« fragte Lina eifrig.

»Nein, sie haben es mir nicht gesagt, aber ich weiß es. Und ihr alle wißt es auch. Väter helfen immer, wenn es ihnen möglich ist. Das tun alle Väter und Mütter. Ihr seid zu ungeduldig, aber das Rad kann warten. Die Störche werden den Sturm abwarten. Und wir wollen weise und geduldig sein wie die Störche.«

Trotz dieser Rede des Lehrers ging die Stunde nicht allzu gut voran. Der Wind, der um die Ecken der Schule fegte, erinnerte sie stets daran, daß auch auf See der Sturm tobte, und das Wagenrad, das an der Tafel lehnte, erinnerte sie an die Störche. Das Geheul des Windes war auch so stark, daß sie den Lehrer oft kaum verstehen konnten. Und wer konnte seine Rechenaufgaben richtig überlegen, wenn vielleicht gerade in diesem Augenblick Hunderte von Störchen auf ihrem Weg von Afrika her ins Meer stürzten? Wieviel Störche würden ertrinken und nie nach Shora kommen? Das war die wichtigste Frage, die sie in ihren Köpfen zu lösen hatten.

Der Lehrer fragte Auka: »Wieviel ist sechzehn mal sechzehn?«

Auka mußte seine Aufmerksamkeit von dem Fenster abwenden, gegen das der Wind gerade ein Büschel Heu preßte. »Kein einziger Storch wird bei dem Wind durchkommen«, antwortete Auka.

Niemand lachte zu dieser Antwort. Alle Augen wanderten ängstlich zum Fenster und von dort zu dem Wagenrad an der Schultafel. Sogar der Lehrer blickte finster drein.

»Es wird immer schlimmer«, murmelte einer in der letzten Reihe. »Das scheint nur so«, sagte der Lehrer langsam, »weil wir so hilflos sind. Weil wir hier stillsitzen müssen und nichts tun können. Untätigkeit ist das schlimmste. Und doch, Auka, das einzige, was du tun kannst, ist, daß du uns jetzt sagst, wieviel sechzehn mal sechzehn ist.«

Es entstand eine lange Pause. Auka mußte tief in seinem Gedächtnis wühlen. Dann gab er eine falsche Antwort. »Oh«, murmelte er mürrisch, »ich dachte sechzehn mal achtzehn.«

Niemand außer Auka kümmerte sich darum, daß seine Antwort falsch war. Nicht einmal der Lehrer. Sogar der Lehrer lauschte auf die Geräusche von draußen. Der Wind schien immer neue Arten von Lärm hervorzubringen. Ein Murmeln und Brummen drang durch die Schultür. Dann klang es, als wäre etwas Schweres gefallen. Und jetzt ein Schlürfen und Stolpern. Der Wind mußte wohl etwas umgeblasen haben. Alle Köpfe wandten sich zur Tür. Ein starkes Klopfen. Sie hörten Stimmen.

»Unsere Väter!« schrie Lina.

Der Lehrer eilte zur Tür. Da standen die Männer von Shora. »Es hat keinen Sinn, es ist Blödsinn«, sagte einer zum Lehrer. Das war Eelkas Vater. »Zuerst plagen sie dich bis aufs Blut, und du jagst sie in die Schule. Was passiert? Gleich fallen die Mütter über dich her! Keiner hat was anderes im Kopf als die verflixten Störche auf dem Wagenrad. Sie haben uns alle aus dem Haus geekelt, und da haben wir beschlossen, das Rad aufzustellen. Das ist das kleinere Übel.«

Der Lehrer grinste. »Das hat schon Salomon vor ein paar tausend Jahren herausgefunden. Sagt er nicht in seinen Sprüchen, es sei besser für einen Mann, er sitze auf dem Dach seines Hauses als mit einem bösen Weib in dem Haus?«

Aukas Vater drehte sich zu den andern um. »Habt ihr das gehört? Wenn die Weiber schon den alten Salomon auf das Dach getrieben haben, was sollen wir dummen Fischer machen?«

»Auch aufs Dach wie Salomon«, sagte einer aus dem Hintergrund. »Der wußte, wenn es Zeit war.«

Das Schulzimmer dröhnte von Lachen. Die Männer hatten ihren Spaß und wollten trotz des Sturmes versuchen, das Rad aufzustellen. Und sie waren nicht unglücklich darüber, das konnte man sehen; nicht, solange sie Witze rissen. Das war immer ein gutes Zeichen.

Jellas baumlanger Vater guckte über den Kopf des Lehrers weg in den Schulsaal. »Mir ist gesagt worden«, donnerte seine Stimme, »wenn wir das Rad aufstellen, fällt die Schule aus. Stimmt das, oder hat sich das mein Jella nur aus Liebe zur Schule ausgedacht?«

»Nein!« rief die ganze Schule. »Keine Schule. Er hat es versprochen.«

Sie warteten nicht mehr ab, daß der Lehrer mit dem Kopf nickte; sie konnten es schon an seinem Gesicht sehen – heute ging nichts mehr schief. Sie rannten aus dem Schulzimmer und zogen ihre Jacken an und die Pudelmützen und Holzschuhe.

Vor der Tür sahen sie, daß ihre Väter sogar Leitern mitgebracht und Balken und Seile hatten. Alles lag auf einem Haufen im Hof durcheinander. »Bahn frei! Aus dem Weg, ihr Sterblichen!« schrie Jella. Er war vorgerannt und hatte das Wagenrad ergriffen, statt mit den andern hinauszustürmen. Jetzt rollte er es mit Schwung durch das Tor. Alles sprang beiseite. Das Rad schwankte, rollte durch die Eingangstür in den Hof und fiel auf den Haufen von Balken, Seilen und Leitern.

»Na, da ist es ja«, rief einer der Männer. »Und jetzt rollt die Störche an!«

Die Männer lachten, aber die Kinder nicht. Sie waren glücklich, daß ihre Väter gekommen waren, aber dies schien ihnen kein guter Spaß zu sein. Die Wolken hingen dunkel und drohend weit auf die Erde und verhießen nichts Gutes. Nichts war am Himmel zu sehen als Sturm, nicht einmal ein Spatz. Ein Regenguß kam herunter. Der Wind peitschte den Regen in die offene Schultür.

»Wird wohl ein Storch diesen Sturm überleben?« fragte Dirk die Männer, die sich im Hof versammelt hatten.

Die Männer blickten zum Himmel auf und zuckten die Schultern. »Wenn der Sturm nicht zu lange anhält«, sagte Linas Vater. »Vielleicht haben ein paar von ihnen so viel Verstand und stekken den Kopf so lange in den Sand, bis alles vorüber ist.«

»Das tun doch die Strauße!« sagte Lina verächtlich. Sie schämte sich ein bißchen, daß ihr Vater so unwissend war, und noch dazu vor dem Lehrer. »Man sagt immer, die Strauße stecken ihren Kopf in den Sand, aber sie tun's gar nicht«, sagte der Lehrer.

»So, jetzt hast du's mit deinen Straußen«, sagte Eelkas Vater.

»Tja«, sagte Linas Vater, »ich stecke gleich selber den Kopf in den Sand. Diese Schulkinder von heute wissen anscheinend alles, was? Ich weiß nur etwas von Fischen.« Er lachte. »Seid ihr Kinder nicht auch mit ein paar Fischen auf dem Dach zufrieden? Oder wie wär's mit einem hübschen Hai im Waschzuber?«

Die Kinder grölten, und er lachte. Dann ging er einige Schritte zurück und besah sich das Dach.

»Los, ihr Salomons!« sagte er ungeduldig. »Gehen wir auf das Dach und setzen das Rad auf!«

Die Männer studierten das steile Dach. »Naß, steil und windig. Es wird glatter sein als ein Deck voller Quallen«, sagte einer von ihnen. »Ran mit der Leiter, damit wir sehen, was da oben für eine Temperatur ist!«

Zwei Männer hoben eine lange Leiter an. Als sie die um die Ecke des Schulhauses trugen, verfing sich der Wind in ihr. Die Männer konnten sie nicht halten. Die Leiter schwankte und drohte zu stürzen. Alle starrten ängstlich darauf und erwarteten jeden Augenblick, daß sie zur Erde sauste. »Achtung! Achtung!« schrie da einer. »Wenn ihr nicht einmal diese Leiter aufrichten könnt, wie wollt ihr dann das Rad raufkriegen? Steht nicht da und starrt sie an! Laßt sie runter! Laßt sie runter, sage ich. So!

Jetzt tragt sie waagerecht um die windige Ecke, nicht wie eine Fahne bei der Parade.«

Das war Janus! Er kam in seinem Rollstuhl gegen den Wind gefahren und fand noch Zeit, in einem fort zu kommandieren.

Die Männer ließen die Leiter herunter. Als sie Janus sahen, waren sie verlegen, daß sie vor ihren Kindern kommandiert wurden. Aber Janus hatte schon wieder ein breites Lachen im Gesicht. Trotz Wind und Wetter hatte er seinen Spaß. Er fuhr nun vollends zu den Männern heran. »Wenn es dazu kommt, daß ihr etwas Vernünftiges an Land tun sollt, dann seid ihr Burschen so hilflos wie die Fische«, sagte er. Damit drehte er seinen Stuhl bei und besah sich das Dach. »Also, dann wollen wir mal unsern Kopf benutzen! Oder besser, ich benutze meinen.«

»Da haben wir wohl einen Aufseher bekommen«, sagte einer der Männer.

»Schön, legt jetzt die Leiter hin!« befahl Janus. »Stemmt das eine Ende gegen die Wand und richtet das andere auf! Jetzt tretet darunter! Greift von Speiche zu Speiche, bis sie steht. Dann braucht ihr nur noch das untere Ende vorzuziehen. Auf diese Weise stört euch kein Wind.«

»Das hat geklappt«, sagte einer der Männer.

Als die Leiter stand, warteten die Männer unwillkürlich darauf, daß Janus weitere Anweisungen gab. Der sah sich gerade die Balken und die andere Leiter an.

»Und jetzt die andere Leiter auf das Dach! Wir müssen die erste an der zweiten festbinden, sonst wird sie uns vom Dach geblasen. Inzwischen holt ihr Kinder mal das Wagenrad!«

Während die Kinder losgingen, betrachtete Janus den Haufen Bretter und Balken, der noch im Hof lag.

»Wofür ist das Zeug hier gedacht?« fragte er.

»Um das Rad zu stützen. Wir brauchen etwas, was das Rad auf dem steilen Dach festhält«, erklärte Aukas Vater.

»Ja, aber schließlich sollen doch Störche auf dem Rad nisten und nicht Elefanten«, sagte Janus grinsend. »Wenn ihr da ein Gerüst von Balken und Brettern aufrichtet, dann halten die Störche das für eine Falle. Aber macht nur voran mit der Leiter! Janus wird schon alles nett und einfach richten.«

»Jawohl, mein Herr!« sagte Aukas Vater lachend.

»Los, ihr Männer, her mit der zweiten Leiter«, sagte Janus.

Jella, Auka und Lina rollten das Wagenrad zu Janus. »Wo steckt nur die Säge?« fragte er. »Ich hatte sie doch irgendwo an den Rollstuhl gehängt.«

»Hier ist sie«, sagte Pier hinter ihm. »Du hast auch einen Hammer mitgebracht. Du sitzt darauf.«

»Gebt her«, sagte Janus. Er nahm den Hammer und schlug, ohne auf die entsetzten Blicke der Kinder zu achten, den Eisenreif des Rades los. Dann begann er ein tiefes V in den hölzernen Innenreifen zu sägen. Die Kinder mußten das Rad dazu festhalten. »Seht ihr, ich schneide jetzt zwei tiefe Vs ein; auf diese Weise paßt der Reifen genau auf den Dachfirst. Dann legen wir den Eisenreifen nur lose darüber – dieses Rad wird ja nicht gerollt – und lassen ihn ein wenig überstehen; dann hat das Rad einen erhöhten Rand. Störche sind nämlich furchtbar schlampige Nestbauer. Und so werden die Zweige besser zusammenhalten.«

Jetzt gesellte sich der Lehrer zu ihnen. »Janus, wollen Sie nicht lieber hereinkommen? Sie brauchen doch hier nicht im Wind zu sitzen.«

»Wenn diese Männer auf dem zugigen Dach arbeiten, kann ich es auch hier unten aushalten, wo es vergleichsweise gemütlich ist«, sagte Janus kurz und wandte seine ganze Aufmerksamkeit seiner Säge zu.

Der Lehrer merkte, daß Janus es nicht besser haben wollte, und sagte vorerst nichts mehr. »Kann ich irgend etwas helfen? Ich komme mir ganz überflüssig vor«, sagte er schließlich.

»Nun, ich brauche einen Stützbalken und einen Bohrer, und zwar einen langen, der durch die Bretter zu beiden Seiten des Firstes reicht!«

»Mein Vater hat einen Balken und alle Sorten von Bohrern«, sagte Jella eifrig. »Ich hole sie.«

»Da, weg ist Jella und der Auftrag, den Sie für mich hatten«, sagte der Lehrer.

»Halt!« sagte Janus. »Ich brauche auch noch zwei starke Eisenstifte, auf die wir das Rad an zwei Stellen auflegen können. Sehen Sie, wir bohren die Löcher in den First, schieben die Halteeisen hindurch und legen das Rad auf die Eisen. Die beiden Vs, die ich in den Holzrand gesägt habe, passen gerade auf den First. Dann brauchen wir nur noch den Radrand mit Draht an den Eisen zu befestigen, und das Rad sitzt fest wie eine Eins. Aber ich kann mir nicht denken, daß es in ganz Shora solche starken Eisenstifte gibt.«

»Ha«, sagte der Lehrer, »Sie haben den Richtigen gefunden. Mir scheint, ich habe solche Eisen beim Läuten im Turm liegen sehen. Ich glaube bestimmt.«

»Hoffentlich sind sie lang genug«, sagte Janus.

»Ich werde nachsehen. Und das kann kein anderer für mich tun. Als Glöckner bin ich nämlich der einzige, der einen Schlüssel zum Turm besitzt.« Der Lehrer zog einen großen, altertümlichen Schlüssel aus der Tasche und hielt ihn hoch. Und er eilte davon.

»Gut, daß ich eine Beschäftigung für ihn gefunden habe«, sagte Janus zu Lina. »Er macht mich ganz nervös, wenn er auf alles so scharf aufpaßt. Der ist genauso aufgeregt und durchgedreht wie ihr Kinder.« Er hatte inzwischen die Vs sauber ausgeschnitten. Nun mußte der eiserne Reifen wieder darübergelegt werden. Die Jungen und Lina mußten das Rad mit allen Kräften festhalten. Jella kam mit dem Balken und den Bohrern schnell zurück, und einige Minuten später erschien auch der Lehrer mit zwei langen rostigen Eisenstiften. Janus untersuchte sie genau. »Die müßten eigentlich passen. Gut, lang und kräftig. Lang genug für das Rad. Gut, daß Sie daran gedacht haben!« sagte er zum Lehrer. »Das sind sicher die einzigen in ganz Shora. Hatte mir schon Sorgen gemacht. Wenn Sie die nicht gefunden hätten, wäre mein ganzer Plan ins Wasser gefallen.«

Jella mußte auf die Leiter und seinem Vater Balken und Bohrer bringen. Und der Lehrer wurde ausgesandt, dicken Draht zu suchen. »Man muß ihm etwas zu tun geben«, sagte Janus mit einem Blinzeln zu Lina.

Endlich war das Rad fertig. Die Kinder rollten es an den Fuß der Leiter. Und die Männer wuchteten das schwere Rad hoch, während Jellas Vater noch die Löcher in den First bohrte.

Das Hochhieven des Rades war bei dem heftigen Wind eine schwere Aufgabe. Zwei Fischer saßen auf dem Dachfirst, bereit, das Rad auf die Eisenstifte zu setzen, sobald es oben ankam. Wieder ergoß sich eine schwere Regenbö über Shora. Die Männer auf dem First mußten sich flach ans Dach pressen. Sie lagen mit den Gesichtern auf dem Dach und hielten sich mit einer Hand an der Leiter fest. Die Männer, die das Rad auf der Leiter nach oben brachten, mußten stehenbleiben und warten. Der Regenguß hörte so schnell auf, wie er gekommen war, und der Kampf ging weiter.

Janus bewachte jede Bewegung mit Adleraugen. Er war so beschäftigt, daß er Regen und Wind nicht zu spüren schien. Aber von Zeit zu Zeit blickte er die Dorfstraße hinunter. Plötzlich schrie er: »Schaut, was da kommt! Was sagt ihr nun? Wind oder nicht – die Frauen kommen! Das bedeutet heißen Kaffee. Wir werden hier ein Frühstück im Freien veranstalten. Ein Hoch auf die Frauen!«

Alle Arbeit auf dem Dach stockte. Jedermann sah auf die Straße.

Sie winkten ihren Frauen. Die Frauen kamen näher und versuchten die Kaffeetöpfe vor dem kalten Wind zu schützen. Wieder kam ein Windstoß, und die Männer mußten sich an Dach und Leiter drücken.

Nachdem er vorbei war, schauten sie wieder auf die Straße. »Hilft nichts«, rief Janus, »keinen heißen Kaffee und kein Garnichts, bevor das Rad nicht oben ist.«

»Janus, du alter Sklaventreiber«, beklagte sich ein Mann auf dem Dachfirst, »dir fehlt nur noch die Peitsche.«

»Brauche keine«, schrie Janus zurück, »habe eine Zunge!«

»Stimmt«, rief Piers und Dirks Vater herunter, »zu schade, daß dir der Hai statt der Beine nicht die Zunge abgebissen hat.«

Janus wurde rot und verlegen. Er blickte zur Seite und schielte dann vorsichtig unter seiner Mütze hervor, um zu sehen, wie der Scherz gemeint war. Piers Vater sah diesen Blick; er grinste Janus gutmütig an. Janus atmete auf. »Alles, was recht ist, aber der Hai hatte es tatsächlich auf meine Zunge abgesehen«, sagte er langsam. »Er hat sie sich sogar sehr genau angesehen, aber ich glaube, sie war ihm ein zu grober Bissen. Meine Stiefel erschienen ihm bedeutend feiner. Da verschlang er die. Wie konnte der dumme Fisch ahnen, daß meine Beine darin steckten?«

Alles lachte, und Janus lehnte sich vorsichtig zurück. Er schien das Gelächter zu genießen. Dann fiel sein Blick auf Pier, der ängstlich neben dem Rollstuhl kauerte. »Mein guter Junge«, sagte er, »glaub nur ja nicht, daß ich nicht weiß, daß sie alle diese Geschichte nur erzählen, weil sie glauben, daß es mir guttut. Aber es tut mir gut!« fügte er heftig hinzu. »Sehr gut sogar.«

Jetzt kam das Rad auf dem First an, und Janus richtete seine ganze Aufmerksamkeit wieder auf das Dach. »Hoffentlich klappt es mit den Eisenstiften«, murmelte er besorgt, »sonst bin ich in des Teufels Küche. Die schmeißen mich aus Shora raus.«

Der Lehrer kam mit einer Handvoll Draht angerannt. Janus suchte den stärksten aus und schickte Pier damit die Leiter hinauf. »Keine Arbeit mehr«, erklärte er dem Lehrer, »aber die Frauen haben heißen Kaffee auf dem Ofen im Schulzimmer. Holen Sie sich eine Tasse! Sie sind es nicht gewöhnt, bei solchem Wetter im Freien zu sein.«

»Aye, aye«, sagte der Lehrer wie ein Seemann, grüßte zackig und verschwand.

Jellas Vater lag längelang auf der Leiter auf dem Dach und befestigte den Draht an den Eisenstiften und dem Radrand. Es war eine unbequeme, langwierige Arbeit. Der scharfe, salzige Wind biß ihm in die Finger und machte sie steif. Die beiden Männer auf dem First hielten das Rad an seinem Platz. Einer mußte loslassen und die steif gewordenen Arme ausruhen. Müde wischte er sich den eisigen Regen von der Stirn. Er griff wieder nach dem Rad, aber jetzt stand es etwas schief.

»Jan, halte das Rad gerade!« rief Janus ihm zu. »Die Störche brauchen ein Nest und keine Rutschbahn.«

»Weißt du was?« antwortete Jan gereizt, und ehe er recht wußte, was er sagte, war es schon heraus: »Wenn du meinst, du könntest es besser, dann komm rauf und halt es selbst!«

Es entstand eine verlegene Stille. Alle sahen auf Janus. Lina, die neben seinem Rollstuhl stand, legte ihm die Hand auf die Schulter. Aber zu ihrer Verwunderung lachte Janus. »Hast du das gehört?« fragte er Lina. »Der hat vergessen, daß ich keine Beine habe. Gesegnet sei sein ruppiges Fell! So ist's richtig!«

Jetzt erst merkte Jan, der mit dem Rad und seiner kippeligen Lage voll beschäftigt war, was er gesagt hatte. Er sah zu Janus hinunter. Langsam ging ein Grinsen über sein Gesicht. »Bleib nur unten!« sagte er. »Ich lasse dich nicht rauf. Ich kann es genau so gut wie du.«

Jan hatte sich nicht entschuldigt und nichts verschwiegen. Er behandelte Janus wie jeden andern Mann. Janus war wieder einer von ihnen. Janus beugte sich weit vor, um eine Falte an seiner Hose glattzuziehen. Als er sich wieder aufrichtete, glänzten seine Augen. »Gesegnet sei sein ruppiges Fell!« murmelte er.

Lina nahm die Hand von seiner Schulter. Auch sie durfte Janus nicht behandeln wie ein kleines Kind.

»Traust du dich hinauf?« fragte Janus plötzlich. »Wir müssen das Rad ausprobieren, und du bist die einzige, die ungefähr das Gewicht von zwei Störchen hat. Ich muß wissen, ob das Nest nicht wackelt. Die Männer halten dich fest.«

Janus behandelte sie auch nicht wie ein kleines Kind.

»Sicher«, sagte Lina stolz.

Jan, der auf dem First saß, hielt Lina an der Hand, als sie auf das Rad kletterte. Janus erteilte von unten seine Befehle. Lina ging auf dem Radrand entlang, so weit Jan reichen konnte. Janus paßte genau auf. »Du kannst wieder runterkommen«, sagte er, »es wird halten. Es hat sich nicht im geringsten bewegt, auch nicht, als du darauf herumgingst. Alle Mann vom Dach herunter! Nehmt die Seile und Leitern mit und holt euern Kaffee!«

Lina benutzte diesen Augenblick, um sich von Jans Hand freizumachen. Sie kletterte auf die Radnabe und schlug mit den Armen. »Ich bin ein Storch! Ich bin ein Storch!« rief sie. Im nächsten Augenblick faßte sie ein Windstoß. Im Fallen hielt sie sich an den Radspeichen fest und griff wild nach Jans Hand.

»Ein feiner Storch!« höhnten unten die Buben. »Laß mal sehen, wie du fliegen kannst!«

»Jan, komm runter und nimm den Storch unter den Arm, bevor er davonfliegt!« rief Janus.

Es war ein richtiges Picknick mit dampfendem Kaffee, Kuchen und Krapfen. Es war ein Fest! Heiße Schokolade erhielten die

Buben und Lina. Das gab es sonst nur am Geburtstag der Königin und am Nikolaus-Tag.

Außerdem war schulfrei!

Das Klassenzimmer summte von vielen Stimmen, und Janus saß in der Mitte in seinem Rollstuhl. Seine Stimme war aus allen herauszuhören. Alle hatten gute Laune. Trotz Sturm und Regen hatten sie das Wagenrad auf das Dach gebracht. Es war ein richtiger Festtag.

Keine Schule heute und die Väter zu Hause. Jetzt konnten sie den ganzen Tag mit ihnen Domino spielen. Das beschlossen die fünf Jungen und Lina, als sie auf ihren Plätzen saßen und heiße Schokolade tranken, während sich die Erwachsenen am Ofen wärmten.

Es geschah so selten, daß die Väter daheim waren. Immer waren sie auf See, oder sie mußten Segel und Netze flicken und die Boote instand setzen. Aber heute lag noch fast ein ganzer Tag vor ihnen, an dem die Väter ihnen gehörten. Der Sturm hatte ihnen einen Festtag beschert.

Alle redeten durcheinander, und Janus war mitten unter ihnen. Jetzt fiel sein Blick auf die Jungen und Lina in der Ecke. »Na, wie ist's? Ist das nun ein Fest oder nicht?«

»Heiße Schokolade und heiße Krapfen!« strahlte Pier. »Ha, Janus, jetzt fehlen uns nur noch ein paar Kirschen!«

Janus lachte. »Da mußt du dahin, wohin der Wind sie geweht hat. Aber unter dem Baum liegen noch einige, wenn du Salzkirschen magst.«

Lina erzählte den Jungen, daß sie Janus fragen wollte, ob er mit ihnen Domino spielen würde. Er und Jana hatten keine Kinder. Man mußte Janus einladen. Alle stimmten eifrig zu. Sie wünschten sich alle, daß Janus zu ihnen käme.

»O nein«, sagte Lina, »zuerst kommt er zu mir!«

Der Sturm hielt noch drei Tage an. Hinter dem Deich kämpfte die Ebbe verzweifelt gegen seine Gewalt, die das Wasser hinderte abzulaufen. Selbst bei Ebbe schäumte die See böse und hoch, und riesige Wellen rannten brüllend gegen die Deichkrone. Der Wind heulte um die Häuser des Dorfes, klapperte mit den Dachpfannen und warf manche von ihnen auf die Straße, wo sie klirrend zersprangen. Schon waren mehrere Fenster von den fliegenden Trümmern zerschlagen worden. Deshalb blieben die Fensterläden von Shora von nun an während der Sturmtage geschlossen, um die Glasscheiben zu schützen.

In den überfüllten Häusern saßen die Fischer und brummten über die ausgefallenen Arbeitstage, den Zeitverlust und ihre Gefangenschaft. Seit fünf Tagen war nun jeder Fischer eingesperrt in einem kleinen Haus, in Wohnzimmer, Diele und Küche. Das Wohnzimmer, wo das Bettzeug über den Stühlen hing, sah aus, als befinde es sich im Zustand eines ewigen Großreinemachens. Die Fischer waren gereizt, daß sie unentwegt in engen Stuben hocken mußten, den schalen Geruch ihres eigenen Tabaks in der Nase und unter Stühlen und Bänken die kleinen Kinder, die immer im falschen Augenblick den Erwachsenen zwischen die Beine rannten.

Mit den älteren Kindern konnte man schon etwas leichter fertig werden. Man schickte sie einfach fort in die Schule; aber dort – so erschien es den gereizten Vätern – hockten sie auch nur herum und zerbrachen sich die Köpfe über den Sturm und was er ihren geliebten Störchen antun konnte. Äußerst wenig Wissen wurde in diesen nervenaufreibenden Tagen in ihre kleinen Köpfe getrichtert. Und schließlich wußten die Fischer nicht mehr, was ihnen mehr über war: das Dominospiel oder das ewige Gespräch über die Störche.

Als es am fünften Tag noch immer stürmte, wischte Linas Vater plötzlich mit einer Handbewegung die Dominosteine vom Tisch, daß sie durchs Zimmer flogen und zwei im Aschenkasten des Ofens landeten. »Kann man Dominosteine essen?« platzte er wütend heraus. »Mir scheint, wenn ich nicht gerade einen nassen Säugling in der Hand halte, dann muß ich halbwüchsige Kinder mit Dominosteinen beruhigen! Domino! Ich hab's so satt, daß mir schon Dominoflecken vor den Augen tanzen!« Er griff nach seinem Ölzeug und stapfte zur Tür. »Ich mache jetzt mein Boot fertig. Morgen ist es aus mit dem Sturm. Er klingt jetzt schon ein wenig anders.« Er schaute seine Frau an, die gerade die beiden Dominosteine aus der heißen Asche fischte. »Weiß schon«, brummte er, »ich bin hier der Hans Taps. Meine langen Beine sind für die See gemacht, nicht für das Zimmer!«

Es schien, als seien sämtliche Fischer im gleichen Augenblick aus der Haut gefahren. Plötzlich kamen aus allen Häusern Shoras Männer mit langen Schritten heraus. Sie fingen an, auf dem Deich die Netze und das Fangzeug klarzumachen, ohne darauf zu achten, daß der Sturm sie doppelte Arbeit kostete. Sie arbeiteten, und wenn einer zum andern etwas sagte, dann mußte er brüllen, und der Wind riß ihm die Worte vom Mund und trug sie hinab zu den Häusern. Ah, es tat gut, die Männer draußen wieder arbeiten zu hören! Die Frauen holten tief Luft und machten sich daran, die Zimmer in Ordnung zu bringen.

»Na, vielleicht können wir morgen Türen und Fenster aufreißen und Luft hereinlassen«, sagte Linas Mutter voller Hoffnung. »Wer weiß, vielleicht gibt es sogar ein wenig Sonnenschein. Ach, es wäre schön, wieder ein bißchen Sonne zu sehen!«

Aber das dauerte noch eine Weile. Die Fischer mußten der See und dem Sturm noch eine weitere Nacht opfern. Wenn es auch stimmte, daß der Sturm anders klang und nicht mehr so heftig wehte, das Meer schien davon noch nichts zu wissen. Als ob es sich daran gewöhnt hätte, schäumte und brodelte es hinter dem Deich. In der Nacht sprang der Nordwind dann ein klein wenig um – so wenig, daß man eben wirklich Fischer sein mußte, um es zu merken.

Am Morgen standen kleine Gruppen von ernst blickenden Männern auf dem Deich, reckten die Nasen in den Wind, prüften ihn, studierten die jagenden, dunkel drohenden Wolken. Sie schmeckten den Wetterumschlag aus dem salzigen Schaum, den die See über den Deich warf. Für sie alle bedeutete das Wort Wetterwechsel nur eins: daß sie wieder auf See fahren konnten. Morgen wollten sie ganz bestimmt fahren, ob sich die See beruhigt hatte oder nicht. Sie wußten ja, daß die Kraft des Sturmes gebrochen war. Die See würde sich auch beruhigen.

Heute war nun glücklicherweise Donnerstag, der Tag der Zeitung, eines kleinen, zweiseitigen Blättchens, das wöchentlich einmal erschien und Neuigkeiten aus ganz Holland und von fernen Ländern brachte. Nur eine einzige Ausgabe dieses Blättchens kam zu den Fischern von Shora. Es wurde von Hand zu Hand weitergereicht, bis die Dorfbewohner es buchstäblich zu Fetzen zerlesen hatten. An diesem Abend brauchten die Fischer also nicht Domino zu spielen. Es war ja die Pflicht eines Mannes, die Zeitung zu lesen, sobald sie kam – von Anfang bis zu Ende, vom ersten bis zum letzten gedruckten Wort. Und er mußte schnell lesen, denn die Nachbarn warteten auf das Blatt.

An diesem Donnerstagabend lasen die Männer die Zeitung laut vor, damit die Frauen während ihrer Arbeit und die halbwüchsigen Kinder etwas davon hatten. Dabei schielten die Männer immer wieder nach der Uhr; denn nach einer gewissen Zeit mußte das Blättchen ins nächste Haus gebracht werden.

Das laute Vorlesen einer Zeitung war entsetzlich langweilig für die Kinder. Sie fanden, daß Domino mehr Spaß machte. Aber Erwachsene hatten einfach keine Ausdauer beim Spielen.

Man konnte also nichts anderes tun, als still ein wenig Domino mit sich selbst zu spielen: die Steine in einer langen Reihe wie Soldaten aufstellen, einen neben den andern, dann den ersten umstoßen und zuschauen, wie einer nach dem andern umfiel. Das war übrigens zugleich eine gute Tat; denn es fesselte die Aufmerksamkeit der kleineren Kinder, die dabei ruhig blieben und nicht das überaus bedeutende, fast geheiligte Vorlesen der Zeitung störten. Sie war wie immer voll von Nachrichten über die langweiligen Taten von Parlamenten und Ministern und auswärtigen Diplomaten mit seltsamen, fremden Namen.

Auka saß und lauschte seinem Vater. Auka warf einen Blick auf das Papier. Seine Aufmerksamkeit wurde plötzlich durch das Wort »Afrika« erregt. Es schien ihm aus all den vielen gedruckten Zeilen geradezu herauszuleuchten. Er vergaß, die Dominosteine umzustoßen, die er gerade für seinen kleinen Bruder Jan in einer langen Reihe aufgestellt hatte, und las:

»Man nimmt an, daß der Sturm, der seit fünf Tagen mit unbeschreiblicher Gewalt über das Land und über ganz Westeuropa rast, den Störchen aus Afrika einen vorläufig noch nicht übersehbaren Schaden zugefügt hat. Der Sturm setzte ein, als die Wanderzeit der Störche gerade ihren Höhepunkt erreichte. Es wird befürchtet, daß alle Störche, die weit über dem Meer flogen, als der Sturm einsetzte, umgekommen sind. Wir in Holland müssen damit rechnen, daß die meisten Nistplätze der Störche auf den Scheunen und Hausdächern des Landes dieses Jahr leer bleiben. Das ist um so bedauerlicher, als gerade in den vergangenen Jahren die Zahl der Störche zuzunehmen begann. Voraussichtlich wird es Jahre brauchen, bis dieser Verlust wieder aufgeholt ist.«

Als Auka damit zu Ende war, saß er still und stumm da, als buchstabiere er im Geist nochmals den Sinn dieser Sätze. Man konnte es ja fast nicht glauben; aber da stand es schwarz auf weiß auf dem Papier. Und da war noch etwas, das alles noch schlimmer machte: sein Vater hatte ausgerechnet diese Nachricht nicht laut vorgelesen. Warum nur?

»Stoß sie doch endlich um!« bettelte Aukas kleiner Bruder Jan und starrte begierig auf die krumme Reihe Dominosteine, die über den ganzen Tisch lief. »Stoß doch, Auka!«

Auka gab dem ersten Stein einen Stoß, dann schlüpfte er hinter dem Tisch hervor. »Muß Pier und Dirk noch eine Minute sehen!« sagte er halblaut.

Seine Mutter blickte verwundert auf. »Doch nicht jetzt, in Sturm und Regen?« fragte sie leise. Aber sie wurde schon abgelenkt; denn nun las der Vater wieder vor. Auka zog seine Jacke an und stürmte ohne Mütze auf die Straße hinaus, über die der Wind den Regen peitschte.

Tatsächlich wußte keines der Kinder Bescheid. In jedem Haus, in dem die Zeitung schon vorgelesen war, hatten die Väter die Nachricht von den armen Störchen, die im Sturm umkamen, einfach verschwiegen. Und das machte die Sache noch schlimmer. Lina gesellte sich zu Auka, Dirk und Pier. Zusammen gingen sie erst zu Jellas Haus, dann zum Hause von Eelka. Jeder sollte es erfahren.

Was tun? Es stand in der Zeitung, also war es wahr. Es war eine Nachricht, eine Tatsache. Gar nichts konnten sie tun – es war eben der Sturm. Gott machte den Sturm und warf große Störche ins Meer, damit sie Futter für die Fische würden. Benommen saßen sie in Eelkas Küche.

»Aber einige werden doch durchkommen«, sagte Lina verzweifelt. Sie bettelte geradezu, die anderen möchten ihr recht geben.

Jella sagte: »Einige schon! Aber die gehen zu ihren alten Plätzen.

Du weißt genau, was Janus gesagt hat. Nur die jungen Störche vom letzten Jahr suchen neue Nistplätze, etwa auf unserer Schule. Und Janus sagte uns vergangene Woche in der Kirche, daß gerade die jungen Störche noch erwartet werden – und die sind jetzt ins Meer gefallen!«

»Ach, Janus weiß auch nicht alles. Was sagt der Lehrer denn dazu?«

»Ja, der Lehrer müßte es wissen.«

»Vielleicht sollten wir es doch Janus sagen… Kommt, wir erzählen Janus die Geschichte!«

»Können wir denn alle miteinander zu ihm gehen?« fragte Jella zweifelnd. »Wir sind doch noch nie bei ihm gewesen!«

Aber irgend etwas mußten sie jetzt unternehmen. Sie konnten nicht einfach stillsitzen und die Hände in den Schoß legen.

Jana öffnete die Tür, ließ aber die Kinder draußen in Wind und Regen stehen. »Mö… möchten Sie Janus sagen, daß alle Störche vom Sturm heruntergeworfen wurden?« fragte Pier düster.

»Sind die Kinder draußen?« rief Janus von drinnen. »Bring sie herein! Habe mir schon gedacht, daß sie kommen, sobald sich die Zeitungsnachricht herumgesprochen hat.«

Einer nach dem andern trat ins Haus. Die Jungen nahmen die Mützen von den Köpfen und zogen an ihren Jackenknöpfen. Also mußte Lina den Anfang machen. Sie ging hinter Jana durch die Diele in die Küche, wo Janus saß und behaglich aus einer Tasse heiße Milchschokolade schlürfte. »Gieß noch ein bißchen Wasser in die Schokolade, dann haben wir für jeden eine Tasse voll!« sagte er zu Jana.

Janus machte noch Witze! Selbst nach dieser schrecklichen Nachricht in der Zeitung konnte er in der Küche sitzen, heiße Schokolade trinken und Witze reißen. Die Kinder, sogar Pier, wußten nicht, was sie davon halten sollten.

»Janus, hast du gelesen, was in der Zeitung steht?« fragte Lina
schließlich. Ihre Stimme zitterte.

Nun wurde Janus lebendig. »Gelesen? Dumme Frage, ich habe
das Zeug so oft gelesen, daß ich es beinahe auswendig kann.
Aber nun hockt mal nicht so herum und macht nicht Gesichter,
als ob ihr dieses dumme Geschreibsel ernst nähmt. Der Kerl, der
das geschrieben hat, sitzt in irgendeinem düsteren Keller in Amsterdam. Ringsum Häuser, so hoch, daß er nicht so viel vom
blauen Himmel sieht, wie mein Taschentuch groß ist!«

Janus holte wütend Luft. »Wißt ihr, was ich glaube? Der Kerl in
Amsterdam könnte noch nicht einmal einen Storch von einem
Hahn unterscheiden. Na ja, es gibt ja auch keine Störche in der
Stadt. Aber er weiß selbstverständlich ganz genau, daß sämtliche
Störche im Meer ertrunken sind. War er mit einem Boot draußen
auf See im Sturm? Hat er Leichen von Störchen gefunden, die der
Sturm an die Deiche trieb?

Nein, hat er nicht!« antwortete Janus wild auf seine eigene
Frage. »Alles, was er hat, ist ein Topf voll Tinte, den er leer schreiben muß, und eine Zeitung, die er vollschreiben muß. Alles,
woran er denken kann, heißt: ›Man sagt... man fürchtet... man
schätzt...‹« Er zitierte wütend den Artikel.

»Aber wer denkt das? Wer fürchtet das? Der Zeitungsfritze?
Quatsch! Es sind nur Worte, dazu bestimmt, die Kinder von
Shora unruhig zu machen.« Janus sah sie einen nach dem andern
an. Er warf einen Blick auf seine großen Fäuste. Wäre der ge-
haßte Zeitungsschreiber aus Amsterdam zufällig in der Küche
gewesen, es wäre ihm und seinem Tintenkopf schlecht ergan-
gen.

»Hat einer von euch schon einen toten Storch am Deich gefunden?« fragte Janus.

»Nein«, sagte Lina, »aber wir haben auch noch nicht danach
gesucht...«

Diese Antwort war falsch. Janus betrachtete Lina, als hätte sie die Zeitungsnachricht geschrieben. »Zeitungsfritzen! Tinte! Worte!« schnaubte er. »Alles Unsinn! Diese Störche machen zweimal im Jahr die Reise. Nun paßt mal genau auf! Wenn der verflixte Schreiber aus seinem Keller herauskriechen und bei Sturm in ein Boot steigen würde, dann wäre er ertrunken, schon drei Meter vom Deich entfernt. Aber eure Väter ertrinken nicht, oder? Sie können ein Boot durch den Sturm steuern, sie wissen mit Stürmen Bescheid. Na, bei den Störchen ist das nicht anders. Sicher, der eine oder andere kann ertrinken, aber die andern falten nicht ihre Schwingen und warten darauf, daß der Wind sie ins Meer wirft und daß sie Fischfutter werden. Nein, dazu sind sie zu schlau. Sie lassen sich einfach nicht von einem Sturm überm Meer erwischen. Sie spüren in den Knochen, daß ein Sturm aufkommt, bevor es zu blasen anfängt. Und dazu brauchen sie noch nicht einmal eine blöde Zeitung zu lesen!«

Janus hatte die Überlegenheit der Störche ziemlich überzeugend und anschaulich vermittelt. Als Jana jetzt Tassen mit dampfendheißer Milchschokolade herumreichte, besänftigte sich Janus ein wenig. »Nein, nun paßt mal alle auf! Der Sturm wird die Störche vielleicht ein paar Tage länger aufhalten. Vielleicht zerstreut er sie auch ein bißchen. Aber in zwei, drei Tagen könnt ihr wieder in den Himmel schauen und auf Störche warten. Sie werden jetzt nur paarweise kommen, nicht in großen Scharen, weil sie sich vom Sturm übers Land treiben lassen – aber nicht hinaus auf die See! Sie kommen durch, alle – mit Ausnahme vielleicht von ein paar jungen Störchen, die zum ersten Mal zurückfliegen.«

»Aber... du hast am Sonntag gesagt, Janus, daß wir gerade die jungen Störche hier in Shora brauchen!« sagte Jella ängstlich. »Du hast gesagt: Die jungen Störche schauen aus nach einem Platz wie Shora zum Beispiel, während die alten zu ihren gewöhnlichen Nistplätzen fliegen.«

»Aber das ist doch gerade der Witz an der Geschichte, du kleiner Strohkopf!« wetterte Janus. »Kannst du das denn nicht begreifen? Der Sturm wird uns helfen, weil er die Störche zerstreut hat. Da sind zum Beispiel welche, die wollten nach Deutschland fliegen. Statt dessen werden sie jetzt in unserer Provinz Friesland ankommen. Und da der Sturm sie fast eine ganze Woche aufgehalten hat, suchen sie nicht mehr lange nach Nistplätzen, die noch ein paar hundert Kilometer entfernt liegen. Nein, sie nehmen, was sie kriegen – das erste Rad auf dem ersten Dach, das sie sehen.«

Die Augen der Kinder starrten ihn über die Tassen weg hoffnungsvoll an. Er war seiner Sache so sicher – wahrhaftig, er war seiner Sache noch sicherer als der Schreiber der Zeitung. Und außerdem lebte Janus wirklich nicht in einem Keller. Er fuhr seit Jahren in seinem Rollstuhl herum und tat nichts weiter als Vögel beobachten. Janus verstand etwas von der Sache. Und schließlich kannte er die See und wußte, was ein Sturm ist.

»Der Sturm hat in den letzten Tagen immerfort von See aufs Land zu geblasen«, sagte Eelka nachdenklich. »Selbst wenn die Störche über See waren, als der Sturm losbrach, mußte der Sturm sie aufs Land zu blasen. Nicht wahr, Janus?« Eelka hatte sich das genau überlegt.

Plötzlich schmeckte den Kindern die heiße Milchschokolade viel besser. Sie war ja geradezu köstlich. Auch Janus nahm jetzt einen kräftigen Schluck. »Na, das nenne ich mal denken«, sagte er zu Eelka. »Genauso ist es. Du hast es dir richtig überlegt. Nicht wie so'n Zeitungsschreiber, der bloß Wörter zu Papier bringt.« Der Gedanke an den Schreiber machte ihn wieder wild, und er schnaufte so heftig in seine Tasse, daß der Kakao Blasen warf.

»Noch einen Eimer Wasser in deine Schokolade, Jana«, sagte er. »Wir brauchen alle noch eine zweite Tasse, um unsere Nerven zu beruhigen – die verflixte Zeitung!«

Auf einmal war es warm und behaglich in der Küche. Jana, die am Herd stand, machte einen kleinen Scherz, und alle lachten darüber. Die Kinder sahen sich verstohlen an und nippten an ihrer heißen Schokolade. Ach, es war gut, hier bei Janus zu sitzen, nachdem sie so viel Angst ausgestanden hatten.

Janus wartete, bis alle die zweite Tasse Schokolade leer getrunken hatten.

»So«, sagte er dann, »jetzt will ich, daß ihr alle mitkommt und einen Blick in unser Wohnzimmer werft!«

»O nein, Janus, nein!« rief Jana. »Was sollen sie denn nur von uns denken?«

»Sie sind Kinder!« sagte Janus. »Keine Hausfrauen, die immer etwas auszusetzen haben. Kommt jetzt alle!«

Hintereinander betraten sie Janus' Wohnzimmer. Da lag Eelkas Rad auf dem Tisch. Es war wieder völlig zusammengesetzt, nur der eiserne Radreifen fehlte, denn der war im Kanal versunken. Der Fußboden war voll kleiner Metallstücke, Hobelspäne und Sägemehl. Der Raum war wirklich durcheinander, aber das sahen die Kinder nicht. Sie hatten nur Augen für das große, alte Wagenrad auf dem Tisch. Janus hatte die Teile des Rades sauber zusammengefügt und geleimt. Jetzt war er dabei, einen Reifen aus rostigem Blech um das Rad zu legen. Alle Speichen waren bereits an Ort und Stelle. Die große Nabe hob sich deutlich in der Mitte des Rades ab.

»Na, was sagt ihr dazu?« fragte Janus stolz. »Glaubt ihr wirklich, ich würde mir die ganze Mühe machen, wenn ich nicht überzeugt wäre, daß Störche zu uns kommen? Meint ihr, ich würde sonst mein kostbares Blech aus dem Kirschbaum geholt haben? Jetzt wird es das Rad zusammenhalten, und es ist gerade rostig genug, daß es nicht blinkt und die Störche abschreckt. Noch ein paar Streifen Blech um das Rad, noch eine Nacht, bis der Leim richtig hart geworden ist – und dann kommt das

Rad aufs Dach hinauf! Das heißt selbstverständlich, nur wenn du einverstanden bist, Eelka!«

»O du meine Güte!« sagte Eelka.

Linas Augen blitzten. »Das ist ja alles genauso, wie es der Lehrer uns gesagt hat: wir müssen nur damit anfangen. Jetzt haben wir schon ein zweites Rad für ein weiteres Dach, und wer weiß, vielleicht liegt eines Tages ein Rad auf jedem Dach in Shora!«

»Und die Bäume«, rief Auka, »vergiß die Bäume nicht! Wir müssen auch Bäume anpflanzen für die Störche!«

»Aber woher bekommen wir so viele Räder?« fragte Jella. »Dazu brauchen wir ja Jahre.«

»Jahre?« schrie Janus. »Keine Spur! Ich habe mir alles genau überlegt, Kinder. Die nächsten Räder werde ich selber machen. Alles was ich dazu brauche, ist Holz, und davon trägt das Meer nach jedem Sturm genug heran.«

»Ja, Janus«, sagte Pier jetzt voller Eifer, »wir werden den ganzen Deich von hier bis nach Ternaad abklappern. Douwa kann uns Bescheid sagen, wenn er ein gutes Stück Treibholz entdeckt, und wir laufen hinaus und holen es.«

»Ich mache schon etwas daraus, das einem Rad ähnlich sieht«, versprach Janus. »Hauptsache, das Ding hat Speichen wie ein ordentliches Wagenrad; denn darauf bauen die Störche ihre Nester. Wenn es nur stark genug ist, zwei Störche zu tragen. Störche nehmen es nicht so genau. Alles, was ich dazu brauche, ist Holz und ein wenig Blech. Ich bin froh, wenn ich etwas zu tun habe...«

»Oh, nach diesem Sturm wird es überhaupt eine Menge Treibholz geben«, sagte Eelka. »Wir werden dir einen ganzen Stapel Holz in den Garten schleppen – oder wohin du es sonst haben willst, Janus.«

»Überallhin, nur nicht in meine gute Stube«, sagte Jana von der Tür her. »Ich habe sowieso genug Arbeit damit, sie sauberzuhalten, wenn ich den ganzen Tag Brot verkauft habe. Und was fällt dir überhaupt ein, Janus – willst du aus meinem besten Zimmer eine Schreinerwerkstatt machen mit all dem Treibgut von der See?«

»Nein, nein – wir nehmen den kleinen Schuppen im Garten als Fabrik«, beruhigte Janus sie sofort, »Hört mal, Kinder, wir brauchen noch ein Schild an unserer Fabrik: ›Radfabrik der Shora-Rad-und-Storch-Gesellschaft‹...«

»Die ›Shora-Rad-und-Storch-Gesellschaft‹! Das ist gut, Janus!« rief Lina. »Das nächste Rad muß auf Großmutter Sibbles Haus und dann das nächste auf Douwas Haus, und dann werden wir losen, wer das nächste Rad kriegt. Und Janus wird unser Präsident. Und der Lehrer der Vizepräsident, und...«

»Nein«, sagte Jana gemächlich, »der Vizepräsident, das bin im Augenblick ich, und in meiner Eigenschaft als Vizepräsident verkünde ich jetzt: Die Sitzung ist geschlossen. Sonst glauben eure Mütter zuletzt noch, ihr seid alle miteinander in dieser fürchterlichen Nacht umgekommen. Raus mit euch, damit ich endlich meine gute Stube ein wenig aufräumen kann!«

»Scheint fast, daß wir gegen den Beschluß unseres Vizepräsidenten keinen Einspruch erheben können, Kinder«, sagte Janus. »Na, dann mal gute Nacht!«

»Gute Nacht, Janus!«

Aufgeregt und voller guter Einfälle zog die »Shora-Rad-und-Storch-Gesellschaft« einer hinter dem andern aus dem Haus.

Am nächsten Morgen war der Sturm so weit abgeflaut, daß die Fischer von Shora wohl wagen konnten, in den ersten Morgenstunden mit ihren Booten auf das rauhe, aufgeregte Meer hinauszufahren. Ganz Shora war schon auf den Beinen. Obwohl es erst zwei Uhr morgens war, brannte Licht hinter jedem Fenster. Die Fischer wollten diesmal nichts riskieren. Sie wußten, daß die Ebbe gegen vier Uhr einsetzte. Wenn der Sturm dann nicht mehr Kraft genug besaß, das Wasser gegen den Deich zu drücken, dann lagen um vier die Boote hoch und trocken auf dem Strand.

Noch pfiff der Wind, und immer noch stürmten die Wellen gegen den Deich. Aber schon füllten Stimmen und das Klappern der Holzpantinen Shoras Straßen. Türen knallten, und Rufe kamen vom Deich her. Wie immer gab es eine Menge Aufregung, ehe die Boote in See stachen. Die Frauen bekamen ja ihre Männer wieder wochenlang nicht zu sehen, und die Männer fuhren tagein, tagaus auf der gefährlichen Nordsee.

Die Fischer hatten keine Lust mehr, zu warten, bis es vielleicht noch ein wenig ruhiger wurde. »Wenn wir uns um jeden Wind kümmern wollten, könnten wir den Rest unseres Lebens hinter dem Deich hocken bleiben«, sagte Jellas Vater, als sein Beiboot den Kutter verließ. Drei Frauen ruderten das Boot zum Deich. Das Wetter war noch so rauh, daß er das Boot nicht mit auf See nehmen wollte. Zu anderen Zeiten hatten die Fischer so ein kleines Boot gern dabei, als eine Art Rettungsboot, das auf dem Deck des großen Kutters festgezurrt wurde.

Die Kinder schliefen fest trotz all der nächtlichen Unruhe. Als sie morgens zur gewohnten Stunde aufwachten, war alles längst vorbei, und das Dorf hatte wieder seinen gewohnten Trott aufgenommen. Nun gab es da keine Väter mehr, nur noch Mütter und Kinder. Alles war wieder normal, genau wie immer. Nur etwas war anders: Das Auslaufen der Fischer zeigte an, daß der Sturm endgültig vorbei war.

Die Kinder beeilten sich, in die Kleider zu kommen, aßen stehend ihr Frühstück und stürzten hinaus. Sie taten alle gleichzeitig dasselbe: Sie rannten auf den hohen Deich und begegneten sich dort. Ihre Augen, die voller Hoffnung gewesen waren, verdüsterten sich. Immer noch schäumte die See, und immer noch rannten große Brecher gegen das Ufer.

Aber nach der ersten Enttäuschung wurde ihnen klar, daß sich doch etwas geändert hatte. Als Kinder von Fischern rochen sie es. Die Fischflotte war längst hinter dem Horizont verschwunden, die kleinen Inseln vor der Küste tauchten manchmal bereits als schwarze Masse aus dem Wasser auf und verschwanden wieder darin. Die Boote hatten die Inseln längst passiert. Ein alter schwarzer Dampfer rollte schwerfällig zwischen den Inseln und der Küste dahin. Die See machte ihm immer noch zu schaffen. Hier am Ufer donnerten die Brecher aber nicht mehr so gefährlich, und sie krochen auch den Deich nicht mehr so weit empor wie in den vergangenen Tagen.

Die Kinder hoben die Augen zu den eiligen Wolken über dem Horizont. Draußen unter den Wolken, auf halbem Wege zwischen Dampfer und Land, taumelte ein Sturmvogel durch die Luft. Ein Sturmvogel! Ein Tier! Aber wo waren die Möwen? Die Küste erschien ohne Möwen kalt und leblos. Nun kann ein Sturmvogel tatsächlich mitten im Sturm fliegen, aber für die Möwen war es wohl ein wenig zu früh. Sie saßen weiter im Binnenland und warteten darauf, daß das Unwetter noch mehr abflaute.

Plötzlich hörten die Kinder die schwere Bronzeglocke im Turm anschlagen. Es war acht Uhr, der Lehrer läutete die Glocke. Sie rief die Landarbeiter rings um Shora zum Frühstück nach Hause. Sie hatten ihre erste Vierstunden-Schicht hinter sich gebracht.

Auch die Glocke klang anders an diesem Morgen. Unter dem Einfluß des Windes war der Ton der Glocke gedämpft und süß, als er langsam über dem Deich wegschwebte. Die Kinder lauschten aufmerksam. »Der Sturm ist vorbei – ist fast vorbei«, schien die Glocke zu singen, und das Versprechen kommender, sonniger Tage lag in ihrer gewaltigen Melodie.

Die Kinder konnten nicht länger auf dem Deich bleiben und ihren Gedanken nachhängen. Denn nun war Schulzeit, und wenn der Lehrer aus dem Glockenturm zurückkehrte, erwartete er sie vor der Tür des Schulhauses. Die Kinder begannen über den Deich um die Wette zu laufen. Draußen am Horizont jagten sich immer noch die Wolken, in Shora aber jagten die Kinder sich gegenseitig zum Schulhaus hinunter, und ihr Lachen und Schreien füllte einen Augenblick die Straßen.

Wie immer hatte der Lehrer die große Eisentür am Fuß des Glockenturms offengelassen. Heute brauchte er sie nicht gegen die rauhe Salzluft zu schließen, gegen heulenden Sturm und Gischtflocken. Er zog etwas am Glockenseil und schaute zugleich aus der offenen Tür. Das Bild des frischen, von Wind und Regen saubergefegten Dorfes fesselte ihn für einen Augenblick. Der Sturm war vorbei, die Luft wieder klar. Nun begann er, mächtig die Glocke zu läuten. Der große Turm war nun erfüllt vom schweren Dröhnen des Metalls. Schließlich hielt er inne und lauschte, wie die Echos des Glockenrufes langsam verklangen und den steinernen Turm verließen, bis es ganz still im Raum war. Nur das Ticken der großen Uhr hoch über ihm war noch zu hören.

Einen Augenblick lauschte er dann auf das Knacken im Uhrwerk. Seine Ohren sagten ihm, daß etwas nicht stimmte. Der Takt des Uhrwerks war nicht in Ordnung. Er biß sich auf die Unterlippe, runzelte die Stirn – und auf einmal war ihm klar, daß er während der Sturmtage die Uhr nicht aufgezogen hatte. Sie würde bald stehenbleiben, wenn er nichts unternahm. Er warf einen Blick aus der Tür. Die Kinder hatten den Deich schon verlassen und waren auf dem Weg zur Schule. Hilft nichts, dachte er, sie müssen warten, bis ich hinaufgestiegen bin und das Werk aufgezogen habe. Die Erfahrung sagte ihm auch, daß Kinder es mit dem Schulbeginn nicht allzu eilig haben.

Langsam stieg er die erste lange Leiter hinauf, erreichte den Zwischenboden, wo die zweite Leiter begann, und ging hinüber. Unter sich hörte er jetzt Kinderstimmen – die schrillen Piepsstimmen der Allerkleinsten, die von ihren Müttern zum Spielen auf die Dorfstraße geschickt worden waren. Er dachte nicht weiter darüber nach und stieg weiter zur Uhr empor.

Tief unter ihm stand die große Eisentür des Kirchturmes weit offen. Auch das Tor des Gatters, das den Friedhof abschloß, war für jedermann offen.

Linda, die kleine Schwester von Lina, hatte Jan, den kleinen Bruder von Auka, gefunden. Jan war ihr besonderer Freund und Spielgefährte. Linda faßte einen großen Plan. Sie und Jan wollten zusammen aus Gänseblümchen eine Kette machen. Sie hatte schon einmal zugesehen, wie ihre große Schwester Lina das machte, und es war ihr ganz leicht vorgekommen. Andere kleine Kinder spielten auf dem viereckigen Platz vor dem Friedhof und forderten die beiden auf mitzuspielen. Aber sie wollten eine Kette aus Gänseblümchen machen. Jan wußte nicht genau, was das eigentlich war, aber er war sicher, daß Linda es ihm zeigen würde. Also marschierten beide durch das offene Gatter in den

Friedhof hinein. Linda war noch nie allein auf dem Friedhof gewesen, denn die Tür war gewöhnlich geschlossen. Deshalb erschien es ihr gewissermaßen verboten, mindestens aber nicht ganz richtig, daß sie auf den Friedhof gingen. Aber sie sagte trotzig: »Komm mit, Jan!«

Jan folgte ihr gehorsam durch das Tor. Sie fanden zwei Gänseblümchen hinter dem ersten Grabstein, hockten sich nieder und pflückten sie. Als sie hinter dem Stein verschwunden waren, vergaßen die anderen Kinder sie sofort und spielten weiter. Inzwischen entdeckte Linda drei weitere halboffene Gänseblümchen. Und so wanderten sie auf den großen Turm zu.

Jan entdeckte als erster, daß die Turmtür sperrangelweit offenstand. Das reizte ihn. Die offene Tür schien ihm tausendmal interessanter als alle Gänseblümchen der Welt – und wie viele würden sie auch für eine Kette brauchen! Hunderte, wahrscheinlich einen ganzen Korb voll! Jan schlich auf Zehenspitzen in den Turm. Kaum war er drin, da packte ihn schon die Angst vor dem Schweigen und der Düsterheit in dem kalten, alten Turm. Er rannte wieder hinaus. »Komm mal rein, Linda, guck doch mal! Oh, es ist doll!« Linda, fünf Gänseblümchen in der Faust, folgte seinem Ruf. Gemeinsam betraten sie den Turm.

Vor dem großen Glockenseil blieben sie stehen, voll Respekt und Furcht. Aber die Tür stand ja offen, und es war auch nicht zu dunkel im Turm – und außerdem spielten auf dem großen Platz die anderen Kinder. Ihre hellen Stimmen klangen bis in den Turm hinein. Die beiden blickten sich um. An einer Längsseite stand ein großer Käfig mit Eisengitter. Linda schauderte ein wenig.

In der hintersten Ecke des Käfigs war eine leere alte Schlafbank. Sie war mit zwei schweren Ketten an der Wand befestigt – und auf einmal wußte Linda, was das bedeutete. Das war das Gefängnis, in das man die schlechten Menschen sperrte. Sie teilte ihre Entdeckung Jan mit. Beide atmeten schwer. Doch von außen kamen immer noch die hellen Stimmen der spielenden Kinder, und durch die offene Tür konnten sie den Deich sehen.

»Manchmal, wenn ich wirklich böse war, hat meine Mutti gesagt, sie sperrt mich hier ein«, flüsterte Jan. »Aber ich glaube, sie tut es nicht. Oder?«

»Nein, nein!« beschwichtigte Linda ihn, aber ihre Lippen zitterten. Auch sie hatte diese Drohung schon oft gehört.

Sie zogen sich etwas von dem Eisengitter des Käfigs zurück. Plötzlich entstand über ihnen ein Geräusch. Linda blickte hinauf. Sie sah in einen Schacht hinein, der von dämmerigem Licht erfüllt war, in einen Schacht voller Leitern. Und die Leitern herunter sah sie zwei Beine kommen.

»Guck mal, Jan!«

Jetzt hörten sie auch Fußtritte über sich. Ein wenig Staub fiel in ihre aufwärts gewandten Gesichter. Dann erschienen die Beine in dem Loch, das in den Raum mit dem Käfig führte. Atemlos zerrte Linda den kleinen Jan mit hinter die große Eisentür. Jan war immer so schrecklich langsam! Das war doch der Lehrer, der da herunterkam. Der Lehrer von Lina und all den älteren Jungen kam die Leiter herab – ein gewaltiger Mann, groß und mächtig, und ein wenig fürchterlich in den Augen eines kleinen Mädchens, das noch nicht zur Schule ging. Linda legte vorsichtshalber ihre Hand über Jans Mund. Er war so klein, man wußte nicht, ob er nicht im unpassenden Augenblick etwas sagte.

Die Tür, hinter der sie sich versteckt hatten, wurde plötzlich weggezogen. Sie knallte ins Schloß, und ein Schlüssel knarrte. Sie hörten kein anderes Geräusch mehr, und im nächsten Augenblick war es im Turm ganz dunkel. Nur aus den oberen Stockwerken fiel noch ein wenig Licht herab. Und es fiel ausgerechnet auf die Eisenstangen des Käfigs. Jan und Linda waren nun eingeschlossen im Turm. Jan begann zu weinen. Linda, die am lieb-

sten auch geweint hätte, versuchte ihn zu trösten. Aber Jan
wollte nicht getröstet werden. »Ich will zu meiner Mutter!« jammerte er.

Sein Gejammer ging Linda auf die Nerven. Natürlich, von allen
guten Dingen der Welt hätte Linda selbst am meisten ihre eigene
Mutter hergewünscht; denn immerzu fiel von oben Licht auf die
Eisenstangen des Käfigs. Linda starrte sie mit großen, weitaufge-
rissenen Augen an. Aber sie kämpfte tapfer gegen die Tränen.
»Komm, wir klettern die Leiter hinauf«, sagte sie zu Jan. »Oben
können wir die ganze Welt sehen, die Häuser, sogar die Inseln im
Meer.« Sie versprach Jan alle guten Dinge, die ihr gerade einfie-
len, aber im Grunde versprach sie die guten Dinge sich selbst. Sie
hatte Angst vor dem Gefängnis und den Gittern; das konnte sie
Jan aber nicht sagen. Oben im Turm war jedenfalls Licht, oben
gab es auch kein Gefängnis.

Doch Jan hatte wenig Lust, Leitern zu ersteigen. Alles, was er
wollte, war seine Mutter. Linda schob ihn mit sanfter Gewalt
zur ersten Leitersprosse hin. »Ich klettere gleich hinter dir her,
dann kannst du überhaupt nicht fallen!« versprach sie. Sie ver-
mied es krampfhaft, auf die Eisenstäbe zu schauen, während sie
Jan auf die erste Sprosse der Leiter hob. Der hatte jetzt genug
damit zu tun, die Spanne zwischen einer Sprosse und der nächsten mit seinen kleinen, kurzen Beinen zu überbrücken. Jetzt
konnte er nicht mehr weinen und nach seiner Mutter verlangen.
Er mußte seinen ganzen Willen anspannen, zu steigen. Bei jeder
neuen Sprosse seufzte er zwar noch ein wenig, aber hinter ihm
schob und drängte die unerbittliche Linda, die Angst vor dem
Gefängnis im Erdgeschoß hatte.

Langsam stiegen die beiden empor, dem Licht entgegen.
»Vielleicht sehen wir die Häuser und alles, wenn wir noch etwas
höher steigen«, schlug Linda vor.

Aber Jan schüttelte den Kopf. Er hatte keine Lust mehr, auf einer

Leiter herumzuklettern. Plötzlich wandte er sich um und rannte zu dem Loch zurück, das zum Erdgeschoß führte. Unter ihm lag Dunkelheit, eine pechschwarze, grundlose Höhle. Wie versteinert starrte er in den Abgrund zu seinen Füßen. Langsam rückwärts gehend, schob er sich von der Luke weg. Dann wandte er sich um und rannte zur nächsten Leiter.

Mühsam erklommen die beiden auch diese Leiter, wie sie die erste erstiegen hatten. Linda folgte Jan dicht hinterher, ihr Gesicht berührte fast seine Holzschuhe. Schließlich kamen sie an ein Fenster, so hoch, daß aus ihm von der Welt nichts zu sehen war, weder die Häuser noch die Inseln im Meer, die Linda versprochen hatte. Einen Augenblick schluchzte der kleine Jan bitterlich. »Du hast gesagt, Linda...« Aus irgendeinem unerfindlichen Grund hörte er plötzlich wieder auf zu weinen, marschierte zur nächsten Leiter und begann sie dickköpfig zu erklimmen. Linda mußte sich beeilen, mit ihm Schritt zu halten. Jans trockenes Schluchzen klang, als habe er den Schluckauf. Er stieg und schluchzte, stieg und schluchzte – auf einmal aber brach das Schluchzen so jäh ab, daß Linda aufblickte. Sie hatten den nächsten Absatz erreicht. Vor ihnen befand sich das riesige Werk der Turmuhr.

Die Uhr tickte und knackte, Jan starrte fassungslos die riesigen Kupferräder an, die sich bewegten. Jetzt war er es, der Linda antrieb. Die sich langsam drehenden Zahnräder und das dumpfe Knacken jagten ihm Schauer über den Rücken. Plötzlich surrte etwas in der großen Maschine, und dann kam ein tiefes, dröhnendes »Bong!«. Die Uhr hatte halb geschlagen.

»Mir tut's in den Ohren weh, wenn es schlägt«, sagte Jan, vom Uhrwerk zugleich aufgeregt und angezogen. Er packte das Eisengitter vor der Uhr, als wollte er zu ihr hinaufsteigen. Linda riß ihn zurück.

»Du darfst das nicht. Du darfst das nicht tun, Jan!« sagte sie scharf. »Wenn deine Mutter...« Aber schon schwieg sie wieder, denn ihr fiel ein, was ihre Mutter wohl sagen würde, wenn sie von dem Ausflug in den Turm erfuhr. »Laß uns noch ein bißchen höher steigen«, sagte sie, »dann sehen wir ganz bestimmt die Inseln.« Sie wollte etwas tun, um nicht an ihre Mutter denken zu müssen.

»Ja, wir gehen«, sagte Jan. Er fing an, Linda zu gehorchen, als ob sie seine Mutter wäre.

Als Jan auf den nächsten Absatz kam, fragte er: »Was ist das?«

Es war die Glocke, die riesige Bronzeglocke, deren Ton sie bisher jeden Tag ihres Lebens gehört hatten. Ihre Größe war überwältigend. Sie hing da, festgemacht an gewaltigen Balken, von der Decke herab und war so groß, daß sie gerade noch über dem Boden hin- und herschwingen konnte.

Jan legte sich auf den Bauch und schaute ins Innere der Glocke. In der Mitte der gewaltigen Kuppel hing ein großer Klöppel. Jan legte sich flach auf den Rücken und zog sich mit beiden Händen unter die Glocke. Der Klöppel hatte es ihm angetan.

Linda starrte Jans Füße an, die noch unter der Glocke hervorlugten. Sie hatte Angst. Jan lag unter der Glocke. Sie packte seine Füße und versuchte, ihn hervorzuziehen. Aber Jan bewegte sich nicht. Er hielt sich am Klöppel fest.

»Jan, du mußt rauskommen!« sagte Linda verzweifelt.

»Ich will nicht!« schrie Jan zurück. Seine Stimme klang so unheimlich unter dem Glockenrand hervor, daß Linda es mit der Angst bekam.

»O Jan«, sagte sie und erfand schnell eine Lüge: »Von hier aus kannst du alles sehen – das Dorf und die Dächer und die Inseln.«

»Will nicht!« grollte Jan unter der Glocke.

»Aber du kannst sogar Störche am Himmel fliegen sehen«, sagte Linda.

Nun wartete sie voll Hoffnung. In den letzten drei Tagen war so oft und viel von Störchen gesprochen worden, daß ihr Störche als das größte Versprechen erschienen, das man einem Menschen überhaupt machen konnte. Jan antwortete nicht, und da bekam Linda ein schlechtes Gewissen. Sie hatte gelogen. Sie hatte ja alles nur erfunden. Zum ersten Mal blickte sie von Jans Füßen weg und sah sich schuldbewußt um, als könnte noch irgendwer ihre Lüge gehört haben.

Aber was war das? Hatte sie doch nicht gelogen? Hier oben, wo die große Glocke hing, war der Turm nach drei Seiten hin offen. Die Öffnungen waren niedrig und breit; man hatte sie mit Brettern verschlagen, zwischen deren Ritzen man hindurchsehen konnte. Sie blickte hinaus, und da waren der Himmel und die See und weit, weit draußen die Inseln im Meer. Am Rand einer Insel erhob sich ein weißer Leuchtturm aus der dunklen, schäumenden See.

Nur Störche waren nicht zu sehen.

Linda blickte wieder zur Glocke hin. Sie hätte Jan so gern aus der Glocke herausgeholt, aber das mit den Störchen hatte sie ja nur so gesagt.

Angestrengt starrte sie wieder über das Meer hin, als könnte sie damit Störche herbeizaubern. Ihre große Schwester Lina hatte seit Tagen von nichts anderem als von Störchen gesprochen. Sie hatte einmal sogar gesagt, nach einem Sturm wie diesem würde es überhaupt keine Störche mehr geben. Dann hatte also auch Lina gelogen. Denn dort waren tatsächlich Störche, zwei große Störche, die langsam mit den Schwingen schlugen, weit draußen über der See, in der Nähe des Leuchtturms und so weiß wie der Turm. Jetzt ließen sie sich nieder, als hätten sie die Absicht, in der See zu landen. Und sie landeten tatsächlich in der See, sie flogen nicht mehr. Nein, sie standen – nicht so weit entfernt wie der Leuchtturm und offenbar mitten im Wasser.

Aber nun mußte Jan endlich kommen und die Störche an-
schauen! Linda schlich zur Glocke zurück, packte plötzlich Jans
Füße und riß so schnell daran, daß er keine Zeit fand, sich am
Klöppel festzuhalten. »Guck mal!« Sie zeigte Jan die Störche,
und sie packte seinen Kopf mit beiden Händen und hielt ihn so,
daß er die Störche sehen mußte.
»Das Weiße da im Meer?« fragte Jan. »Die zwei weißen Flek-
ken? Das sind Störche?«
»Klar! Grade sind sie noch geflogen, und jetzt stehen sie im
Meer. Siehst du!«
Die regungslosen Störche waren schwer zu erkennen, und da sie
sich nicht bewegten, fand Jan sie schnell langweilig. Er kehrte
zur Glocke zurück und versuchte wieder, an den großen Klöppel
zu kommen.

Um diese Zeit klopfte es an der Schultür von Shora, und ehe der
Lehrer öffnen konnte, flog sie auf: Linas und Aukas Mutter
standen auf der Schwelle.
»Vielleicht sollten wir nicht…« begann Linas Mutter. »Aber,
Lehrer, Jan und Linda sind verschwunden. Wir haben sie überall
gesucht.« Ihre Stimme klang laut und verzweifelt in dem Schulzimmer, und ihre angstvollen Augen suchten ihre Tochter Lina.
»Lina, du mußt mit nach Hause kommen. Ich weiß nicht mehr,
wo ich nach den Kindern suchen soll!«
»Auka, du auch! Komm!« sagte Aukas Mutter schüchtern. Und
sie begann zu weinen.
»Wir alle kommen«, sagte der Lehrer sofort. »Wenn wir alle
miteinander gehen, können wir in allen Himmelsrichtungen
nach ihnen suchen.«
»Wir haben sie hinausgelassen, als die Schule anfing«, sagte
Aukas Mutter hilflos. »Wir haben beide gedacht, sie spielen
beim Nachbarn…«

Linas Mutter nickte. »Die kleine Linda hat noch etwas von Störchen gesagt. Sie hat wohl gehört, daß Lina sich wegen der Störche Sorgen macht, und nun denken wir, sie ist auf die Felder hinaus, um Störche zu suchen. Und alle Gräben sind bis zum Rand voll Wasser! Im Dorf sind die Kinder nicht. Ich war in jedem Haus und habe nachgefragt.« Plötzlich konnte sie nicht mehr ruhig stehenbleiben. Sie wandte sich um und rannte davon. Aukas Mutter rannte hinterher.

»Ich gehe mit den beiden Frauen. Dann fühlen sie sich nicht so verlassen«, sagte der Lehrer schnell. »Ihr andern aber geht jeder den Weg, auf dem ihr damals ein Rad gesucht habt. Und zwei von euch gehen an den Strand und schauen am Deich nach.«

Bestimmt ist es ernst, wenn der Lehrer die Schule schließt, dachte Lina und biß sich aufgeregt auf die Lippe. Der große Jella übernahm dann die Führung. Sie lief stumm und dankbar hinter ihm her zum Deich, nachdem er nur flüchtig gesagt hatte: »Du und ich, wir suchen am Deich, Lina!«

Jella ging schnell, und Lina folgte ihm. Über den Deich pfiff der Wind noch so stark, daß sie lieber nicht redete. Sie ließ Jella reden. Er schien sich ein wenig wichtig zu fühlen, wie ein Indianer auf dem Kriegspfad. Schließlich war es ja auch nicht seine kleine Schwester, die fort war. Er machte sich furchtbar wichtig und hatte anscheinend ganz vergessen, warum sie überhaupt hier auf dem Deich waren. »Nach Störchen brauchen wir in den nächsten Tagen jedenfalls nicht Ausschau zu halten«, sagte er mit der Miene eines Vogelkundigen. »Der Sturm bläst immer noch von England herüber.«

Dabei hatte Jella ja keinen blassen Schimmer, wo England lag. Er war auch der schlechteste Erdkundeschüler in der ganzen Klasse. Da hatte Lina nur noch Angst und lief schneller. Wäre doch Auka mit ihr auf den Deich gegangen! Aukas kleiner Bruder Jan war ja auch verschwunden. Sie hätten dann aber wohl beide zuviel Angst gehabt. Da war es schon besser, mit Jella zu gehen und sich ein wenig über ihn zu ärgern. Man dachte so wenigstens nicht so genau über die kleine Schwester nach, die möglicherweise in einem Wassergraben ertrunken war.

Lina warf einen Blick auf die Kirchturmuhr. Fast zehn Uhr. Seit zwei Stunden waren Jan und Linda schon verschwunden.

Auch Jella machte sich Gedanken über den Kirchturm. »Der Lehrer hätte nicht mit den beiden Müttern gehen sollen!« sagte er. »Er wäre besser in den Kirchturm gegangen und hätte die Glocke geläutet. Dann wären die Arbeiter vom Land hereingekommen und hätten uns suchen geholfen. Wenn die Kinder aufs Land gegangen sind, hat sie doch wahrscheinlich einer der Arbeiter gesehen.«

»Der Lehrer darf doch nicht einfach läuten!« sagte Lina wild. Warum war sie mit einemmal so böse auf Jella? »Du weißt doch, daß die Regierung die Zeit bestimmt, wann er die Glocke läuten darf. Mein Gott, sie würden ja alle gelaufen kommen und denken, ein Feuer sei ausgebrochen oder sonst etwas...«

»Oder sonst etwas?« spottete Jella. »Ist das mit den beiden Kindern nicht ebenso schlimm, als wenn Feuer ausgebrochen wäre?« Nein, das hätte er doch nicht sagen sollen. Jella merkte das leider zu spät. Er hörte, wie Lina erregt Luft holte. »Ach was, die beiden spielen irgendwo, vielleicht sind sie auch eingeschlossen worden. Du wirst sehen, es ist nichts passiert«, setzte er schnell hinzu.

»Mach zu!« mahnte Lina nur.

Nun liefen sie um die Wette aus dem Dorf hinaus in Richtung auf Douwas umgekipptes Boot. Gleich hinter dem Dorf ragten die Überreste einer alten, halb verfaulten Landungsbrücke ein Stück in die See hinein. Übrig waren von ihr nur noch ungleiche Pfosten. Für die Kinder war es immer eine große Versuchung, über die restlichen Planken bis zum Ende der Landungsbrücke zu klettern. Es gab gefährliche Löcher und morsche Stellen in der Landungsbrücke, besonders da, wo ein Pfosten von der See weggerissen war.

Nein, sagte Lina zu sich selbst, Linda und Jan sind wirklich zu klein für dieses Spiel. Aber dann blieb sie plötzlich stehen, faßte Jella am Arm und zeigte wortlos vor Angst auf die Landungsbrücke. Etwas Weißes schwamm in einem Loch unter der Landungsbrücke und wurde von den Wellen hin- und hergerissen. Etwas Weißes! Weiß! O nein, jetzt trugen die Kinder doch nicht weiße Kleider. Vor lauter Angst und Sorgen hatte sie gleich das Schlimmste befürchtet.

Sie brachte es über sich zu sagen: »Es ist nichts. Ich dachte, es sei…« Aber sie versuchte nicht, Jella zu erklären, was sie dachte. »Es ist nichts«, wiederholte sie nur dankbar.

Jella blickte aber immer noch auf die Stelle, auf die sie gezeigt hatte.

»Nichts?« sagte er dann ärgerlich. »Weißt du, was es ist? Zwei ertrunkene Störche, das ist es!« Und er rannte, was er konnte, zur Landungsbrücke.

Lina konnte nicht hinter ihm herrennen. Ihr Körper war plötzlich schwach und widerstandslos. Wie dieses Etwas im Wasser sie erschreckt hatte! Störche, hatte Jella gesagt. Störche? Plötzlich begann sie zu rennen. Als sie den ersten Pfeiler der Landungsbrücke erreichte, sah sie Jella schon, wie er sich lang auf den Bauch legte und mit der Hand ins Wasser griff. Da waren sie, zwei ertrunkene Störche. Jella holte sie nacheinander heraus.

Mit ernstem Gesicht kam er aufs feste Land zurück, in jeder Hand einen nassen toten Storch. »Und Janus hat doch gesagt…« begann er und heulte beinahe. »Und die Zeitung hat jetzt doch recht. Sie sind im Meer umgekommen, und es wird dieses Jahr keine Störche mehr geben. Los, komm, wir müssen den Lehrer suchen und ihm zeigen, was wir gefunden haben!«

»Aber Linda und Jan!«

»Ach ja, richtig!« Jella blickte auf die beiden Störche, die er in der Hand hielt. Da stand er nun, hin- und hergerissen zwischen Pflicht und dem Verlangen, dem Lehrer und allen Kindern seinen schrecklichen Fund zu zeigen. »Mach du weiter, Lina«, sagte er, »ich laufe und suche den Lehrer. Ich kann laufen wie der Blitz – und ich komme sofort zurück.«

Er wartete ihre Antwort nicht ab. Beide Störche an den langen Beinen tragend, lief er über den Deich und den Pfad zum Dorf hinab. Lina blickte ihm verloren nach. Sie machte eine halbe Wendung, als wollte sie allein weitergehen. Ihre Röcke flogen im Wind. Das war das einzige Geräusch weit und breit. Sie fühlte, daß dies alles zuviel für sie war: die toten Störche im Meer, die Einsamkeit der Deichlandschaft, die See... Sie wandte sich um und rannte hinter Jella her.

»Warte!« rief sie laut. »Jella! Warte!«

Sie rief so ängstlich und schrill, daß Jella sie hörte. Vielleicht glaubte er, daß sie Linda und Jan gefunden hatte – vielleicht, daß die beiden auch ertrunken waren. Er blieb stehen, blickte sich um und kam ihr mit langen Sprüngen entgegen, in jeder Hand einen Storch. Dann blieb er wieder stehen, und sie begegneten sich erst vor dem Kirchturm...

Da war ja ihre Schwester Lina und rannte hinter dem großen Kerl her, hinter Jella. Jella war weggelaufen, in jeder Hand einen Storch. Das waren aber nicht die beiden Störche, die draußen über dem Meer flogen. Jella und Lina hatten die verkehrten Störche aus dem Wasser gezogen, dachte Linda, die hoch oben im Turm aufgeregt aus den Schlitzen im Glockengestühl spähte. »Jella und Lina haben zwei Störche gefunden, und ich kann sie sehen«, verkündete sie Jan.

Da kroch Jan schleunigst unter der Glocke hervor.

»Wo?« fragte er eifrig, bevor er noch auf den Beinen stand.

»Och, da mußt du einmal durch das Loch hier schauen!« Linda zeigte ihm den Schlitz, durch den sie gespäht hatte.

Jan wollte aber lieber wieder zu seiner Glocke zurück.

»Du brauchst doch keine Angst zu haben«, sagte Linda mütterlich. »Linda hält dich schon fest.« Und sie hob ihn hoch, damit er durch den Schlitz spähen konnte.

Jan hielt sich an den Brettern fest und sah auf den Deich hinunter. »Oh, wie hoch ich bin!« sagte er verwundert. Er versuchte, gleich wieder auf die Beine zu kommen, aber Linda hielt ihn mit beiden Händen am Rücken fest. »Ich halte dich schon«, sagte sie.

»Kannst du die beiden sehen?«

»Ja, sie haben zwei Störche.«

»Gar nichts haben sie«, sagte Linda verächtlich. »Die richtigen Störche stehen immer noch draußen im Meer. Kannst du sie sehen?«

»Nein«, sagte Jan.

Seine Antwort machte Linda so wütend, daß sie beschloß, auch ihrer Schwester Bescheid zu sagen. »Lina«, rief sie vom Turm herab, »ihr habt die Verkehrten erwischt!«

»Linda! Linda! Wo bist du?« Linas schrilles Rufen durchschnitt die Luft wie ein Messer.

»Hier oben!« rief Linda zurück, aber der Wind, der durch die Ritzen zwischen den Brettern fuhr, schien ihr die Worte in den Mund zurückzutreiben.

»Wo?« rief Lina. »Wo, Linda? Sag mir genau, wo du bist.«

»Hier oben, und Jan steckt schon wieder unter der Glocke. Kannst du mich nicht sehen?«

»Unter der Glocke?« schrie Lina. »Bist du etwa oben im Turm?«

»Ja, und Jan auch!«

»Linda! Linda! Liegt ein Stein oben? Wenn du einen hast, nimm ihn und hau damit gegen die Glocke!«

Linda blickte sich um. Auf dem Boden des Glockengestühls lagen alle möglichen Steinbrocken, die im Laufe der Zeit von den Wänden gefallen waren. Sie packte den größten mit beiden Händen, um ihn heben zu können, und ging damit auf die Glocke zu. Als sie mit dem Stein gegen die Glocke schlagen wollte, rutschte er ihr aus den Händen. Er traf den Glockenrand dicht neben ihren Zehen. – »BONG!« Ein tiefer, rauher Ton kam aus der Glocke. Er schwoll an und füllte das ganze Gestühl. Jan, der unter der Glocke lag, bekam einen Höllenschreck und krabbelte schnell unter der Glocke hervor. Immer noch schwang der Laut im Glockengestühl nach. Jan blickte nach oben, als könnte er den Ton sehen. Er hatte Spaß daran und begann zu lachen. Sein Lachen wiederum machte Linda angst. Was hatte sie getan? Sie ging Schritt für Schritt rückwärts, bis sie gegen die Wand stieß.

»Wie hast du das gemacht, Linda? Wie hast du das gemacht – das ›BONG‹?« fragte Jan.

Linda zeigte auf den großen Stein. Jan packte ihn gleich mit beiden Händen und schlug damit zweimal gegen die Glocke. »BONG, BONG!« Das mußten alle hören können.

»Jetzt bist du es gewesen«, schrie Linda, »und das hat jeder gehört. Na warte, du wirst es von deiner Mutter kriegen!« Sie wies auf die Löcher im Turm, als wollte sie beweisen, daß alle die Glocke gehört hatten.

Und sie hatte recht. Auf allen Feldern ringsum hielten die Menschen plötzlich in der Arbeit an und blickten zur Kirche. Jungen liefen aufgeregt über die Straßen. Ein Mann und zwei Frauen rannten von einem Acker auf das Dorf zu – der Lehrer und Lindas Mutter und Jans Mutter.

»Du warst es«, flüsterte Linda, »du bist es gewesen. Und jetzt kommt deine Mutter.«

Jan begann zu weinen.

Von unten rief Lina mit lauter Stimme. »Jan und Linda, bleibt bloß, wo ihr seid. Versucht nicht runterzuklettern. Der Lehrer kommt und eure Mütter auch!«

Der Lehrer und die beiden Mütter! Linda blickte sich ängstlich im Turm um. »Deine Mutter kommt auch, Jan«, sagte sie. »O warte, du kriegst aber Haue! Du hast die Glocke geläutet!«

»Du hast sie zuerst geläutet!« heulte Jan und begann laut zu weinen. Mit offenem Mund, die Augen voller Tränen, stolperte er auf die Leiter und das Loch zu. Er warf einen einzigen entsetzten Blick in die Tiefe und auf die Leitern, die tiefer und tiefer führten. Er ging rücklings Schritt für Schritt von der Leiter weg, und kaum sah er die Glocke, da fing er laut zu heulen an. Und Linda weinte von Herzen mit. Sie heulten so laut, daß sie nicht hörten, daß die große Eisentür unten geöffnet wurde. Sie hörten auch den Lehrer nicht, der mit Jella die schwankenden, quietschenden Leitern erstieg. Sie hörten ihn erst, als er schon dicht unter ihnen war. Und nun war es zu spät, noch etwas zu unternehmen. Der Lehrer fand sie Seite an Seite auf dem Glockenboden, die Rücken zur Glocke und jämmerlich heulend.

»Na, na!« sagte er. »Warum seid ihr so hoch geklettert, nur um zu weinen? Es ist doch gar nicht zum Heulen. Schaut her, Jella ist auch da, und wir zwei, Jella und ich, tragen euch beide jetzt huckepack hinunter. Ist das nicht fein? Wer möchte gern huckepack reiten?«

Linda hörte plötzlich auf zu weinen und streckte ihre Arme Jella entgegen. Also mußte Jan mit dem breiten, fremden Rücken des Lehrers vorliebnehmen. »Macht einfach die Augen zu, dann braucht ihr auch keine Angst zu haben«, sagte der Lehrer.

Linda schloß gehorsam die Augen. Den ganzen langen Weg hinunter hörte sie, wie der Lehrer mit Jan dicht hinter ihnen herkam. Der Lehrer sprach nett mit Jan, aber auf all seine Fragen antwortete der kleine Jan immer nur mit einem verstockten »Nein«.

Zu Lindas und Jans Erstaunen standen viele Menschen vor dem Turm, als sie den Boden erreichten. Viele? Nein, alle! Es waren einfach alle da, und jeder stellte Fragen. Und alle sprachen gleichzeitig. Ganz erstaunlich war das. Und dann kam das Wunderbarste: Lindas Mutter beugte sich vor und nahm ihre kleine Tochter in die Arme und küßte sie – küßte ihr ganzes schmutziges, verschmiertes Gesicht. Und Jans Mutter tat dasselbe. Es war überhaupt niemand böse oder ärgerlich, und alle redeten immerfort. Alle, außer den zwei weißen Störchen. Die lagen auf dem Deich neben dem Turm und regten sich nicht. Wie hätte Linda in all dieser Aufregung ihrer Schwester sagen können, daß sie die falschen Störche erwischt hatte? Ihre Mutter drückte sie ja so fest an sich, daß ihr fast der Atem verging. Und nun trug die Mutter sie auch noch heim, als ob sie ein Baby wäre. Und Jans Mutter machte wieder dasselbe mit Jan. Wie konnte sie da Lina nur ein Wort sagen? Aber sie wartete und war bereit, bei der ersten Gelegenheit ihrer großen Schwester zu erzählen, daß sie und Jella die verkehrten Störche mit nach Hause gebracht hatten.

Störche im Meer

Schließlich war es nicht Linda, sondern der kleine Jan, der die Geschichte von den beiden Störchen erzählte, die ins Meer geflogen waren. Seine Mutter hatte ihn ins Haus getragen, und die Aufregung ebbte langsam ab. Jan stand am Fenster und sah zu, wie die großen Jungen und Lina zurück zur Schule trotteten, um den Unterricht wieder aufzunehmen, der so plötzlich unterbrochen worden war. Der nette Lehrer mit der ruhigen Stimme, der ihn die Leitern hinuntergetragen hatte, wollte, daß die Kinder wieder in die Schule gingen. Nur Jella hatte den Befehl offenbar nicht gehört, denn er rannte nicht zur Schule, sondern zum Deich. Jan wußte aber, was er dort wollte. Er wollte die beiden toten Störche holen. Und Linda hatte gesagt, es seien die falschen Störche.

Jella war also Hals über Kopf davongestürzt, und Auka war noch schnell in die Küche geschlüpft, um sich ein Brot mit Sirup zu machen. Als er aus der Küche kam, hatte er es eilig. Aber gerade in diesem Augenblick kehrte Jella mit den toten Störchen vom Deich zurück.

»Schau, Auka«, rief Jan seinem großen Bruder zu, »Jella hat die beiden Störche.«

»Störche?« sagte Auka und blieb verblüfft stehen. »Wovon redest du denn?«

»Jella hat die Störche, aber nicht die richtigen. Die beiden, die noch leben, sind ins Meer geflogen.«

Auka hörte nur mit halbem Ohr zu. Er rannte zum Fenster, riß den Vorhang zurück und spähte hinaus. »Tot!« sagte er mit merkwürdig leiser Stimme, als spräche er mit sich selbst. »Im Sturm umgekommen...«

»Soll ich dir zeigen, wo die beiden anderen Störche sind, Auka?«
fragte der hilfsbereite Jan und schielte sehnsüchtig nach Aukas
Sirupbrot.
»Von was redest du eigentlich immer?« fragte Auka ungeduldig.
»Störche im Meer, Auka, Ehrenwort!«
Auka warf ihm einen scharfen Blick zu. »Das hast du dir nicht
ausgedacht?« fragte er.
»Aber nein, Auka«, sagte Jan ernsthaft.
Jella ging gerade am Haus vorbei, in jeder Hand einen toten
Storch. Auka warf einen Blick auf ihn, dann wandte er sich wieder seinem jüngeren Bruder zu. »Weiß Linda etwas davon?«
»Na klar!«
»Dann gehe ich jetzt zu Linda und frage sie«, sagte Auka.
»Gibst du mir dein Brot, Auka?« fragte der Kleine. »Du ißt es ja
gar nicht.«
»Hier, nimm es!« Auka gab Jan das Sirupbrot und rannte aus
dem Haus zu den Nachbarn, um Linda zu verhören.
»Oh, ich hatte es ganz vergessen«, sagte Linda verblüfft. Sie verstand nicht, wie sie das vergessen konnte. »Ich hab's Lina zugerufen, als ich oben im Turm saß, aber sie hat mir nicht zugehört,
und dann habe ich es vergessen. Aber da waren ganz bestimmt
zwei Störche, und sie sind geflogen, und zuletzt sind sie mitten
ins Meer hineingeflogen. Ich habe sie gesehen und auch Jan gezeigt. Du kannst sie auch sehen, Auka, wenn du auf den Turm
steigst.«
Auka rannte schon aus dem Haus auf die Straße. Am anderen
Ende der Straße kam Jella mit den toten Störchen daher. »Jella,
Jella, komm mal her! Du mußt mit mir gehen! Die Kinder haben
zwei Störche gesehen, die ins Meer geflogen sind.«
»Klar, weiß ich. Da sind sie. Ich hab sie ja in der Hand!« rief Jella
zurück.

»Nein, lebendige Störche. Die Kinder haben sie fliegen sehen. Mach schnell!«

Jella lief los. Auf halbem Weg nahm er sich Zeit, die zwei Störche neben eine Haustreppe zu legen. Dann rannte er weiter.

»Sie haben zwei Störche gesehen, die auf Shora zuflogen – so habe ich Linda und Jan verstanden – und die dann im Meer landeten«, erklärte Auka eifrig. »Vielleicht landeten sie irgendwo auf einer Sandbank. Ich weiß es nicht, aber die beiden behaupten, daß sie zwei Störche im Meer stehen sahen. Komm, laß uns schnell nachschauen!«

Die beiden Jungen rannten zum Deich. Sie suchten die See ab, aber der Deich war nicht hoch genug. Sie sahen nur die Kämme der Wogen. In der Ferne, wo die Sandbänke lagen, war nichts zu sehen als schwarzes Wasser. Jella blickte auf das Ruderboot, das sein Vater zurückgelassen hatte. Es tanzte an der kurzen Ankerkette in der Brandung. »Laß uns das Boot nehmen und ein Stück hinausrudern!« schlug er vor.

»Bei diesem Wetter? Jella, wir können doch nicht einfach losfahren, weil zwei kleine Kinder etwas gesehen haben wollen.« Auka warf einen Blick auf den Kirchturm. »Beide waren so überzeugt. Ich möchte doch wissen, ob der Lehrer in all der Aufregung die Turmtür abgeschlossen hat. Er hatte ja Jan auf dem Rücken.«

»Na, du kannst schon von hier aus sehen, daß er den Friedhof abgeschlossen hat«, sagte Jella.

»Ja, aber du bist groß, und wenn du mir über den Friedhofszaun hilfst, dann könnte ich vielleicht in den Turm und...«

Schon rannten sie voll Eifer den Deich hinab. Am Friedhof streifte Auka die Holzpantinen von den Füßen, und Jella hob ihn, so gut er konnte, an dem Zaun aus Maschendraht hoch. Einen Augenblick hing er noch auf der Außenseite. Dann gab ihm Jella einen letzten Schubs, und Auka warf die Beine über den Zaun und landete mit einem Plumps auf der andern Seite. Es hatte noch ein verdächtiges Geräusch gegeben, als Auka einen Augenblick am Draht entlangstreifte.

Auka warf aber nur einen kurzen Blick auf die zerrissene Hose, rappelte sich auf und stürzte zum Eingang des Turms.

Tatsächlich, die Tür war nicht abgeschlossen. »Warte auf mich!« rief Auka und verschwand im Innern des Turms.

Jella stand und starrte an dem alten Turm empor, bis ihm das Genick weh tat. Plötzlich hörte er Auka von oben aufgeregt rufen:

»Jella, Jella, sie sind wirklich da! Ich kann sie sehen. Der eine schlägt eben mit den Flügeln. Vielleicht stehen sie schon auf Sand. Lauf zur Schule und sag Bescheid! Sag es Janus! Mach auch das Ruderboot klar, und sag dem Lehrer, er soll den Torschlüssel mitbringen, damit...«

Aber Jella wartete nicht auf weitere Befehle. Er rannte schon, als ginge es um sein Leben.

Auf seinem Ausguck schickte Auka sich an, die Leitern hinabzusteigen. Er wollte aber doch noch mal nach den Störchen schauen. Er mußte lange suchen, bis er sie wiederfand. Weit hinter ihnen erhob sich am Ende einer Düne ein Leuchtturm, weiß und rund wie ein Stück Schulkreide. Die Schaumköpfe der Wellen leuchteten gespenstisch unter dem düsteren Himmel. Nur hin und wieder, wenn die See sich für einen Augenblick beruhigte, tauchten die beiden Störche auf einer Sandbank auf, wie zwei weiße Kleckse. Gerade begann einer der Störche seine Schwingen zu regen. Dabei hob er sich klar und deutlich von dem dunklen Hintergrund ab. Zu Aukas Erstaunen erhob er sich noch mehr und flog schwerfällig über die Sandbank hin. Sein Genosse rührte sich aber nicht und machte keinen Versuch, zu fliegen. Der fliegende Storch ließ sich dann wieder neben dem andern auf dem Sand nieder. Seite an Seite standen sie nebeneinander in der unruhigen See.

Auka rannte zu dem Turmfenster, das auf der Dorfseite lag. Aufgeregt blickte er über die näheren Dächer hinweg auf das Schulhaus. Nichts regte sich dort. Sie sollten sich doch beeilen! Ah, da erschien Janus. Er kam in seinem Rollstuhl über die Dorfstraße gefahren. Ein Bündel Seile lag über dem Rollstuhl. Am Fuße des Deiches blieb er stehen. Er konnte ohne Hilfe nicht hinauf.

Janus blickte zum Himmel auf und dann auf die Turmuhr. Auka erriet, daß Janus überlegte, wann die nächste Flut fällig war. Viel Zeit konnte wohl nicht mehr sein, denn Janus wendete ungeduldig seinen Stuhl und starrte die Dorfstraße hinunter. Endlich kamen sie, die Jungen und Lina an der Spitze.

Janus wollte gewiß nicht auf den Lehrer warten. Vier Jungen mußten seinen Stuhl auf den Deich schieben, und Lina schob kräftig mit. Jetzt kam auch der Lehrer angelaufen und packte neben Lina noch mit an. Hinauf mit Janus! Als der Rollstuhl erst auf dem Deich war, rollte ihn Janus allein auf die See zu. Janus wußte genau, was er wollte. »Guter alter Janus!« sagte Auka halblaut vor sich hin.

Janus ließ Lina ein Stück ins Wasser waten und das Ruderboot an den Deich ziehen. Das Wasser stand noch immer hoch, obwohl Ebbe war. Der große Jella hielt jetzt das Boot längsseits des Deiches fest. Doch was war das? Sie hoben ja Janus ins Boot! Offenbar wollte er selber hinausfahren. Deswegen also hatte er sich das Seil mitgenommen. Der Lehrer band Janus am Sitz des Ruderbootes fest. Da er selber das Gleichgewicht nicht halten konnte, mußte man Janus an den Sitz zurren, wenn er hinausfahren wollte. Er hatte daran also von vornherein gedacht. Jetzt konnte er nicht mehr rücklings ins Boot fallen, wenn er ruderte. Jella und der Lehrer setzten sich auf die Ruderbank.

Nun stieg auch Lina ins Boot. Sie setzte sich in das Heck des Ruderbootes, und der kleine Pier setzte sich ganz vorn hin. Eelka und Dirk aber blieben zurück. Warum durften gerade Pier und

Lina mitfahren, während Eelka und Dirk zurückblieben? Ah, Lina und Pier waren eben die kleinsten, die leichtesten – deswegen. Sie sollten wohl die Störche festhalten, während die anderen ruderten, Janus dachte wirklich an alles!

Jetzt schoben Eelka und Dirk das Boot vom Deich ab, und Janus machte einige kräftige Ruderschläge. Die beiden anderen nahmen den Schlag auf, und das Boot kroch langsam vom Strand weg in die See hinaus. Das war sicher keine leichte Sache, diese Fahrt zu den Störchen. Auka rannte zum andern Fenster zurück. Sooft die Wellen ihm den Blick auf die Störche freigaben, sah er sie – zwei große weiße Vögel, die wie Schildwachen mitten im Meer standen. Sie rührten nicht einmal mehr die Schwingen.

Plötzlich merkte Auka, daß ihm kalt war. Er fror bis in die Knochen. Er lief wieder zum andern Fenster, um zu sehen, was seine Schulkameraden auf dem Deich machten. Sie kamen gerade den Deich herunter und auf den Turm zu, und Dirk winkte mit einem Gegenstand, den er in der Hand hielt. Es war der Schlüssel. Der Lehrer hatte Auka auch nicht vergessen.

In dem kleinen Ruderboot sprach keiner ein Wort, denn die Ruderer mußten sich hart ins Zeug legen. Die ungewohnte Arbeit, der Sog und das ungleichmäßige Heben und Senken des Bootes machten dem Lehrer das Rudern schwer. Er hatte keine Erfahrung darin und konnte nur mühselig im Takt bleiben. Er tat aber sein Bestes. Janus bog seinen kräftigen Oberkörper stärker vor, um dem Boot mehr Fahrt zu geben. Pier sah starr auf den Kirchturm und bemühte sich, nicht auf die Wellen zu schauen. Er kämpfte gegen die aufkommende Seekrankheit.

Selbst wenn das Boot auf einem Wellenberg ritt, konnte Lina keine Spur von Störchen auf einer Sandbank entdecken. Die See war ein Gewirr von Wogen und Schaumkronen, und der Himmel darüber war grau. Manchmal konnte Lina die Spitze des

Leuchtturms scharf und hell gegen den dunklen Himmel sehen, dann sank er wieder ins Meer. Nur Janus wußte, wo und wie weit entfernt die Sandbank der Störche lag, aber er schwieg.

Plötzlich wendete er die Augen von den beiden Ruderern ab, die vor ihm saßen, und blickte auf die Kirchturmuhr zurück. Schweigend und nachdenklich ruderte er ein paar Minuten weiter. »Lehrer«, sagte er dann, »mach mal eine Pause! Klettere zu Lina zurück und verschnaufe einen Augenblick!«

Ohne ein Wort zu verlieren, rückte Jella in die Mitte der Ruderbank, während der Lehrer nach hinten stieg. Jella packte auch das Ruder des Lehrers. Janus brummte etwas und wählte dann einen neuen Ruderschlag, der das Boot schneller vorwärtstreiben sollte. Jella fiel sofort in den Schlag ein. Sein kräftiger junger Rücken bog sich vor und zurück, als sei das selbstverständlich, im gleichen Rhythmus wie der breite Rücken von Janus. Die vier Ruder tauchten gleichzeitig ein.

»Man merkt, daß er der Sohn eines Fischers ist«, sagte der Lehrer zu Lina. Lina nickte. Ihre scharfen Augen suchten unablässig die See ab, in der Hoffnung, etwas von den Störchen zu sehen.

Wieder warf Janus einen Blick auf die Kirchturmuhr.

»Zwanzig Minuten noch«, brummte er, »dann kommt die Flut und treibt uns zur Küste zurück. Und die Störche gehen unter. Junge, Jella, wenn du je gerudert hast, dann mußt du's jetzt tun!«

»Schaffen wir es in zwanzig Minuten bei dieser See?« fragte der Lehrer.

»Ich nehme einen Kurs, der uns in den Windschatten der Sandbänke bringt«, erklärte Janus. »Wenn wir sie erst richtig vor uns haben, dann brechen sie die Gewalt der Wellen.«

Als Lina das nächste Mal zurückblickte, konnte sie nicht mehr erkennen, was die Uhr auf dem Kirchturm zeigte. Sie kamen jetzt wirklich besser von der Stelle. Das Boot tanzte nicht mehr auf einem Fleck. So kam man vorwärts! Oh, die beiden waren wirklich stark. Pier starrte noch immer verbissen auf den Turm. Dicke Schweißtropfen liefen ihm über das Gesicht, aber er ließ sich von der Seekrankheit nicht unterkriegen.

»Geschafft!« sagte Janus plötzlich. »Jetzt, Junge, noch zehn kräftige Schläge, und wir sind im Windschatten der Sandbank.«

Nach zehn weiteren Schlägen merkten das auch die anderen, obwohl sie nicht hätten sagen können, worin der Unterschied eigentlich bestand. Die Kraft der Wogen schien plötzlich gebrochen zu sein. Und dann merkten sie alle, daß das Boot richtig vorwärtsschoß.

Ohne ein Wort zu sagen, kroch der Lehrer auf seinen Platz zurück und nahm sein Ruder wieder. Er hatte es gerade gepackt, als das Wasser rings um das Boot aufwirbelte und zu kochen schien.

»Die Flut kommt!« schrie Pier. Es waren seine ersten Worte.

»Rudert«, sagte Janus verbissen, »rudert, was das Zeug hält! Los, Burschen!«

Sekunden später tauchte der weiße Rücken einer Sandbank vor ihnen auf. Pier fuhr herum, stand auf, hielt sich mit einer Hand am Bootsrand fest und starrte auf die Sandbank. Er suchte die Störche.

Lina dachte, Janus würde ihm zurufen, er solle sich gefälligst hinsetzen. Aber Janus rief: »Gut so, Kleiner. Paß auf und spring mit dem Anker, sobald wir an der Sandbank sind. Wirf den Anker fest in den Sand und hol die beiden Störche!«

Pier wandte sich um und sah Janus fassungslos an.

»Tu, was ich dir sage!« rief Janus. »Der Sand ist fest. Bin oft drauf gewesen. Die Flutwelle ist jetzt erst beim Leuchtturm. Du hast Zeit.«

Der Bug des Bootes glitt an der Sandbank empor und blieb liegen. Pier sprang, landete mit dem Anker tief im Sand und machte das Boot fest. Dann warf er einen fragenden Blick auf Janus.

»Du hast drei Minuten Zeit«, sagte Janus. »In drei Minuten kommt die Flut herein und fegt über den Sand. Mach, daß du loskommst!«

Pier sah etwas ängstlich aus, wandte sich aber um und kletterte an der Sandbank hinauf. Einen Augenblick stand er steif und stumm auf der höchsten Stelle der Bank. »Da sind sie«, rief er dann, »da sind sie. Sie leben, stehen aber bis zum Hals im Wasser.«

»Hol sie!« schrie Janus heiser. »Pack sie bei den Hälsen! Sie werden sich nicht wehren. Sie sind abgekämpft. Beeil dich, oder du säufst mitsamt den Störchen ab!«

Mit einem letzten Blick voller Angst auf das Boot verschwand Pier. Es lag eine drückende Spannung in der Luft. Vor ihnen erhob sich die leere Sandbank, und Pier war verschwunden, als hätte die See ihn geschluckt. Sie konnten im Boot die große Flutwelle noch nicht sehen, weil sie von der andern Seite der Sandbank kam, aber sie konnten sie schon hören. Mit einem gewaltigen Donnern kam die Flut auf die Sandbank zu.

»Gleich ist sie da!« rief Janus. Er holte mit dem Ruder das Boot ein Stück bei, so daß es mit der Breitseite am Strand lag. So konnte Pier schneller einsteigen. »Hol den Anker ein! Ich halte das Boot mit dem Ruder«, befahl Janus Jella. »Nein, nicht aussteigen, nur den Anker einholen. Wenn der Junge endlich kommt, kann er von Glück sagen, wenn er noch Zeit zu einem einzigen Sprung hat.«

Der Anker lag gerade im Boot, als Pier hinter der Sandbank rief: »Janus, Janus, die Flut! Janus!«

Janus vergaß, daß er keine Beine hatte. Er wollte aufstehen und riß an seinem Seil.

In diesem Augenblick erschien Piers Kopf über der Sandbank. Er rannte, so schnell er konnte, auf sie zu, gefolgt von einem Wall grünen Wassers, das ihm unmittelbar auf den Fersen zu sein schien. Seine Augen waren voller Schrecken und riesengroß. Aber er trug die beiden Störche; er hatte mit jeder Hand einen am Hals gepackt. Die Vögel schlugen nur matt mit den Schwingen.

»Spring, Junge, spring!«

Pier sprang. Lina fing einen der beiden Störche auf, als Pier über die Bordwand kam und selbst mit dem zweiten Storch auf den Boden des Bootes fiel, den Storch fest an sich gedrückt. Pier lag da und schluchzte und stieß heraus: »Sie haben mit den Schnäbeln nach mir gehackt. Sie wollten nicht mitkommen. Sie waren so schwer und steckten schon so tief im Sand«, wiederholte er immer wieder. Und plötzlich schrie er los: »Janus, der Sand war nicht fest. Ich bin auch eingesunken; und die Flut kam viel früher!«

Janus hatte keine Zeit mehr zu antworten. Er riß sein Ruder heraus und stieß das Boot ab. Die Flutwelle schoß bereits brausend über die Sandbank. Das Boot war aber schon frei. Es glitt in die See, wurde von der Flut erfaßt und lief auf die Küste zu.

»Ich glaube, ich habe den Sturm der letzten Tage nicht mit eingerechnet«, sagte Janus trocken. »Diese fünf Tage Sturm haben allerhand Schlick auf der Sandbank abgelagert. Na, du hast es ja geschafft, nicht wahr?«

Lina saß und hielt ihren Storch im Schoß. Pier rollte sich zu ihren Füßen zusammen und seufzte noch einmal auf. Dann holte er tief Atem und setzte sich neben Lina. Auch er nahm seinen Storch auf den Schoß. Er und Lina schwiegen und betrachteten die beiden Vögel, die halbtot waren. Nur ein Zucken ihrer Augenlider zeigte an, daß noch Leben in ihnen war. Pier streichelte zärtlich den langen weißen Hals seines neuen Freundes, Lina aber drückte ihren Storch an sich, als wollte sie ihn wärmen.

Es war eine noch ganz unfaßbare Geschichte. Sie hatten jeder einen Storch im Schoß. Große fremdartige Vögel, die über ganze Meere wegzogen, lagen hier in ihrem Schoß. Pier und Lina sahen einander an. Sie machten Gesichter, als könnten sie es nicht glauben – Gesichter voller Ehrfurcht und Staunen. Sie waren in ihre Gedanken so versunken, daß sie gar nicht merkten, wie schnell das Boot sich auf dem Rücken der Flut dem Strand und dem Kirchturm näherte.

»Heda, haltet sie an den Hälsen fest!« warnte Janus plötzlich. »Sie sind immer noch wild, auch wenn sie halb tot zu sein scheinen. Mit diesen Schnäbeln können sie noch ganz hübsche Löcher schlagen, Kinder.«

Lina blickte ängstlich auf. Pier aber hörte nicht darauf, sondern fuhr fort, den langen weißen Hals des großen Vogels, für den er fast sein Leben geopfert hatte, zu streicheln. Er wollte nicht glauben, daß diese Störche wild waren.

»Denk mal, wir haben jetzt wirklich zwei Störche!« sagte er zu Lina, als beginne erst jetzt in seinem Kopf zu dämmern, was inzwischen geschehen war.

Plötzlich schrien Dirk, Auka und Eelka vom Deich herunter, daß Pier und Lina sich verwundert umblickten. Da war ja schon der Deich. Und da standen nicht nur Dirk, Eelka und Auka, sondern alle Frauen und die kleinen Kinder und Douwa. Sogar Großmutter Sibble III war erschienen. Ganz Shora stand auf dem Deich.

Als Douwa von seinem langen Weg aus Ternaad zurückkehrte und den Deich entlangging, riefen Dirk, Auka und Eelka ihm die Neuigkeit von den beiden Störchen schon von weitem zu.

»Paßt auf, Kinder«, sagte Douwa, als er sie endlich verstand, denn alle drei redeten gleichzeitig auf ihn ein, »wir müssen uns darauf einstellen, daß sie die Störche tatsächlich mitbringen! Wenn Janus dabei ist, werden sie es wahrscheinlich schaffen. Sie

kommen dann also mit zwei halbtoten Störchen an. Aber halbtot hin und her, es sind eben doch wilde Tiere. Sie lieben es nicht,
wenn man sie anfaßt. Wir müssen also eine Leiter ans Schuldach
lehnen und die Störche, sobald sie da sind, auf das Rad setzen.
Was dann geschieht, müssen die Störche entscheiden. Ich meine,
daß die armen Viecher nach allem, was sie durchgemacht haben,
froh sind, wenn sie irgend etwas finden, was wie eine Heimat
aussieht. Je schneller wir sie auf das Dach bringen, desto besser
wird es ihnen gefallen und desto wahrscheinlicher werden sie in
Shora bleiben.«
Janus besaß Leitern, das wußten sie alle. Aber Janus war mit
dem Boot hinausgefahren, und der Schuppen, wo sich die Leitern befanden, war wahrscheinlich abgeschlossen. Die drei
rannten in Windeseile zu Janus' Haus, während Douwa mit seinem derben Spazierstock in der Faust hinter ihnen hermarschierte. Der Schuppen war tatsächlich abgeschlossen.
»Brecht die Tür auf!« sagte Douwa.
Die Jungen blickten ihn an. Einbrechen – in einen Schuppen, der
Janus gehörte...
Der alte Douwa lächelte. »Ich glaube nicht, daß Janus mich
übers Knie legt.«
Als die Jungen immer noch zögerten, nahm Douwa die Sache
selber in die Hand. Er benutzte seinen Spazierstock als Brech-
stange, zwängte seine Spitze unter das Türschloß und drückte
auf den langen Hebel. Der Riegel gab nach und löste sich aus
dem Pfosten. Douwa betrat den Schuppen als erster, ihm folgten
die drei Jungen. Sie packten die Leitern und zogen damit los. Der
Krach hatte inzwischen aber Großmutter Sibble auf die Beine
gebracht.
»So etwas nenne ich Einbruch«, rief sie von der Hintertür ihres
Hauses aus. »Wahrhaftig, Douwa, in deinem Alter solltest du
das selbst wissen.«

»Einbruch für eine gute Sache, Sibble«, rief Douwa zurück.
»Zwei Störche kommen nach Shora. Die ersten, seit wir zwei,
du und ich, Kinder waren. Na, diesmal kommen sie dafür auch
in einem Boot!« Über den hohen Plankenzaun hinüber erklärte
Douwa der alten Frau, was geschehen war. Da begannen ihre
Augen zu funkeln.
»Nein, daß ich das noch sehen kann! Um das zu erleben, gehe
ich noch einmal auf den Deich, selbst wenn der Wind mich wie-
der hinunterbläst. Aber ich könnte deinen Stock brauchen,
Douwa!«
Douwa reichte ihn ihr über den Zaun. »Du wirst alt, Sibble!«
Die Jungen waren mit der Leiter schon am anderen Ende der
Straße.
»Na, ich habe noch einiges zu erledigen«, erklärte Douwa, ging
wieder in den Schuppen und kehrte mit einer Rolle Seil über
dem Arm zurück. Dann folgte er den Jungen, die inzwischen
schon die erste Leiter gegen das Schulhaus gelehnt hatten. Nach
Douwas Anweisung schoben sie jetzt die zweite Leiter auf das
Dach und befestigten sie mit dem Seil, das Douwa ihnen zu-
warf, an der ersten Leiter und an dem Rad.
Die Jungen arbeiteten schnell und gewandt. Sie hatten es eilig,
denn sie wollten zurück zum Deich, um das Boot zu emp-
fangen. Eelka war bereits unbemerkt verschwunden. Plötzlich
kam Rauch aus dem Kamin des Schulhauses. Halbverkohlte
Papierstückchen regneten auf das Dach.
»Wer macht denn im Schulhaus Feuer an?« rief Auka vom
Dach Douwa zu.
Da kam Eelka aus dem Haus, rieb seine schwarzen Hände und
klopfte sich Staub von den Knien seiner Hose. Er war stolz, daß
er daran gedacht hatte, im Schulofen Feuer anzumachen. »Die
Störche haben im kalten Wasser gestanden«, erklärte er, »und
zwar stundenlang – nachdem sie wer weiß wie lang mit dem

Sturm gekämpft hatten. Ich denke, ein bißchen Wärme wird ihnen guttun!«

»Ja, ja«, erwiderte der alte Douwa, ein wenig überrascht. »An was ihr nicht alles denkt! Wollt ihr gebackene Störche zum Abendessen haben?«

Schließlich kamen Dirk und Auka die Leiter herab. Sie rannten mit Eelka zum Deich hinauf, ohne auf den alten Douwa zu warten, der hinter ihnen hermarschierte. Als er in der Dorfstraße die toten Störche liegen sah, rief er die Jungen ernst zurück. Dirk mußte zwei Schaufeln aus Janus' Schuppen holen, und Eelka wurde mit den beiden Störchen zum Friedhof geschickt. Als Dirk mit den Schaufeln kam, ließ Douwa die beiden Jungen neben der Friedhofspforte ein kleines Grab ausheben.

»Dürfen wir das auf dem Eigentum der Regierung?« fragte Auka zweifelnd.

»Wir haben jetzt schon so viel getan, was gegen das Gesetz ist, daß es darauf nicht mehr ankommt«, sagte Douwa unbekümmert. »Und es wird kaum jemand davon hören.« Er machte eine Kopfbewegung zum Deich hin. Da standen alle Frauen von Shora und sahen auf die See hinaus. Und die kleinen Kinder standen neben ihren Müttern. Selbst die alte Großmutter Sibble III stand dabei. Der dichte Haufen Frauen gewährte ihr Schutz gegen den Wind.

Die beiden Jungen hoben eine flache Grube aus; sie hatten nicht die Geduld, tief zu graben.

»Ich möchte wissen, ob sie die anderen Störche mitbringen!« sagte Eelka, der an das Boot dachte.

Douwa zuckte die Schultern. »Das wirst du erfahren, sobald die Störche hier beerdigt sind... Wir durften die toten Störche nicht herumliegen lassen. Wenn erst die beiden Störche, die aus der See geholt wurden, herumfliegen und sie finden die Leichen von zwei Vettern, dann vergeht ihnen die Lust, in Shora zu bleiben. Sie würden wohl so schnell wie möglich davonfliegen.«

Als die beiden Störche beerdigt waren, wollten Dirk, Auka und Eelka nicht eine Minute länger warten. Sie warfen die Schaufeln hin und liefen zum Deich. Der alte Douwa bückte sich gerade, um die Schaufeln aufzuheben, als er die Menschen auf dem Deich laut rufen hörte. Da ließ Douwa die Schaufeln liegen und machte sich auch zum Deich auf. Douwa kam dort gerade an, als die drei Jungen das Ruderboot an den Strand holten.

Lina sprang mit einem Storch im Arm an Land. Ihr folgte Pier mit dem zweiten Storch. Sie stolperten den Deich hinauf, und Dirk, Auka und Eelka umsprangen sie wie junge Hunde. Jella und der Lehrer folgten den Kindern. Und auch die Frauen klommen wieder auf den Deich.

Janus, im Boot allein gelassen, schimpfte wütend: »Bringt den Anker auf den Deich, schafft den Rollstuhl herunter und hebt mich aus dem Boot! Habt ihr denn keinen Gedanken mehr für mich übrig?«

Der alte Douwa und der Lehrer eilten ihm zur Hilfe. Die andern aber liefen über den Deich weg, ohne sich auch nur umzusehen. Sie ließen in der allgemeinen Aufregung auch Großmutter Sibble zurück.

Von all den Erwachsenen und Kindern, die auf die Schule zusteuerten, hatte niemand Zeit, an etwas anderes als die Störche zu denken. Eelka, Dirk und Auka versuchten Pier und Lina klarzumachen, was sie inzwischen schon alles für die Störche getan hatten. Sie kamen aber nicht recht dazu, weil sie sich mit neugierigen Fragen über die Rettung der Störche dauernd selbst unterbrachen. Die Frauen blieben immer mehr zurück, denn die Kinder rannten. Inzwischen schafften der Lehrer und Douwa den Rollstuhl zum Strand. Dort saß Janus zwar aufgebracht und wütend, aber trotzdem voller Begeisterung wie die Kinder. »Na, ich hätte ertrinken oder verhungern können in diesem Boot, ohne daß sich jemand um mich gekümmert hätte«, schimpfte er.

»Beruhige dich, Janus! Du hast dein Teil getan!« sagte Großmutter Sibble III. Dabei versuchte sie selbst mit Hilfe von Douwas Stock noch vor ihm an der Schule zu sein.

Dort war Janus dann wieder der große Mann. Sie warteten alle auf ihn, weil sie nicht wußten, ob man die Störche lieber gleich aufs Dach setzen oder erst am warmen Ofen auftauen sollte. Schon von weitem riefen sie ihm diese Streitfrage entgegen.

Janus ließ sie zappeln, bis er in seinem Rollstuhl bei ihnen ankam. Dann dachte er so lange nach, daß die andern beinahe den Verstand verloren. »Na«, verkündete er schließlich, »wenn ich ein Storch wäre und käme aus dem heißen Afrika und hätte fünf Tage Sturm erlebt und obendrein auf einer kalten Sandbank gefroren, mit nichts als Wasser ringsum... na, dann würde ich mich am liebsten gleich auf den Ofen setzen.«

Sofort trugen Lina und Pier ihre Störche in die Schule. Man schob die Stühle für die beiden Kinder vor den Ofen, und sie setzten sich darauf, ihre Störche im Schoß.

»Was hab ich euch gesagt? Ihr sollt eine Hand um den Hals der Tiere legen«, schrie Janus plötzlich vom Eingang her. »Wenn die Störche aufgetaut sind, können sie euch die Augen aushakken.«

»Ihr habt sie doch die ganze Zeit gehabt«, bettelten Auka und Eelka. »Laßt sie uns auch mal halten!« Lina guckte aber so stur vor sich hin, daß die Jungen ihren Angriff nur noch gegen Pier richteten. »Los, Pier!« drängte Dirk, »wenn du nicht mal deinen eigenen Bruder...«

»Oh, laßt ihn doch in Ruhe«, wehrte Janus ab, »er hat Kopf und Kragen riskiert, als er die Störche geholt hat.«

Lina saß ganz still und betrachtete ihren Storch. Sie mußte sich ganz still verhalten, denn wenn sie das nicht tat, dann hätte sie plötzlich weinen und lachen und schreien müssen, alles durcheinander. Es war ein wenig zuviel, plötzlich in der Schule zu sitzen und einen Storch auf dem Schoß zu haben. Störche in der Schule, Störche in Shora! Sie beugte sich tiefer über ihren Storch, weinte ein wenig und streichelte zärtlich seinen weißen Hals.

Inzwischen erklärte der alte Douwa dem Janus, was sie in seiner Abwesenheit getan hatten: daß sie in Janus' Schuppen eingebrochen waren und Leitern, Schaufeln und ein Seil herausgeholt hatten. Janus hörte nur mit halbem Ohr zu. Als aber der Lehrer, der neben ihm stand, von der Beerdigung der Störche hörte, war er entsetzt. »Douwa, das Land gehört doch der Regierung!« rief er. »Das ist also gegen das Gesetz. Das ist einfach strafbar. Der Friedhof gehört dem Staat und der Königin!«

Janus wendete heftig seinen Rollstuhl und blickte dem Lehrer ins Gesicht. »So«, sagte er scharf, »in Regierungsland haben die drei also ein kleines Loch gegraben? Und die Königin ist dagegen? Weißt du was, Lehrer? Dann soll die Königin nach Shora kommen, die Störche wieder ausgraben, sie hinter sich herziehen bis nach Amsterdam und sie dort hinter ihrem Palast begraben...«

Plötzlich wurde Janus klar, was er da gesagt hatte. Einen Augenblick war er verwirrt. Aber die Vorstellung der Königin, die die Störche von Shora bis nach Amsterdam hinter sich herzog und sie dort hinter ihrem Palast beerdigte, erfüllte ihn mit einem unwiderstehlichen Lachen. Er warf den Kopf zurück und brüllte vor Lachen.

Nun versuchten alle, ihn zu beruhigen. »Janus, die Störche! Was sollen die Störche davon denken? Du machst ihnen ja angst!«

»Was?« schrie Janus. »Die haben so oft Löwen brüllen hören, die machen sich nichts aus dem Lachen des alten Janus.« Und er lachte wieder brüllend.

Linas Storch wurde an dem warmen Ofen plötzlich unruhig. Er

begann um seine Freiheit zu kämpfen, sein langer Hals schoß plötzlich hoch, und seine Augen funkelten böse. Janus' Gelächter brach jäh ab.

»Pack du ihn, Jella, pack seinen Hals!« rief er. »Und jetzt schnell mit ihnen aufs Dach. Das Blut läuft wieder in ihren Adern. Los, Pier!«

Pier und Jella gehorchten sofort und packten ihre Schutzbefohlenen am Hals. Jellas Storch wurde immer wilder und versuchte sich loszureißen.

»Erwürg ihn nicht, du kleiner Dummkopf!« sagte Janus ernst.

Als Jella auf der Leiter stand, mußte er den Hals des Storches loslassen, denn er brauchte die Hand, um sich an der Leiter festzuhalten. Mit dem großen Storch unter einem Arm stieg er hinauf. Pier folgte dicht hinter ihm.

Als sie auf dem Dach ankamen, mußten sie langsam kriechen, Schritt für Schritt. Plötzlich begann Jellas Storch nach dem Kopf des Jungen zu hacken. Jella schloß die Augen und ließ ihn hakken. Ein paar scharfe Schläge warfen Jella die Mütze vom Kopf. Der Schnabel des Storchs schlug auf den Kopf des Jungen los. Er riß ihm ein Büschel Haare aus. Jella schrie auf. Mehr konnte er nicht ertragen. Er preßte sich rücklings gegen die Leiter, packte den Storch und gab ihm einen Schubs, daß er auf dem Rad landete.

Der Storch entfaltete seine Schwingen und balancierte auf dem Rad. Pier gab seinen Storch Jella weiter, der nach oben langte, um auch den zweiten Storch auf das Rad zu setzen. Der große Storch über ihm reckte seinen Hals und hackte wütend nach Jella, der den zweiten Storch schnell losließ, sobald er auf dem Rad saß. Der männliche Storch ging sofort zu dem Weibchen und stellte sich über sie, bereit, sie zu verteidigen. Die Störchin hob langsam den Kopf und betrachtete ihren Beschützer.

»Mach das Seil los und hol die Leiter herunter!« befahl Janus von unten. »Mach es, solange sie noch ruhig sind! Wenn wir es später machen, fliegen sie vielleicht weg!«

Jella lag flach auf der Leiter, als er den Knoten löste, der sie mit dem Rad verband. Dann halfen alle, die Leiter vom Dach zu nehmen. Sie legten sie längs der Schulhausmauer nieder. Und sie traten bis zur Straße zurück und blieben da stehen, ohne ein Wort zu sprechen – gespannt, was ihre Störche nun tun würden…

Der Storch stand auf dem Rad und betrachtete die Menschen auf der Straße. Die Störchin hatte die Beine angezogen und saß behaglich in der Mitte des Rades, an die Nabe geschmiegt.

Der Storch ging einmal auf dem Rad herum, mit langsamen, würdigen Schritten. Da und dort prüfte er mit dem Schnabel eine Speiche. Als er diese Untersuchung beendet hatte, blieb er stehen und sah nachdenklich zum Himmel empor. Plötzlich öffnete er den Schnabel und begann damit zu klappern. Die Störchin neigte den Kopf ein wenig zur Seite und lauschte. Sie versuchte sogar, sich auf ihre Beine zu erheben.

Der Storch fuhr mit seinem Schnabel zärtlich über ihren weißen Hals. Dann öffnete er die Schwingen, hob sich in die Luft und flog vom Dach herab. Er landete im Garten der Schule, gegenüber der Gruppe schweigender Menschen. Seine scharfen Augen hatten einen langen Zweig entdeckt. Er packte ihn mit dem Schnabel, hob müde die großen Schwingen, flog zurück zum Dach und ließ den Zweig vor seiner Gefährtin auf das Rad fallen. Er verbeugte sich würdevoll und schob ihr den Zweig näher. Die Störchin, die immer noch zusammengekauert dasaß, berührte den Zweig mit dem Schnabel und zog ihn noch ein wenig näher heran. Sie schien den Zweig entgegenzunehmen – als eine Art Versprechen für das Nest, das sie auf diesem Rad bauen würden. Darauf setzte sich der Storch neben sie auf das Rad und schloß die Augen.

Niemand auf der Straße sagte ein Wort. Die kleine Menschengruppe stand schweigend da und blickte auf das Schuldach. Endlich flüsterte Janus: »Jetzt haben sie uns gezeigt, daß sie dankbar sind. Sie haben uns gezeigt, daß sie hierbleiben und ein Nest bauen wollen. Und nun wollen wir alle ganz still weggehen und sie allein lassen.«

Auf Zehenspitzen gingen sie davon. Von Zeit zu Zeit wandte sich einer von ihnen um und blickte zu den Störchen zurück. Janus rollte in ihrer Mitte dahin.

»Man kann es gar nicht glauben«, sagte er immer wieder. »Störche in Shora!«

»Es hat sie nicht mehr gegeben, seit ich ein kleines Kind war«, murmelte Großmutter Sibble III vor sich hin.

»Störche in Shora!« wiederholte Lina. »Aber ich kann es glauben, Janus! Es ist so unmöglich, daß man es einfach glauben muß!«

»Ach ja, kleine Lina«, sagte der Lehrer, »das Unmögliche ist eben so unmöglich, daß es einfach wahr sein muß. Nun wird der Traum, daß es eines Tages auf jedem Dach von Shora Störche geben wird, vielleicht auch wahr...«

Nachwort

Kinder brauchen Bücher, und zwar die allerbesten und vor allem die richtigen Bücher. Wie soll man sie finden?

Seit über 35 Jahren wird der Deutsche Jugendliteraturpreis verliehen, 1956 von der Bundesregierung gestiftet und seitdem der einzige literarische Staatspreis.

Er hat mit dazu beigetragen, daß die Kinderliteratur in der Bundesrepublik so vielfältig, weltoffen und gut geworden ist, wie wir sie heute kennen.

An jede Altersstufe wird gedacht, jedes Kind kann die Bücher finden, die ihm Spaß machen und sein Weltverständnis wecken. Alle Eltern finden Bücher, die ihren Literaturvorstellungen und Erziehungsgrundsätzen entsprechen. Jedes Jahr im Herbst wird der Deutsche Jugendliteraturpreis verliehen, und zwar in den Kategorien Bilderbuch, Kinderbuch, Jugendbuch und Sachbuch.

»Oetinger AUSLESE« möchte die wichtigsten und interessantesten Titel zusammenfassen und bietet in Zusammenarbeit mit anderen Kinderbuchverlagen auf diese Weise eine Bibliothek aus preisgekrönten und ausgesuchten Büchern, einen Querschnitt durch die Kinder- und Jugendliteratur.

1957 war das zweite Jahr des Deutschen Jugendbuchpreises, wie er damals noch hieß. Er wurde vom Bundesminister des Inneren ausgeschrieben und in zwei bis drei Kategorien verliehen: Kinder- und Jugendbuch und, falls gewünscht, eine Prämie. 1956 war damit ein Mädchenbuch ausgezeichnet worden, 1957 *Der kleine Wassermann* von Otfried Preußler, eine Märchendichtung wahrhaftig ganz eigener Art, und zwei erzählende Sachbücher über das Leben in Afrika und der Arktis. Den

Jugendbuchpreis erhielt *Faß zu, Toyon!* von Nicholas Kalashni-
koff und den Kinderbuchpreis *Das Rad auf der Schule* von
Meindert de Jong – er erhielt von der Jury eine Stimme mehr als
Astrid Lindgren für *Lillebror und Karlsson vom Dach*.

Meindert de Jong, ein Amerikaner niederländischer Herkunft,
gehörte zu den erfolgreichen Autoren der Nachkriegszeit. Für
Das Rad auf der Schule hatte er 1954 eine der begehrtesten Aus-
zeichnungen für Kinderliteratur in Amerika erhalten: die John-
Newbery-Medal, benannt nach einem berühmten Kinderbuch-
verleger des 18. Jahrhunderts.

Schon in der Frühzeit des Deutschen Jugendliteraturpreises waren, ähnlich wie heute, etwa ein Drittel der in deutscher Sprache
erscheinenden Kinder- und Jugendbücher Übersetzungen, ein
großer Teil davon aus dem Englischen und Amerikanischen. Besonders beliebt waren Geschichten, in denen praktische Demo-
kratie dargestellt wurde, also die vernünftige, rücksichtsvolle
Zusammenarbeit im Alltag. Daran sollten auch Kinder lernen,
demokratisch zu denken und zu handeln. Doch trotz dieser päd-
agogischen Ziele und obwohl die Geschichte in einer Zeit spielt,
in der die Kinder in Holland Holzschuhe und die Mädchen nur
Röcke trugen, verfolgt man diese vergnügte und energische Zusammenarbeit der Kinder bis heute voll Neugier und Anteil-
nahme. Und bis heute geben sie ein Vorbild: Schaut euch nur
richtig um! In jedem Menschen steckt ein Abenteuer! Jeder hat
ein Herz und seine eigene Geschichte! Vergeßt Vorurteile, macht
den ersten Schritt, klettert nur mutig über die Mauer, mit der
sich mancher selbst umzingelt hat!

Dr. Sybil Gräfin Schönfeldt

Oetinger AUSLESE

Sterling North, 1907 geboren und im amerikanischen
Mittelwesten groß geworden, ist genauso frei und natur-
verbunden aufgewachsen wie Huckleberry Finn. Mit dem
Buch **Rascal, der Waschbär,** das ebenfalls in der Reihe
Oetinger AUSLESE erschienen ist, hat er seiner „einmalig
schönen Jugend" ein Denkmal gesetzt. Er erzählt darin von
einem Elfjährigen, der mit seinem Vater allein in einem
großen Haus lebt, das sich allmählich zu einer Art Tierheim
entwickelt. Da gibt es Waldmurmeltiere, Skunks, eine Dohle,
Katzen und Wowser, einen ungewöhnlich klugen Bern-
hardinerhund. Und eines Tages kommt auch noch ein
Waschbärbaby dazu, ein kleines pelziges Wesen, das
Wowser in einem hohlen Baumstumpf aufgestöbert hat . . .

Die Geschichte einer ungewöhnlichen Freunschaft, mit
Humor, Einfühlungsvermögen und besonderer Beobach-
tungsgabe erzählt. Für Tierfreunde und alle, die es werden
wollen.

Verlag Friedrich Oetinger · Hamburg

Oetinger AUSLESE